북한은 어떻게 1인 지배체제가 되었는가?

법과   사법제도로   체계화된   지배구조

북한은 어떻게 1인 지배체제가 되었는가?

법과 사법제도로 체계화된 지배구조

초판 1쇄 발행   2023년 12월 31일

지은이   주연종
펴낸이   윤관백
펴낸곳   선인
등록   제5-77호(1998.11.4)
주소   서울시 양천구 남부순환로 48길 1, 1층
전화   02) 718-6252/6257
팩스   02) 718-6253
전자우편   suninbook@naver.com

정가   28,000원
ISBN   979-11-6068-856-6 93300

북한은 어떻게 1인 지배체제가 되었는가?

법과 사법제도로 체계화된 지배구조

주연종 지음

책을 펴내며

한 나라의 특성과 정체성은 그 나라의 법과 행정을 보면 알 수 있다. 특별히 법체계와 사법 시스템은 그중에서도 핵심 요소라 할 수 있다. 사회주의 국가들은 독특한 정치 체제와 법체계를 가지고 있다. 이를 사회주의 법치라고도 하고 사회주의 법계(法系)라고도 한다.

북한의 법령은 총 400여 개로 파악되고 있고 그나마 2004년 이전에는 일반에 공개되지 않아 북한 주민들은 자신들이 지켜야 할 법이 무엇인지도 몰랐던 것으로 보인다. 북한 사회가 분화되지 않았으며 법으로 지배되는 법의 지배 혹은 법치가 확립되지 않았음을 알 수 있다.

최근에는 「청년교양보장법」, 「평양문화어보호법」, 「반동사상문화배격법」 등을 제정함으로 법을 통한 사회통제를 강화하고 있다. 이는 김정일 시기부터 시작되어 김정은 시기에 구체화되고 있는 법제정의 활성화를 보여주는 측면이 있다. 그렇다고 해서 북한이 법치국가로 변화하고 있는 것은 아니다. 사회주의 체제 특히 북한에서의 법치는 당의 통치를 법화하고 지배자의 통치를 합리화하는 범위 내에서만 작동이 가능하기 때문이다. 앞으로도 많은 법령들이 제정·공포될 것으로 보이지만 북한 특유의 법치는 변하지 않을 것이다.

북한에도 '헌법'이 있고 '법령'이 있고 '규정' 등 법의 위계가 있지만 모든 법 위에 '당규약'이 있고 '당규약' 위에는 '유일사상 10대 원칙'이 있다. 그리고 그보다 더 높은 위치에 지도자의 '지시'가 있다. 따라서 북한은 법이 아닌 지도자가 법 위에서 군림하는 체제이고 법치가 아닌 인치이며 모든 법과 법의 해석은 지도자에 의해서 사유화되었다고 본다.

그럼에도 불구하고 법을 제정하고 지도자의 유일지배체제를 법으로 체계화하는 이유는 무엇일까? 이는 법을 통한 통치를 강화하고자 하는 것이라기보다는 유일지배체제의 영역을 법과 사법제도에까지도 확대하고 체계화함으로 오히려 법치가 아닌 인치를 확립하는 방편이라고 보는 것이 합리적이다.

북한의 법과 사법제도에 대한 연구는 북한의 법체계 내에 자리잡은 유일지배권력의 실체를 확인하는 데 있어서 핵심 근거가 된다. 북한과 통일에 대한 연구에 있어서 신뢰가 상실되고 있는 이유는 북한에 대한 진단의 오류, 북한의 정체성에 대한 오해에서 기인한다고 본다. 이에 덧붙여 이념과 이해관계에 근거한 진단과 전망도 필연적으로 오류와 오판을 가져올 수밖에 없다. 통일과 북한에 대한 관심이 점점 희박해져 가는 이유도 여기에 있다.

북한에 대한 이해와 진단이 정확해야 통일 정책의 수립과 추진도 정확해 진다.

필자의 고려대학교 대학원 북한학과의 박사학위 논문 "북한 유일지배체제의 법적 체계화 연구"를 부분 수정한 본서는 북한 당국이 부동문자로 기록해 공표한 법과 사법제도의 연구를 통해 북한의 유일지배체제를 분석하고 이에 합당한 북한에 대한 진단과 통일에 대한 대비를 해야 한다는 목적에 기반한다.

본서가 북한의 실체를 확인하고 실사구시적으로 통일 정책을 수립하려는 당국자들과 연구자들, 그리고 북한을 정확히 이해하고 통일을 꿈꾸기를 원하는 모든 분들에게 다소나마 도움이 되기를 소망한다.

끝으로 이 책이 나오기까지 헌신과 수고를 아끼지 않은 도서출판 선인의 출판부 관계자들께 깊이 감사드린다.

2023년 12월 25일
서래마을 서재에서 주 연 종

차례

표 차례

제1장

서론

제1절   문제의 제기 및 연구 목적

1. 문제의 제기

북한은 당의 지배, 수령의 통치, 주체사상 등 체제유지를 위한 주요 기제들을 법제화했다. 법의 지배(rule of law), 즉 법치는 아니지만 법적 근거를 통한 합법성(Legitmacy)을 매우 중시함으로써 법에 의한 지배(rule by law)를 실현하고 있다. 따라서 북한을 이해하기 위해서는 권력구조를 이해해야 하고, 권력구조를 이해하기 위해서는 일차적으로 외견상 법에 명시된 구조를 파악해야 한다. 북한은 권력구조의 수립과 변경을 법에 반영하고 제도를 통해 구체화하는 과정을 거치고 있기 때문이다. 따라서 권력구조를 명시한 법의 변천 과정을 시계열적으로 파악해야만 정확한 권력구조와 북한정권의 정체성을 알 수 있다.

그러나 법과 사법제도만을 가지고 북한을 이해하는 것에는 한계가 있다. 북한에서의 법은 수령의 산물이며 영도의 방편일 뿐이다. 김일성은 헌법의 집필자이며 지도이념의 창시자로서의 지위를 지키고 있다. 법에는 지도자의 의지가 담겨 있고, 그 법으로 지도자의 지시를 정당화하는 과정이 입법의 과정이다. 사회주의하에서의 법은 당 정책을 규정화한 것이고 당의 요구를 반영한 것이기 때문이다. 지도자와 당의 정책적 요구들을 법제화하고 그 법을 근거로 통치의 합법성을 확보하게 된다는 것이다.

북한은 법을 국내외의 반혁명세력에서 사회주의체제를 보호하기 위한 도구로 보았다. 북한의 고급 중학교(한국의 고등학교) 교재 『사회주의 도덕과 법』[1]에 "모든 법은 당과 국가의 로선과 정책을 모든 사회성원들이 의무적으로 지켜야 할 행동규범으로 규제하고 그 실현을 보장하는 힘 있는 무기이다"라고 기술하고 있다. 여기서 '당과 국가의 로선과 정책'이라고 표시한 것을 통해 당이 국가보다 우위에 있으면서 결국 법이 당의 노선과 정책의 준수를 위한 기능을 하고 있음을 시인한 것이다.

북한의 법은 온 사회에 혁명적 준법 기풍의 유지를 통해 체제를 보전하도록 작동하는 도구이다. 이를 통해 북한주민을 통제하고 체제를 지키고 있다. 이런 사회에서 법은 필연적으로 억압적 성격을 띠게 되는데, 억압적 요소는 헌법과 부문법(법률), 규정, 세칙 등의 법체계와 검찰소 및 재판소의 사법제도, 법조인의 기능과 권한에 충실히 반영되어 있다. 따라서 북한에서의 법은 계급투쟁과 혁명의 도구이고 혁명의 전취물을 수호하기 위한 무기이다. 그러므로 북한의 권력구조와 통치 행위를 이해하기 위해서는 유일지배체제를 이해하여야 하고, 유일지배체제를 이해하기 위해서는 그 세습 권력이 북한의 권력구조를 반영한 헌법과 부문법, 사법제도와 행정제도 및 행정행위를 통해 어떻게 구축되어 왔는가를 파악해야 한다.

북한의 법체계 및 사법제도는 정확하게 현재의 권력구조를 반영하고 있는가? 아니면 법은 형해화(形骸化)되어 있고, 사법제도는 권력유지의 수단으로만 존재하는가? 북한의 유일지배체제는 법에 어떻게 반영되어 있고 법은 이것을 어떻게 뒷받침하고 있는가? 이러한 문제제기와 추론은 북한의 정체성, 특히 70년 이상을 유지해 오고 있는 1인 지배, 세습체제, 1당 지배에 대한 성격을 좀 더 명확하게 규정하고, 체제에 대한 냉정한 전망과 이에 대응하는 대북정책 및 통일 정책 수립을 위한 기초자료로 사용될 것이다.

---

[1] 리금송, 강철남, 리근세, 최문필, 리혜경, 김현숙, 『사회주의도덕과 법』, 평양: 교육도서출판사, 2013, p. 109.

2. 연구의 목적

본 연구는 북한의 유일지배체제가 법과 사법제도에 어떻게 반영되어 있고, 법과 사법제도는 이 유일지배체제를 어떻게 뒷받침하고 있는가에 대한 상관관계를 규명하는 것을 목적으로 한다. 북한에서 1인 지배체제의 세습과 유지는 모든 법과 행정, 교육, 외교, 대남사업, 군 통제, 제도와 인민의 일상생활에서 최우선적인 가치이다. 따라서 북한의 공고한 유일지배체제가 법과 사법제도 즉 법체계 내에는 어떻게 구현되어 있는가? 혹은 법을 통해서 그러한 세습 독재체제가 어떻게 담보되고, 정당시 되고 심지어 합법화되고 있는지를 살펴보는 것은 북한 권력의 정체성을 확인하고 그 향배를 전망하는 데 필수적이다.

본서는 유일지배체제의 분석을 위해 사회주의와 북한의 법체계, 특히 북한의 법과 사법제도가 가진 특징을 구체적으로 탐구하고자 한다. 북한의 사법체계는 크게 사회주의 법계를 따르고 있지만, 단순한 1인 지배가 아닌 신격화된 세습적 1인 지배체제를 뒷받침하는 기능을 가지고 있다. 더 나아가 1인 지배체제의 세습 과정의 산물인 부분도 있어 1인 지배체제와 법적 체계는 공생관계이자 하나의 견고한 생태계를 형성하고 있다. 북한 정권에 대한 이해와 권력구조와 권력을 행사하는 방향을 예측하는 데 있어서 세습체제와 법적 체계 간의 상관관계를 이해하는 것은 남북관계의 진단과 전망을 위해서 유익한 요소가 될 것이다.

북한은 당대회와 국가주권의 최고 정책지도기관인 국무위원회, 최고 주권기구인 최고인민회의 그리고 최고지도기관인 중앙인민위원회[2] 혹은 행정적 집행기관인 정무원이나 내각 등을 통해 국가사무를 결정하고, 정책을

---

[2] 중앙인민위원회는 1998년 헌법개정에서 폐지되었고 지방인민위원회는 현재까지 존속되고 있다.

입안하고 처리한다.[3] 뿐만 아니라 이 기구 중 최고인민회의나 내각 등은 법을 제정하고 개정하고 폐기하는 기능도 갖고 있다.

북한의 법이 장식적 측면이 있고 법치가 아닌 정치를 우위에 둠으로써 법의 제정과 개정, 폐기에 큰 의미를 두지 않는다는 지적도 있다. 그러나 북한의 법, 특히 권력구조와 관련된 법과 그 조항들은 매우 정교하며 실효적이어서 정합성과 내구성이 높다는 평가를 받고 있다. 그러므로 당규약이나 헌법, 부문법에 반영된 권력 구조와 관련된 내용은 북한의 현재를 이해하고 분석하는 실질적 기준이 된다. 즉 북한의 권력구조를 정확히 이해하기 위해서는 법과 사법제도에 대한 철저한 분석이 선행되어야 한다. 더구나 유일적 영도체제를 구축하기 위해 법과 사법제도가 어떤 경로를 따라 변천되고 기능했는가를 살피는 것은 북한 정권의 현재와 미래를 전망하는데 있어서 필수적이다. 따라서 본 연구에서 북한의 1인 지배체제의 형성과정과 특성, 법체계에 나타난 권력구조, 유일지배체제 구축을 위해 법이 어떤 경로로 변천되었으며 법과 사법제도가 세습권력 형성에 어떻게 기여를 했는지 밝힘으로써 현재의 북한 권력구조의 성격을 규명하고 북한에 대한 이해와 통일논의에 도움이 되고자 한다.

---

[3] 북한은 헌법개정을 통해 정부조직을 변경해 왔다. 중앙인민위원회는 1972년 헌법개정을 통해 만들어졌는데 1998년 헌법개정 시에 폐지되었다. 그러나 지방인민위원회는 그대로 존치되어 유지되고 있다. 내각은 1948년 제정헌법 당시에는 있었는데 1972년 사회주의헌법 제정 때 정무원으로 바뀌었다가 1998년 헌법개정 때 다시 내각으로 변경되었고 2019년 헌법에는 그대로 유지되어 있다.

제2절   선행연구 검토

북한의 1인 지배체제 및 이의 세습에 관한 연구, 북한의 법과 사법제도에 관한 연구, 유일지배체제와 법체계의 상관성에 관한 연구는 본서의 논지와 깊은 연관성을 갖고 있다. 김일성의 1인 지배체제 구축과정과 더불어 권력의 세습을 위한 사상적 기반, 혁명적 세습의 논리에 관한 추이를 살펴보는 것은 북한의 권력구조를 이해하고 그 방향성을 가늠하기 위해 꼭 필요한 일이고, 매우 중요한 의미를 가진다.

1. 유일지배체제에 관한 연구

북한의 체제와 권력구조 형성에 관한 연구는 북한에 대한 연구 초기부터 많은 연구자의 관심을 받았다. 서동만은 1945년부터 1961까지의 북한의 역사를 김일성의 권력구축과 그 과정에 집중하여 다루고 있다.[4] 인민위원회 조선공산당북조선분국으로부터 1961년의 당의 일원적 지도체제의 형성까지를 다룬 『북조선사회주의 체제성립사(1945~1961)』는 해방 직후의 정치적 상황을 비롯하여 인민민주주의국가의 수립과 사회주의체제의 기본 골격인 당-국가체제의 형성을 분석적으로 다루고 있다. 한국전쟁 이후 반종파투쟁과 갑산파 정리 등을 관통하여 전후 경제복구사업과 사회주의적 개조작업에 대한 소개도 빠짐없이 담고 있다. 그러나 서동만은 그의 연구에

---

4   서동만, 『북조선사회주의 체제성립사(1945~1961)』, 서울: 선인, 2017.

서 김일성의 권력구조의 속성과 그가 이룬 1인 지배체제에 대해서는 평가를 유보하고 있다.

서대숙은 공산주의 운동사에 대한 연구와 더불어 빨치산의 권력장악이라는 측면에서 북한의 정치사를 정리하고 김일성의 리더십에 대한 연구에 있어서 선구적인 논점을 제시한 바 있다.[5] 수령제에 관해서는 이영종의 연구가 있는데 특히 수령론과 김정은의 세습과정을 다룸으로써 북한 권부의 성격 연구에 집중하였다.[6] 이영종은 기자의 시각과 취재의 방법론으로 북한의 역사와 권력관계를 사실위주에 기반하여 분석하고 전망했는데 대표적으로는 김정은 집권 전에 김정일이 김정은을 후계자로 지명한 후 그 진행과정을 르포 형식으로 발표한 것이 있다. 특히 유일지배체제의 정당성과 순결성, 혁명적 계승론을 확고히 하기 위해 김일성, 김정일, 김정은의 출생연도에 대한 조작 가능성을 제기하고 김정은으로의 후계구도 완성을 위해 김정은 생가를 조성한 내용도 공개했다. 김정은이 어떤 과정을 거쳐 '청년대장'에서 '조선인민군의 대장'이 되었는지를 살펴보는 데 주목하기도 했다. 그러나 이영종의 저서나 논문이 기자의 취재 방식을 택하다 보니 소소한 일상의 흥밋거리에 필요 이상의 의미를 부여한 부분도 있는 것이 사실이다.

김병로는 다른 연구자들과는 구별되게 북한의 유일지배체제의 사상적 기반인 주체사상의 종교화에 대한 분석을 비중 있게 다루고 있다.[7] 주체사상이 처음에는 사상개혁으로, 그리고 국가발전전략과 정치담론으로, 나중

---

5   Dae Sook Suh, *Kim Il Sung, The North Korea Leader*. New York: Columbia University Press, 1988. "Communist Party Leadership", Dae-Sook Suh & Chae-Jin Lee, "Political Leadership in Korea, Up of Washington, 1976, Korea Communism 1945~1980: A Reference Guide to the Political System," Up of Hawaii, 1981.
6   이영종, 『김정일가의 여인들: 평양 로열패밀리의 비하인드 스토리』, 서울: 늘품플러스, 2013; 『선샤인 리포트: 북한전문기자 이영종의 햇볕정책 취재파일』, 파주: 서해문집, 2012; 『후계자 김정은』, 서울: 늘품플러스, 2010.
7   김병로, 『한반도발 평화학』, 서울: 박영사, 2021.

에는 사회이론과 철학, 종교의 수준까지 발전하게 되었다고 본다. 그는 주체사상이 1970년대에 들어서면서 남한의 유신체제와 대칭하여 유일지배체제를 합리화하는 권력의 통치이론으로 변화했다고 평가하고 있다. 이것이 1974년에 와서 유일사상체계확립의 10대 원칙의 선포와 함께 수령론으로 발전되어 유일지배체제의 사상적 토대를 형성하게 되었다는 것이다. 1986년에 접어들면서 주체사상은 사회정치적 생명체론으로 발전되어 사회정치적 생명의 영생론으로 이어져 새로운 종교적 신앙의 출현으로 규정하게 되었다고 분석했다.[8]

백학순은 유일지배체제의 형성과정을 8월 종파사건과 반종파투쟁을 중심으로 다루고 있다.[9] 백학순에 따르면 김일성은 종파사건을 계기로 경쟁 파벌을 숙청하고 빨치산파를 전면에 등용하면서 단일지도체제를 확립하는 데 성공했다. 1967년에는 갑산파까지 정리하면서 주체사상을 중심으로 하는 자신의 유일사상체계를 확립하고 당·정·군을 장악하여 수령이 되었다. 백학순은 이때부터 북한은 모든 정치행위와 권력구조가 유일사상체계와 수령제를 매개로 형성되었고 전통적인 의미에서의 정치도 사라졌고 권력투쟁도 불가능해졌다고 보았다. 백학순은 북한의 사상과 정체성을 중심으로 탐구하여 유일사상체계, 수령제사회주의가 어떻게 전당, 전국, 전 사회적으로 심화되고 확산되었는지를 밝히고 있다. 그리고 김일성 유일사상체계는 권력구조에 그대로 체현되었고 현재까지 지속되고 있다고 보았다.[10] 그러나 백학순은 그의 연구에서 북한의 유일지배체제와 수령제사회주의가 형성되고 계승되는 과정에서 이것이 어떻게 제도화되고 법제화됨

---

8   김병로, 『북한, 조선으로 다시 읽다』, 서울: 서울대학교출판문화원, 2018, pp. 97~99.
9   백학순, 『김정은 시대의 북한정치 2012~2014: 사상·정체성·구조』, 성남: 세종연구소, 2015; 백학순, 『북한 권력의 역사』, 서울: 한울, 2010; 정성장·백학순·임을출·전영선, 『김정은 리더십 연구』, 성남: 세종연구조, 2017.
10   백학순, 『북한의 권력의 역사: 사상·정체성·구조』, 서울: 한울, 2010.

으로 내구성을 유지하게 되었는지에 대해서는 다루지 않고 있다. 즉 유일
지배체제의 틀 안에서 이루어지는 정교한 정치행위에 이어서 그 이면에서
이루어지고 있었던 헌법의 개정이나 법제의 제정과 개정, 이를 통한 1인
지배체제의 확립과 계승에 관한 언급은 보이지 않는다. 그러나 북한에서
정치행위로 이루어진 것들은 사상적 기반이 기저에 있었고, 정치적 결단은
사후적으로 법제화함으로써 목적한 바를 이루어 왔다. 따라서 당대회, 당
대표자회의, 최고인민회의 등의 회의체를 통한 정치적 결정의 이행에 뒤이
어 어떻게 이것이 제도화되고 법제화되었는지를 살피는 것은 의미가 크다
고 할 수 있다.

계속해서 북한의 정치와 체제와 관련된 연구로는 안희창의 『북한의 통
치체제』[11]가 있는데 안희창은 김일성의 유일지배구조 형성은 정권 초기부
터였다고 지적하고 특히 1967년의 갑산파 숙청이 분수령이 되어 유일독재
체제를 구축했다고 보았다. 1967년의 5·25교시를 시작으로 노동당의 혁명
사상이 김일성 동지의 혁명사상으로 변질되고 당에서 김일성으로 지배구
조가 바뀌었다고 보았다. 그 이후 김정일-김정은으로의 세습을 통해 북한
특유의 유일적영도의 세습통치가 확립된 것으로 분석했다.

이상우는 북한의 정치를 다루면서 초기 공산화 과정 단계, 즉 소련점령
군에 의해 정권 창출이 시도될 때부터 조선노동당의 창당에 이어 인민공화
국의 수립과 출범이 진행되는 단계에서 이미 김일성은 독재체제 구축의 의
도가 있었다고 보았다.[12] 특히 김일성 권력의 속성에 신정적인 성격이 있
다는 것과 함께 김정일의 선군정치에 군국주의적 색채도 내재되어 있음을
지적했다. 남북한의 통일 논의와 핵 문제 등 일련의 남북 이슈들을 북한의

---

11   안희창, 『북한의 통치체제, 지배구조와 사회통제』, 서울: 명인문화사, 2016.
12   이상우, 『북한정치, 신정체제의 진화와 작동원리』, 서울: 나남, 2008.

생존전략과 체제유지를 위한 측면에서 보았고 체제의 이념, 규범체계, 힘, 통제조직 등을 북한 체제의 안정성의 기준으로 규정했다. 이상우는 이 기준에서 마지막으로 작동되는 것이 군(軍)인데 김정일이 선군정치를 주창한 것은 체제의 안정성이 그만큼 막바지에 다다랐다는 증거이고 체제의 붕괴가 멀지 않은 조짐으로 전망했다. 그러나 이러한 전망과는 대조적으로 북한의 선군정치는 현재 선군사상으로 전환되어 북한의 규범에 설시되었고, 김정은으로의 후계체제가 성공적으로 안착되어 10년 집권을 지나 장기 집권의 길을 다지고 있는 것이 현실이다. 이상우의 선군정치와 김정일 정권의 속성에 대한 분석은 한계를 보인 것이고 새로운 기준에 입각한 전망이 필요함을 보여주었다.

한편 북한을 남한의 관점에서가 아닌 북한의 특수성을 감안하여 보아야 한다는 주장도 제기되었다. 정성장은 북한의 정치를 관찰하는 시점을 남한중심주의에서 북한의 특수성을 감안한 북한 특수주의적 관점을 포함해야 함을 주장하고 있다.[13] 정성장은 권력체계 분석을 통해 당의 영도적 역할이 어떻게 당과 주요 국가기관에 침착되어 있는지를 다루고 있다. 국가기구뿐 아니라 행정 및 경제사업에서의 당의 영도, 더 나아가 군에 대한 당의 영도를 선군정치와 연관하여 기술하고 있다. 당의 기구와 국가기구에 대한 상세한 대조를 통해 기능적 상보성, 정치적 역할에 대해 입체적으로 설명하고 있다.

그 외에도 스즈키 마사유키가 북한의 수령제에 대한 연구를 한 바 있는데 수령제의 확립과정과 혁명적 수령관의 등장과 함께 북한 지도자의 신화화 과정까지를 다루고 있다.[14] 김광수도 북한의 수령체제를 이해해야 북한

13 　정성장, 『현대북한의 정치』, 서울: 한울, 2011.
14 　스즈키 마사유키, 유영구 역, 『김정일과 수령제 사회주의』, 서울: 중앙일보사, 1994.

을 바르게 이해할 수 있다는 전제하에 김일성의 수령적 지위와 리더십은 김정은에게도 그대로 전수되어 있고 그 과정에서 수많은 상징조작과 상징 정치가 작동되었다고 보았다.[15] 한병진도 북한을 수령제국가로 보고 그 내구성이 견고해져 가고 있다고 보았다. 한병진은 그의 저서[16]에서 '지배자로서의 수령'과 '통치자로서의 수령'을 구분한 후 김일성을 '신생수령'으로, 김정은을 '세습수령'으로 정의했다. 한병진은 북한의 수령제의 내구성이 높아지고 있다고 보았는데 이것이 법과 사법제도와 어떤 연관성이 있는가, 수령제의 내구성이 어떻게 제도화되었는지에 대해서는 별다른 언급이 없다.

히라이 히사시는 북한이 유일지배체제와 유일사상체계를 갖추어 가면서 정치적 다원성과 사상적 다원성을 상실했다고 보았다. 히라이 히사시는 김일성이 종파분쟁을 극복하는 과정에서 유일지배체제를 확립하게 되었지만 정치적 다양성을 소멸시켰고, 1967년부터 시작된 주체사상을 통한 유일적 영도체계를 세우기 시작하면서 사상적 다양성도 근절되었다고 평가했다.[17]

김갑식도 북한을 수령이 영도하는 당국가체제로 인식하고 김정일로의 권력승계도 당을 중심으로, 당을 통해 이루어졌음을 밝히고 있다.[18] 김갑식에 의하면 김정일뿐 아니라 김정은으로의 권력승계도 그가 먼저 당중앙군사위원회 부위원장에 추대됨으로써 후계자로서 대내외적으로 공식 천명되었다고 보았다. 김정은의 후계자 천명도 당을 통해서 당을 중심으로 진행된 것으로 본 것이다. 김정일 사후 김정은은 당시 2인자로 분류되었던 이영호의 숙청과 장성택의 처형을 통해 정권의 안정성과 절대성을 확보하

---

15   김광수, 『수령국가』, 서울: 선인, 2015.
16   한병진, 『수령독재의 정석』, 서울: 곰출판, 2023.
17   히라이 히사시, 『김정은 체제』, 서울: 한울, 2011.
18   김갑식, "김정은 정권의 수령제와 당·정·군 관계", 『김정일 정권의 권력구조』, 파주: 한국학술정보, 2005.

는 계기로 삼았다고 보았다. 이영호는 김정은의 후견인으로, 장성택은 고모부로서 정권 초기에 안정과 내구성의 증진에 도움이 될 인사들임에도 불구하고 조기에 숙청을 통해 정리하고 자신의 친정 체제를 구축했다는 것이다. 이러한 조치들은 김정은 정권의 불안정성을 노출한 것으로도 보였지만 지금에 와서 보면 유일지배체제를 확고히 하고 누수를 없앤 결정적 사건으로 평가받고 있다. 김갑식은 김정은의 유일지배체제 즉 수령제를 저발전된 약점을 시스템으로 보완한 경우로 보았는데 이는 그의 연령이나 3대째라고 하는 한계로 인해 형성되지 못한 카리스마를 정책 재량권, 정책 조율 능력, 인사권, 대중적 기반 등의 측면에서 어떻게 보완했는가를 살피고 있다.

2. 북한의 법이론과 법체계에 관한 연구

공산주의권 혹은 북한의 법체계 및 사법제도에 관한 연구의 한계는 최신 법령에 대한 입수가 어렵다는 것이다. 따라서 다른 분야와 달리 북한의 법제에 관한 연구는 시의성을 맞추지 못하고 법의 공개와 입수의 여부에 따라 논의와 연구가 진행되는 제약이 있었다. 공산주의권의 헌법에 대한 연구를 통해 공산권 국가들의 헌법체계와 그 변천, 그리고 통일 이후 각국의 헌법 변천에 대한 연구로는 장명봉의 분단국가의 통일헌법에 대한 연구[19]가 있다. 장명봉은 독일과 예멘의 헌법을 소개하고 독일의 경우 기본법 23조

---

[19] 장명봉의 공산주의권 헌법 및 북한의 헌법, 법체계에 관한 연구로는 "북한 개정헌법, 국가주석제 일부 부활", 『통일한국』, 평화문제연구소, 2009; "북한의 최근 법제 동향과 전망: 미국 두 여기자 사건을 계기로", Jpi 정책포럼, 2009; "북한 「형법」 개정의 의미와 평가: "정치형법"에서 "범죄통제형법"으로의 변화", 『통일한국』, 평화문제연구소, 2002; "국방위원장체제의 북한; 헌법개정과 권력구조 개편 분석 김정일식 통치체제의 틀 제도화", 『통일한국』, 평화문제연구소, 1998; 『분단국가 통일헌법 연구』, 국민대출판부, 1998; "헌법적 측면에서 본 김정일체제의 노선과 정책전망", 『통일문제연구』, 평화문제연구소, 1994; "북한의 역대선거법과 새로운 선거법 고찰", 『통일정책연구』, 통일연구원, 1997; 장명봉, "공산주의 헌법의 개관: 소비에트 헌법을 중심으로", 『중소연구』, 한양대학교 아태지역연구센터, 1985.

를 통한 동독의 편입 방식 및 신헌법 제정방식과 과정을 살피고 있다. 예멘의 경우도 통일논의 과정에 이어 통일헌법의 합의과정도 다루고 있다. 그 외에도 북한의 최신 법제동향에 대해서 분석과 전망을 내놓았는데, 최근의 것으로는 헌법과 대외경제중재법, 행정처벌법, 인민보안단속법, 금강산국제관광특구법을 중심으로 분석한 바 있다. 장명봉은 북한이 사회주의 법제사업을 통해 사회주의법무생활을 강화하기 위한 시도를 지속하고 있다고 보았고, 북한 법제의 추이를 살피면서 관련 법령이 공개되면 이에 대한 분석과 평가를 통해 북한의 법체계와 법치의 상황을 연구했다. 특히 사회주의법치국가를 표방하면서 법제정사업 등을 통해 이를 강조하는 것은 당적 영도하에 법치국가건설을 주장하고 '우리식사회주의법치국가건설론'을 전개하고자 함을 밝혔다. 북한의 시선에서 동구권의 몰락과 소비에트 체제가 붕괴된 것은 사회주의 준법기풍을 바로 세우지 못하고 법치에 소홀한 결과로써 법을 통한 강력한 사회통제, 주민통제, 사상통제를 하지 못한 결과로 보고 있음을 지적하였다.[20]

북한의 헌법은 사회주의 법계를 따른 측면이 있기 때문에 사회주의 국가의 일반적인 헌법이론에 관한 연구는 북한법, 특히 헌법연구에 있어서 기초적인 내용들을 제공해 주고 있다. 신광휴는 북한 헌법을 사회주의 국가의 헌법이론의 틀에서 접근하여 연구하였다. 신광휴는 "사회주의 국가의 헌법이론에 관한 연구"[21]라는 논문에서 주로 사회주의체제에서의 국가관과 법이론을 다루었는데 마르크스, 레닌, 스탈린, 김일성 등의 법사상과 국가관을 분석하고 더 나아가 사회주의체제의 구조원리와 이를 뒷받침하는 기제로서의 법의 기능을 다루었다. 이 논문에서 저자는 북한의 헌법이

---

[20]   장명봉, "북한의 '법치' 강조와 최근 법제동향", 『북한법연구』 14호, 2012. pp. 267~269.
[21]   신광휴, "사회주의 국가의 헌법이론에 관한 연구", 단국대학교 박사학위 논문, 1988.

론과 통치이념, 그리고 통치이데올로기로서의 주체사상과 법제도의 상관성을 지적하면서 결국 이러한 바탕 위에서 북한의 통치구조, 즉 최고인민회의, 주석제도, 중앙인민위원회 및 중앙과 지방의 행정시스템의 성격과 기능이 규정되었다고 보았다.

헌법재판소도 북한의 헌법을 사회주의 이론의 관점에서 살핀 연구를 하였는데 이 연구에서 주체의 사회주의헌법 이론에 입각한 북한 헌법의 근본적인 최종 목적은 인민대중의 자주적이고 창조적인 생활을 보장하는 것인바[22] 이는 주체사상의 핵심요지와도 같으므로 결국 주체사상을 실현하는 것을 보장하는 것이 헌법의 최종 목적이라는 해석이 가능하다. 이와 같은 해석은 북한의 헌법과 법령의 목적에 대한 이해와 관련한 일반적인 관점과도 궤를 같이한다. 헌법재판소는 『사회주의 이론을 통해 본 북한 헌법』이라는 연구를 통해 소비에트 사회주의 법이론과 현실 사회주의국가에서의 법의 개념과 기능을 분석했다. 북한의 헌법에 대해서는 사회주의 이론과 주체사상을 통해서 분석했는데 사회주의의 실현 수단과 주체사상의 헌법적 적용에 대해 다루고 있다. 여기서 결국 북한은 헌법의 개정과정을 통해 마르크스–레닌주의에서 탈피하고 조선노동당이 오직 위대한 수령 김일성 동지의 주체사상과 혁명사상에 의해 지도된다고 할 만큼 북한의 법체계에서 김일성–김정일이 최고의 규범이 되고 그 하부에 노동당 규약과 헌법이 위치한다고 보았다.[23]

북한 헌법에 관한 또 다른 연구로는 조재현이 시도한 북한 헌법의 개정과 그 특징에 관한 연구가 있다.[24] 조재현은 북한이 이미 정치적으로 시행

---

22 헌법재판연구원, 『사회주의 이론을 통해 본 북한 헌법』, 서울: 헌법재판소 헌법재판연구원, 2017, pp. 78~79.
23 헌법재판연구원, 『사회주의 이론을 통해 본 북한 헌법』, 통일헌법연구, 2017, p. 81.
24 조재현, "북한헌법 개정의 배경과 특징에 관한 헌법사 연구", 『미국헌법연구』 제29권 제3호, 미국헌법학회, 2018.

하고 있으므로 제도화된 이른바 정복된 영역을 후행적으로 법제화하는 경향이 있다고 보았다. 다시 말해서 북한 사회가 변화하는 과정에서 이미 달성된 영역의 성과를 헌법이 수용하는 형태로 법제가 작동했다고 주장했다.[25] 조재현은 북한의 헌법을 포함한 모든 공식적인 법령체계는 당규약, 당의 결정, 당 중앙으로서의 김일성, 김정일, 김정은의 이른바 교시와 지도의 하위 개념에 속하는 것으로 보았다. 당규약이나 최고지도자의 교시와 말씀은 국가 내의 헌법질서를 초월하여 존재한다는 것이다.[26] 이는 북한이 법치가 아닌 정치가 먼저 있고 정치적 필요성에 따라 결정된 권력구조나 유일지배체제의 권력 형태를 헌법에 반영하였다고 본 것이다. 단적인 예로 김일성의 사후 유훈통치를 사후적으로 헌법 서문에 반영하였다는 측면과 나진 선봉 등지의 설치 이후에 경제특구에 대한 규정을 헌법에 반영한 것을 꼽고 있다. 이를 '달성된 영역' 혹은 '정복된 영역'의 헌법화로 정의하였다.[27] 이는 어느 사회나 법이 모든 것을 앞서서 규정하기는 어려우나 북한의 경우는 최고지도자의 결심이 먼저 있고, 이 결심이 관행 혹은 제도화된 이후에 이를 뒷받침하도록 법이 기능하고 있음을 지적한 것으로 보인다.

박정원의 북한법 연구주제는 법제정비의 동향, 입법 이론과 입법 상황, 입법체계, 법치 등으로 분류할 수 있는데 최근의 북한 법제의 동향에 따른 연구도 수시로 발표하고 있다.[28] 박정원의 연구에 따르면 북한은 법치국가 건설론을 제시하고 1992년 헌법개정을 통해 "국가는 사회주의법률제도를

---

25   조재현, "북한헌법 개정의 배경과 특징에 관한 헌법사 연구", 『미국헌법연구』 제29권 제3호, 2018. p. 281.

26   조재현, 위의 글, p. 275.

27   조재현, 위의 글, pp. 281~282.

28   박정원 교수의 관련 연구로는 "북한의 법제정(입법) 체계의 분석 및 전망", 『법제연구』 제53호, 2017; 국민대학교 법학연구소, "북한의 '법치' 강조와 최근 법제동향", 『북한법연구』 제14호, 2012; 북한법연구회, "북한의 사회주의 법치국가 건설론과 법제 정비 동향", 『동북아법연구』 제5권 제1호, 2011.

완비하고 사회주의법무생활을 강화한다"는 내용을 추가하였고(제18조, 제3항)[29], 실질적으로 헌법을 포함한 행정처벌법, 인민보안단속법뿐만 아니라 금강산국제관광특구법과 대외경제중재법 등의 대외 및 경제 관련 법률의 수정보충과 제정을 통해 법치를 강화하고 있다고 보았다.

북한의 입법이론에 대한 연구에서는 입법의 이론적 기초의 하나로서 사회주의법무생활론을 강화하고 있음을 지적하고 결국 입법을 통해 지배계급의 의사를 문서화함으로써 사회주의 법치를 강화하고 법령에 의해 인정된 기관만이 입법에 참여할 수 있게 하여 입법의 권한을 소수의 기관만이 가지도록 했다고 지적했다. 여기서 당이 입법기능이 없기 때문에 입법에 대해서는 헌법에 의해 수권된 입법권을 가진 정부, 즉 국가가 입법을 함으로써 법의 기능을 하게 된다고 보았다. 이것은 입법권과 그 과정에서 보여주는 서방의 국가들과 북한 차이점이다.[30] 박정원은 "북한의 법제정(입법)체계의 분석 및 전망"을 통해 김정일 시기에 사회주의법치국가론을 제기하면서 이전부터 강조해 온 혁명적 준법기풍의 확립을 달성하고 준사법적 행정통제로 북한주민을 통치했음을 밝혔다. 그는 선군시대로 접어들면서도 사회주의법무생활이 강화되고 지속되었다고 보았다. 이는 북한이 대중용 법전을 발간함과 아울러 법제정비에 신경을 쓰는 것을 통해서도 알 수 있다. 계속해서 박정원은 "북한의 입법이론과 체계 분석"에서 북한이 1인 지배체제이며 수령의 교시와 지도자의 말씀에 의해 지배되는 사회에서 법이란 존재의미가 없다는 이론과 북한도 하나의 국가와 정부의 체계를 갖추고 법제도를 통해 국정운영을 하고 있는 만큼 법의 존재와 가치를 인정하고 일부 법의 규범성을 실현하고 있다는 입장이 있음을 소개하고 있다. 계

---

29   박정원, "북한의 '법치' 강조와 최근 법제동향", 『북한법 연구』 제14호, 2012. pp. 268~269.

30   박정원, "북한의 입법이론과 체계분석", 『법학논총』 제26권 제2호, 국민대학교 법학연구소, 2013, p. 239.

속해서 북한의 입법이론 중 하나로 사회주의법무생활론을 제시했는데 이는 김일성과 김정일이 지속적으로 강조한 바 이를 북한의 법 이론으로 보았다. 박정원은 이어서 "북한정권 수립 70년과 북한 헌법의 변화와 전망", "북한의 '사회주의 법치국가 건설론'과 법제정비 동향"[31] 등의 논문을 통해 북한 법 특히 헌법의 개정 추이와 법제정비의 흐름에 대한 연구를 계속하고 있다.

북한에도 과연 법치가 가능한가에 대한 질문이 대두되는 상황에서 북한의 법개념과 법치에 관한 연구는 오래전부터 있어 왔다. 김도균은 북한의 법개념에 대해 북한의 법은 주체사상의 원리들의 실현을 위한 한 수단이며 법이 지닌 과제로서는 주체사상의 실천력과 노동당의 정책을 실현하는 데 기여해야 한다는 요구라고 분석했다. 따라서 주체의 법이론의 핵심은 주체사상이 법제정과 법적용에 있어서 확고하게 안착하여 북한의 법체계의 안정화에 기여할 수 있도록 이론적으로 가공하는 것이라고 보았다.[32] 앞서 언급한바 있었던 조재현도 북한 헌법개정에 관한 연구를 통해 북한의 헌법을 포함한 모든 공식적인 법령체계는 당규약, 당의 결정, 당 중앙으로서의 김일성, 김정일, 김정은의 이른바 교시와 지도의 하위 개념에 속하는 것으로 보았다. 당규약이나 최고지도자의 교시와 말씀은 국가 내의 헌법질서를 초월하여 존재한다고 보았는데, 이는 북한 헌법연구에 있어서 공통적으로 제시되는 부분이기도 하다.[33]

지금까지 북한의 법령이나 사법제도에 관한 연구는 경협이나 통일과정과 관련하여 다루어진 것이 대부분이었고, 북한의 법령이나 사법제도가 북

---

31 박정원, "북한정권 수립 70년과 북한 헌법의 변화와 전망" 북한법연구 제20호, 2018.
32 김도균, "북한 법체계에서의 법개념론과 법치론에 관한 고찰", 『서울대학교 법학』 Vol. 46 No. 1 통권 134호, 서울대학교 법학연구소, 2005, p. 465.
33 조재현, "북한헌법 개정의 배경과 특징에 관한 헌법사 연구", 『미국헌법연구』 제29권 제3호, 2018.

한의 정체성을 어떤 내용과 형식으로 반영하고 있는지, 또 그렇게 확정된 법령이나 제도가 북한의 1당이 지배하는 수령제 국가로서의 정체성 유지에 어떤 영향을 주고 있는가에 관한 상호 작용을 직접적으로 다룬 예는 많지 않다. 다만, 근자에 활성화되었던 경제협력과 관련한 남북의 법적 근거를 다룬 연구가 활발히 이루어지고 있는 편인데 "남북경협 활성화에 따른 북한법제의 변화 연구"[34]나 "남북한 주민 간 상속에 관한 법적 쟁점 연구"[35] 등이 있다. 그러나 위의 연구들은 현실적으로 실질적인 행위가 존재하지 않는 상황이라 이론적 검토 차원에서 그치고 있고 관련 법령들도 사실상 사문화된 측면이 있다.

사회주의법무생활과 관련된 연구로는 이해정의 석사학위논문 "북한 사회에서 법의 역할에 관한 연구: 사회주의 법무생활을 중심으로"[36]가 있다. 이 논문은 준사법기구인 사회주의법무생활지도위원회를 통한 북한 주민에 대한 사상 및 생활 통제에 관한 연구물이다. 이해정은 이 논문에서 북한 사회의 정체성 유지를 위한 법령들과 준사법기구인 사회주의법무생활지도위원회의 통제가 북한 사회의 정체성 유지와 관련이 있음을 주장하고 있다. 이해정은 북한 사회가 법치사회라고 보기는 어렵고 더구나 법 이전에 수령의 교시나 지시가 법 제정의 기초 혹은 해석의 기준이라고 보았다. 그러나 여느 국가와 같이 북한도 일단 법령의 기초 위에서 통제를 강화하는 수단을 견고히 하고 있다는 측면에서 법치의 기능적 측면을 활용하고 있다고 보았고, 그 도구가 사회주의법무생활지도위원회라고 주장했다.

---

34 안석호, "남북경협 활성화에 따른 북한 법제의 변화 연구", 국민대학교 박사학위논문, 2019.
35 문선혜, "남북한 주민 간 상속에 관한 법적 쟁점 연구", 북한대학원대학교 박사학위논문, 2018.
36 이해정, "북한사회에서 법의 역할에 관한 연구: 사회주의법무생활'을 중심으로", 이화여자대학교 석사학위논문, 2007.

최정욱은 "북한 세금 관련 법제의 시기별 변화에 관한 연구"[37]를 통해 국가예산수입법이나 재정법, 기업소법 등 관련 법제의 개정을 시기별로 다루었고 2012년에 도입된 소득분배방법의 시범사업에 대한 분석을 통해 세금 관련 법제의 변화로 인한 북한 체제의 성격의 변화 추이를 살피려 노력했다.[38]

권영태는 『남도 북도 모르는 북한법이야기』[39]를 통해 남북한의 사법제도와 법령의 비교는 물론 북한이 독특하게 유지하고 있는 법조문과 제도에 대해 연구하였다. 권영태의 저서는 일반인들이 사법체계와 법령을 통해 북한 사회를 잘 이해할 수 있도록 기술되어 있어 북한 이해에 새로운 틀을 제공한 측면에서 주목할 만하다. 이승택의 논문 "북한 헌법상 기본권 규정의 특성과 변천"은 북한의 헌법과 법령에 나타난 기본권 혹은 인권의 정의와 개념에 대해서 집중적으로 분석한 것으로서 북한의 법령에 나타난 공민의 기본권이 우리가 보통 알고 있는 기본권과는 상당한 차이가 있음을 지적하고 있다. 북한에서는 사람이 이른바 사회정치적 생명체의 일원으로 존재할 때에만 인권이나 기본권이 의미를 가진다고 보았다. 북한 헌법은 개인의 인권을 공동체의 자주성과 결합하여 인식하는 것으로 분석하였다.[40] 그에 의하면 북한에서의 기본권은 국가라는 공동체의 실현과 운명을 동일시하는 선상에서 해석된다.

---

37 최정욱, "북한 세금 관련 법제의 시기별 변화에 관한 연구", 북한대학원대학교 박사학위 논문, 2020.

38 최정욱, 『북한 조세법』, 서울: 삼일인포마인, 2022, p. 39.

39 권영태, 『남도북도 모르는 북한법이야기』, 서울: 이매진, 2011.

40 이승택, "북한 헌법상 기본권 규정의 특성과 변천", 『동아법학』, 부산: 동아대학교 법학연구소, 2020, pp. 16~17.

3. 유일지배체제와 법체계의 상관성에 관한 연구

북한이 스스로 밝히는 바와 같이 북한의 법체계와 사법제도는 궁극적으로 당의 정책 실현의 도구이자 최고지도자의 교시와 말씀에 대한 실현의 방편이다. 북한에서의 법과 사법제도는 정치와 정권에 예속되어 있다. 따라서 유일지배체제와 북한의 법체계는 하나의 고리로 연결된 생태계적 측면이 있다. 권재열, 김광록 등은 북한 법 관련 논문을 모은 저서『북한의 법체계』[41]에서 북한법제의 비교법적 지위, 북한의 헌법과 형법, 노동법, 외국인 투자 관련법 등을 광범위하게 다루었다. 2004년에 출판된 저서에 실린 논문들은 그 당시에 공개된 북한의 법령들을 상세히 분석하고 정치 구조와 연관하여 비교 분석하고 있다. 북한의 법령이 막 공개되는 시점에서의 연구로서는 집중력과 분석력이 돋보이는 연구로 평가된다. 권재열 등의 연구에 따르면 북한의 법체계, 특히 헌법의 경우 헌법 스스로도 '자유와 정의'라는 인류 보편적 관념으로부터 자유로울 수 없지만 북한의 헌법은 여전히 장식적 의미를 가지고 있어 이러한 논의가 북한의 헌법을 논함에 있어서 무용할 것이라고 하는 비판을 하고 있다. 이는 북한의 법과 사법제도가 북한의 정체성, 즉 유일지배체제의 국가라는 권력의 속성과 무관하게 볼 수는 없다는 해석이 내포되어 있다.

북한의 세습을 완성하고 유일지배체제를 유지하는 데에는 주체사상이 기반이 된 사회정치적 생명체론과 같은 사상적 토대의 역할이 크다. 이러한 논리는 김정일, 김정은으로의 후계자로서 입지를 강화하는 데 있어서 중요하게 작동되었다.[42] 그러나 정순원은 북한이 후계자를 선정하고 이를

---

41 권재열 외,『북한의 법체계』, 아산재단연구총서, 서울: 집문당, 2004.
42 정순원, "북한의 후계구도와 북한법의 변화",『북한연구학회보』제13권 제1호, 북한연구학회, 2009, p. 256.

제도적으로 안정된 상태로 구축하기 위해 헌법을 개정하여 이를 법제화하고 단계적으로 정당화되는 과정을 밟았음을 밝혔다. 1998년의 헌법에 와서는 김정일이 김일성의 후계자임을 공식화했고, 김일성의 주석직을 영구화하되 김정일은 국방위원회 위원장으로 추대됨과 아울러 헌법개정을 통해 이를 법제화했다는 것이다.[43] 그리고 김정일이 공식적으로 최고지도자의 지위에 오른 후에도 형법, 민법, 마약관리법의 개정 등을 통해 사회적 통제를 강화하고 체제의 안정과 후계 구도의 이행을 위한 발판을 마련한 것으로 보았다.[44]

이상우는 북한 신정 통치체제의 변천과정을 설명하면서 헌법의 제정과 개정 과정에 대한 분석 내용을 제시했다. 즉 1948년의 헌법을 과도적 인민민주주의체제로 보았고 1972년의 사회주의헌법을 통해 본격적인 당의 지배를 공고히 하는 마르크스–레닌주의식 사회주의국가, 노동계급이 지배하는 계급국가, 주체사상을 지도적 지침으로 하는 이념국가의 틀을 갖추게 되었다고 보았다. 이상우의 연구에 따르면 김정일은 1992년의 헌법개정을 통해 아버지 김일성으로부터 수령직을 승계하기 위한 법적 토대를 마련하였다. 1998년의 헌법은 선군정치의 체제에서 국방위원장이 실질적으로 국가를 통치하는 시스템으로 확정했고 삼권분립이 아닌 단일 회의체로 통치구조가 짜여졌다. 이상우는 북한의 정치와 권력에 관한 연구를 진행하면서 특히 1인 지배체제와 그 세습이 어떻게 헌법에 반영되어 제도화되었고 김정일로 안착되었는지를 밝히고 있다.

김창희는 김일성의 1인 지배체제를 백두혈통…의 권력장악과 이의 세습이라는 측면에서 다루고 있는데 김일성의 정치권력 장악과정을 정치적

---

43   정순원, 위의 글, p. 258.
44   정순원, 위의 글, pp. 262~265.

관점과 사상적 관점에서 살피고 있다.[45] 뿐만 아니라 사회주의헌법의 제정을 기점으로 김일성이 영원한 주석으로 김정일이 국방위원장의 지위에서 실질적으로 국가를 통치하면서 권력을 어떻게 장악하고 후대에 계승하였는지를 밝히고 있다. 김창희는 북한의 유일지배체제의 구축과정이 헌법에 어떻게 반영되고 법체계에 의해 안정화되었는지도 살피고 있다.

헌법재판소의 연구에 의하면, 북한의 헌법은 수령을 '대중을 하나의 정치역량으로 묶어 절대적인 권위와 무궁무진한 창조적 지혜를 가지고 혁명과 건설을 승리로 이끄는 존재'로 인식하도록 하고 있다. 더 나아가 주체의 사회주의헌법은 수령이 국가주권의 최고지도기관이자 국가기관에 대한 최고의 지도권을 집중 장악함으로써 유일적 영도가 확고히 보장될 수 있도록 뒷받침하는 것으로 보았다.

황의정은 박사학위논문 "북한의 '비사회주의적 행위'에 대한 법적통제"에서 김정일이 사회주의법무생활을 강조한 것은 주민통제의 수단의 일환이었고 이를 통해 당조직에 의한 사상통제방식을 관철하였으며 물리적인 통제 방식을 보조적 수단으로 삼았다고 보았다.[46] 북한에서의 준법이란 무엇인가? 황의정은 북한에서 준법의 의미가 당의 영도에 따른 당 정책을 실현하기 위한 수단으로서의 법을 준수한다는 것으로 정의하고 결국 북한에서의 법은 정치적 표현의 하나임을 주장했다.[47] 게다가 정식 재판 등을 통하지 않은 처벌로 행정처벌을 들고 있는데 형사법적 제재만으로 충족되지 않는 사소한 위법행위들에 대한 즉각적인 처벌은 행정처벌로 제재를 가해야 위법행위에 대한 법적통제를 실현할 수 있다고 보았다. 이는 행정처벌

---

[45]   김창희, 『김일성·김정일·김정은 백두혈통과 정치리더십』, 전주: 전북대학교출판문화원, 2020.

[46]   황의정, "북한의 비사회주의적 행위에 대한 법적 통제: 범죄규정화를 중심으로", 이화여자대학교 박사논문, 2016, p. 70.

[47]   황의정, 위의 글, p. 71.

을 시행하는 기관이 사회주의법무생활지도위원회, 내각, 검찰기관, 중재기관, 인민보안기관, 검열감독기관, 자격수여기관 등이 있고, 이뿐만 아니라 기관, 기업소, 단체 등 비국가기관도 포함된 것으로 보아 행정처벌을 통한 사회질서유지는 물론 유일지배체제 유지의 기능도 함께하고 있음을 지적했다.[48]

북한의 유일지배체제와 수령에 관한 연구는 초기부터 활발히 연구가 되어 많은 성과물이 나와 있다. 그리고 북한의 법체계와 사법제도에 관한 연구들도 점차 성과를 내고 있는 것이 사실이다. 그러나 김일성-김정일-김정은으로 이어지는 유일지배체제의 세습이 어떻게 법적 정당성을 통해 계승되고 유지되어 왔는지에 대한 상관성에 관한 고찰은 충분하지 않은 것이 현실이다. 북한의 국가정체성 및 법체계를 바르게 이해하기 위해서는 그동안 진행된 연구성과들을 바탕으로 유일지배체제의 확립과 계승을 위해 어떤 법적인 과정과 절차를 거쳐 왔는지, 그리고 다시 그 법체계는 유일지배체제의 유지와 내구성에 어떤 작용을 하게 되었는지를 더 깊이 살펴야 할 것이다.

---

[48]   황의정, 위의 글, pp. 128~129.

제3절 연구의 범위와 방법과 구성

1. 연구의 범위

본 연구의 목적은 북한의 유일지배체제가 북한의 법체계와 사법제도에 어떻게 반영되어 있으며 세습체제 구축이라고 하는 목적에 얼마나 충실히 기능했는가를 규명하는 것이다. 그리고 이를 통해 북한 권력의 속성과 정체성을 확인하고 권력의 향배를 가늠함으로써 북한에 대한 바른 이해와 통일논의에 기여하고자 하는 것이다. 따라서 본 연구는 북한의 1인 지배체제의 형성과 유일지배체제로의 변천, 그리고 이의 세습과정에 대해 개략적인 정리를 하였다. 그 후 북한의 법체계 중에서 정치적 내용들을 규정한 당규약과 헌법을 중심으로 연구하였고, 나아가 북한의 법체계와 사법제도 중에서 유일지배체제와 연관되어 의미가 있다고 판단되는 부분들을 중심으로 연구의 범위를 한정하였다. 즉, 재판소구성법, 검찰감시법, 법제정법, 행정처벌법, 형법과 형사소송법, 민법과 민사소송법, 그리고 금수산태양궁전법 등을 중심으로 연구하고, 최근에 제정된 청년교양보장법, 평양문화어보호법, 반동사상문화배격법 등 사회적 통제를 목적으로 제정된 법령들도 연구에 포함하였다.

법철학으로는 사회주의와 북한의 법 이론을 연구의 대상으로 하였다. 김일성종합대학교에서 발표한 논문집을 비롯한 여러 북한 학자들의 논문을 두루 살폈고 김일성과 김정일, 김정은의 어록이나 선집과 전집 등도 적극 활용하였다. 아울러 사회주의법무생활지도위원회와 관련한 김정일의 지시 및 관련 법령은 북한의 비사회주의적 행위를 통제하고 있는 실상을 파악하는 데 유용하다고 본다.

사실상 북한에서 최고의 규범력을 가진 것은 '당의 유일적 영도체계확립의 10대 원칙'이다. 이것은 법령의 형식을 갖추고 있지는 않지만 모든 법의 전거(典據)가 되며 기반이 된다. 뿐만 아니라 '당의 유일적 영도체계확립의 10대 원칙'(이하 '10대 원칙' 혼용)을 벗어나거나 대립되는 법령이나 지시나 행정 행위는 존재할 수 없다. 따라서 '10대 원칙'을 법령이 아닌 법의 전거 혹은 법원(法源)으로서 다루게 될 것이다. '10대 원칙'의 제정과 변천 과정은 본 연구의 목적인 권력구조의 속성과 세습체제의 구축에 밀접히 연관되어 있다고 보기 때문이다.

본서는 북한의 법체계를 집행하는 사법체계에 대한 연구를 포함하고 있다. 유일지배체제의 유지를 위해서는 법령뿐만 아니라 법의 준수를 이행하고 이를 감시하며 더 나아가 이를 판단하고 집행하는 사법 시스템에 대한 제도화가 뒤따라야 하는데 북한이 이를 어떻게 구축했고 집행하고 있는가도 연구의 대상에 포함하였다. 북한의 사법제도는 우리와 달리 검찰이 우리의 법원에 해당하는 재판소보다 더 최종적이고 막강한 사법기능을 수행하고 있다. 재판소의 구성도 우리와 달리 비법조인인 인민참심원의 참여와 결정권이 판사보다 더 큰 경우도 있다. 이에 본서는 북한에서 어떻게 사법체계가 작동되고 있고, 사법체계가 유일지배체제의 유지와 어떤 관계가 있는지도 연구의 대상으로 삼았다.

2. 연구의 방법

북한의 권력구조 변화는 반드시 법적 정당성을 기반으로 전개되는 패

턴을 보이고 있다. 따라서 헌법과 유일지배체제 구축과 관련한 법령 등을 분석하여 권력구조의 변화와 성격을 파악하고자 했다. 더 나아가 당규약의 제정과 개정과정, '10대 원칙'의 제정과 개정 과정 등을 분석하여 1948년의 정부수립 이후 권력 투쟁기를 거쳐 어떻게 1인 지배체제가 형성되기 시작했는지에 대한 사적 전개를 다루었다. 김일성, 김정일, 김정은 시기별로 유일적 영도체제가 어떤 법적 근거를 마련하면서 구축이 되었는지에 대해 헌법과 법률의 제정과 개정의 과정을 연관하여 분석하였다. 이를 위해 북한의 역사를 세밀히 살피면서 김일성이 1인 지배체제를 구축하게 된 동기와 국내외적 배경을 확인하였다. 북한 사회가 기존의 소비에트 체제와 달리, 여타의 사회주의체제 국가들이 집단지도체제를 유지했음에도 불구하고 어떤 이유에서, 또 어떤 과정을 통해 1인 지배체제로 변질되어 갔는가에 대한 역사적 경위도 고찰하였다.

북한의 사법체계를 분석하기 위해 검찰소의 위상 변화, 재판소의 기능과 역할, 유사 사법제도인 사회주의법무생활지도위원회, 동지심판회 등을 분석하여 유일지배체제를 옹위하고 유지하기 위해 사법체계와 유사 사법제도가 어떤 기능을 했는지도 알아보았다. 또한, 북한의 변호사 제도는 우리와 달리 재판과정의 보조적 역할을 하고 있음을 확인하였고, 북한의 사법체계 전체가 개인의 인권과 권리, 자유를 보장하기 위한 과정이기보다는 체제를 유지하고 이를 뒷받침하는 기능을 하고 있음을 규명하고자 하였다.

북한과 우리의 용어 사용에 대한 정리도 필요하였다. 북한에서는 우리의 '법률'에 해당하는 규범을 '부문법'이라고 한다. 그 외에 규정과 세칙 등은 우리와 거의 같은 개념으로 쓰이고 있다. 따라서 본서에서는 북한의 부문법이 우리의 법률과 같은 위계에 있으므로 '법령' 혹은 '부문법'을 혼용해서 사용했다. 이는 기존 연구 영역에서도 유사한 흐름을 보이고 있다. 북한의 법률명칭은 가급적 북한에서 표시한 그대로 사용하려고 했으나 경우에 따라서 두음 법칙 등에 있어서 우리식을 따른 경우도 있다. 조선로동당을 조선노동당 혹은 노동당이나 당으로 표현하는 경우도 있다. 북한의 유일지배체제에 대한 표현도 다양하게 쓰이고 있다. '유일적 영도체계' 혹은 '유일적 영도체제'로 사용되나 그 의미는 동일하다. 대부분은 '유일적 영도체계'라는 표현을 사용하고, 북한의 1인 지배 세습 독재체제를 표현한다. '당의 유일적 영도체계 확립의 10대 원칙'은 1974년에 김정일이 제시한 '당의 유일사상체계확립의 10대 원칙'을 계승한 것으로 김정은 집권 시기에 '당의 유일적 영도체계 확립의 10대 원칙'으로 명칭이 바뀌었다. 이는 정적인 의미였던 '당의 유일사상체계확립의 10대 원칙'을 보다 운동성을 가진 역동적 지도원칙으로서의 '당의 유일적 영도체계확립의 10대 원칙'으로 개정함으로써 1인 지배체제를 더 확고히 하려는 의도가 반영된 것으로 보인다. '유일적 영도체계'를 김정은 시대부터 강조된 지도원칙이라고 한다면 '유일지배체제'는 1956년 이후, 김일성이 종파분쟁을 극복하는 과정부터 구축하기 시작한 강력한 1인 지배체제를 김정일로의 세습을 통해 구축한 백두혈통의 지배체제 전반을 의미한다. 따라서 본서에서의 유일지배체제는 김정은 시대뿐 아니라 김일성 이후 지속되고 영구화되고 있는 1인 지배 세습체제를 칭하는 것으로 사용하고자 한다.

3. 연구의 구성

본서는 총 6장과 결론으로 구성되어 있다.

제1장은 서론으로서 본서의 배경이 되는 문제의 제기와 연구의 목적, 기존의 연구들을 고찰한 선행연구를 검토하였다. 선행연구는 먼저 유일지배체제에 대한 연구와 북한의 법체계에 대한 연구, 유일지배체제와 법체계와의 상관성에 관한 연구 등 세 분야의 선행연구 내용들을 포함하였다. 이어

서 본 연구의 주제와 관련한 연구의 범위와 연구 방법으로 구성되어 있다.

제2장은 이론적 검토에 해당되는 내용으로 구성하였는데 사회주의국가의 정치와 법체계를 다루었다. 사회주의 국가의 정치원리는 일반적인 국가와 달리 군사국가, 관료가 지배하는 전체주의, 그리고 집단화와 계급사회가 골격인데 이에 대한 내용을 간략히 언급함으로써 사회주의국가의 정치형태의 특징들을 묘사하였다. 또한 사회주의 국가가 당이 지배하는 당국가적 성격을 갖게되는 근거도 제시하였다. 사회주의체제의 국가의 지배구조는 집단지도체제를 형성하게 되는데 이에 대한 근거와 실제에 대해서 다루었다. 이어서 사회주의국가의 법체계를 마르크스로부터 시작하여 모택동에 이르기까지 사회주의 국가와 그 핵심 지도자들의 법이론을 중심으로 기술한 후 사회주의의 법계와 법치에 대해서도 다루었다.

제3장은 유일지배체제가 어떤 역사적 과정을 거쳐서 형성되었고 그 사상적 기반은 무엇이었는지에 집중하였다. 유일지배체제의 배경과 구축과정을 국내외적 배경과 더불어 역사적 변천 및 발전 과정도 다루었다. 특별히 북한의 지도이념인 주체사상과 유일지배체제가 어떤 연관성을 가지고 상호 작용하였는지도 살펴보았다. 더 상세히는 수령론과 사회정치적 생명체론 그리고 사회주의 대가정론을 기술한 후 세습의 논리적 당위성을 제공하게 된 혁명계승론에 대해서도 평가하였다.

제4장은 유일지배체제가 역사적인 변천과정을 거쳐 확립의 단계에 이르기까지 '10대 원칙'의 개요와 규범력 그리고 최고 규범화가 되어가는 과정을 연구하였다. 유일지배체제는 어느 한 순간에 정립이 된 것이 아니고 오랜 세월을 지나는 가운데 김일성, 김정일, 김정은에 이르기까지 점진적이면서도 확고한 방향으로 전개되었다. 따라서 본 장에서는 각 시기별로 유일지배체제가 어떤 방법론과 명분으로 정착되고 세습되어 김정은 시기까지 왔는가에 집중하였다.

제5장은 유일지배체제가 법적으로 제도화되는 과정을 중심으로 다루었다. 김정일 집권기를 지나 김정은으로 이어지면서 법제정비가 활발히 이루어졌는데 이러한 일련의 과정이 유일지배체제의 법제도화에 어떻게 나타나게 되었는지가 5장의 연구 중점이자 본 연구의 핵심 주제이기도 하다. 따라서 5장에서는 먼저 유일지배체제와 북한의 법이론, 특히 주체의 법이론과 법체계에 대해서 먼저 기술하였다. 그리고 북한의 법제정 절차와 법의 공포 형태 같은 것들이 유일지배체제의 고착화와 어떤 상관관계를 갖고 있는지도 살펴보았다. 이어서 당규약과 헌법의 개정과정을 연혁적으로 기술하고, 아울러 유일지배체제의 보장과 관련한 법제의 변천 추이를 확인하고자 하였다. 그리고 김일성, 김정일, 김정은 시기별로 단행된 당규약과 헌법개정의 주요 골자를 분석함으로써 유일지배체제의 법적 제도화의 윤곽을 밝히고자 하였다.

북한이 체제의 유지를 위해 현행 법령을 어떻게 제정하고 개정해 왔는지를 주요 법령을 사례로 살펴보았다. 김정은 유일지배체제의 수호를 위한 법제도적 기반이 어느 정도 진행되었고 어느 정도 설득력 있게 구축되었는지도 다루었다. 체제 수호를 위해 대의원선거법이나 형사법제, 경제 및 사회통제 관련 법제 등의 정비를 어떻게 관철해 왔으며 목적하는 바가 어떻게 법제화되었는지를 살핌으로써 북한의 법체계와 체제유지와의 상관성 여부를 확인하고자 하였다. 검찰소와 재판소의 사법제도가 유일지배체제의 유지와 계승에 기여하는 요소에 대해서도 기술하였다. 북한의 검찰제도와 재판소 구성, 운용 및 재판 절차, 변호사 제도가 보여주는 특수한 목적과 사명이 유일지배체제의 구축과 유지에 어떻게 작용되고 있는지를 보았다. 그리고 헌법상 검찰소가 언제, 어떤 이유로 재판소보다 우위에 위치하게 되었는지를 살피는 것은 북한의 유일지배체제 구축과 사법체계, 특히 검찰소의 기능과 관련하여 의미가 크다고 보고 이러한 점을 분석하고 규명하였다. 우리에게 없는 예심제도를 비롯한 검찰과 수사기능의 특징이 유일적 영도체제 구축과 어떤 기능적 시스템을 형성하는지도 기술하였다. 재판제도에 대해서는 판사의 선출부터 운영 그리고 인민참심원 제도, 동지 심판회의 운영과 기능, 정치범 재판절차의 특징을 차례로 살폈는데 이 모든 제도와 기구가 지니는 유일지배체제와의 관련성을 다루는 것이 핵심이다. 사회주의법무생활지도위원회와 법무해설원은 단순히 법 집행을 목적으로 역할을 하는 것에 지나지 않고 사회주의체제를 유지하기 위한 광범위한 활동을 하고 있는바 그 특징이 유일적 영도체제 구축과 어떤 함수관계가 있는지도 흥미 있는 부분이다.

제6장은 본 연구의 주요 부분이자 유일지배체제의 법적 체계화에 대한 특징과 그에 대한 평가를 다루었다. 유일지배체제가 법으로 제도화된 요소들을 완결성, 법률적 폐쇄성, 정치적 강제성 등을 특징으로 구별하였다. 또 다른 특징으로는 정합성, 내구성을 꼽았는데 내구성에는 다시 법체계의 내구성과 사법제도상의 내구성으로 세분하여 정리하였다. 법체계의 내구성은 곧 사법제도 즉 검찰소와 재판소의 확고한 제도적 뒷받침이 되지 않으면 의미가 없기 때문이다. 북한의 법과 사법제도는 유일지배체체제의 유지와 계승을 위해서는 완벽하고 지속가능한 체계를 이루고 있는데 이에 대한 근거들을 제시하였다. 추가적으로 북한의 유일지배체제를 법제도화하고 이를 다시 공고한 체제유지를 위한 근거로 삼는 일련의 과정을 살펴보았을 때 북한 스스로가 내세우는 사회주의 원칙에도 반하고, 민주주의의 원리와도 배치되는 요소가 있음을 지적하였다.

제2장

사회주의 국가의 정치와 법체계

제1절   사회주의 국가의 정치

사회주의체제의 국가란 오로지 공산당에 의해서 운영되는 체제의 국가를 의미한다.[1] 마르크스 사상에서 국가란 물질주의적 개념에 종속되어 있고 영원한 것도 아니며 시대적이고 역사적인 상황에 지나지 않는다. 따라서 사회를 형성하는 것은 국가가 아니고 오히려 생산양식과 생산관계에 의해 형성된 사회의 성격이 국가의 형태를 좌우한다고 본다. 그러므로 국가는 영원하지 않으며 언제든 소멸할 수 있다고 보았는데 계급 갈등이 소멸되어 자본주의에서 공산주의로 이행하게 되면 국가가 없어진다는 이른바 국가 소멸론이 등장하였다. 그리고 억압과 착취의 수단인 법도 더 이상 쓸모가 없게 된다고 했는데 이것이 법 고사론(枯死論)이다.[2] 즉 마르크스 사상에서 본다면 국가보다 계급이 더 중요하기에 계급구조의 양상에 따라 국가의 소멸도 가능하다.[3] 다시 말해서 마르크스주의에 의하면 국가는 생산수단을 가지는 계급이 이를 가지지 않은 다른 계급을 착취하기 위한 것이며 또 그 착취를 가능하게 하는 생산양식을 유지하기 위한 강제기구이며 착취계급의 도구로 인식한다. 따라서 계급이 없는 사회가 되면 국가는 고사한다고 보았다.[4] 왜냐면 국가는 단일적 통제 구조를 가지고 지배계급의 이익과 결합되어 프롤레타리아 계급을 억압하는 도구이자 전체 부르주아의 공동업무를 관리하기

---

1   János Kornai, *The Socialist System*, New Jersey: Princeton University Press, 1991, p. 4, p. 11.
2   이효원, "북한의 입법조직과 작용에 관한 법체계", 『통일과 법률』 46호, 2021, pp. 6~7.
3   진영재, 『정치학 총론』, 서울: 연세대학교 대학출판문화원, 2021, pp. 43~44.
4   서울대학교 법학연구소 편, 『법학통론』, 서울: 서울대학교 출판부, 2005, p. 104.

위한 위원회이자 부르주아 계급의 꼭두각시에 불과하기 때문이다.[5]

그러나 소비에트 혁명을 추진하는 과정에서 레닌은 국가 소멸론에서 입장을 바꾸어 반국가론(半國家論)을 주장하면서 프롤레타리아 혁명 이후에도 잔존하는 부르주아계급의 반항을 통제하기 위해 독재 권력을 유지해야 하고 이를 위해서는 국가시스템도 필요하고 법도 적극적으로 기능해야 한다고 주장했다.[6] 따라서 사회주의체제에서 국가는 공산당이 부르주아 계급을 통제하고 사유재산을 허용하지 않는 사회, 즉 혁명화된 국가가 되도록 관리한다. 사회주의체제의 국가는 1당 지배국가(the rules of the party)가 된다.[7] 모든 중요한 임명과 승진, 면직 등의 인사는 다양한 당의 기구들에 의해 결정되는데 국가의 법규범은 그 문제에 대해 수용하고 침묵한다. 그 핵심은 당 기구이고 여기서 누가 최고지도자가 되고 누가 의회와 지방정부의 후보로 나가 선출될 것인지를 결정한다. 모든 관료는 실제로 당에 의해서 선발된다. 당 조직에서 판사와 검사의 임명도 결정한다.[8] 당이 행정과 입법과 사법의 모든 체계를 지배하고 관리하는 구조가 당-국가(party-state), 즉 사회주의 국가 체제이다.

1. 사회주의 정치원리와 지배구조

1) 군사국가

사회주의체제의 국가는 정치 형태에 있어서 집단지도체제, 군대를 앞세

---

5   김성수, 『새로운 패러다임의 비교정치』, 서울: 박영사, 2019, pp. 31~32.

6   이효원, "북한의 입법조직과 작용에 관한 법체계", 『통일과 법률』 46호, 2021, p. 7.

7   W. Phillips Shively, 김계동 외 역, *Power & Choice, An Introduction to Political Science*, 『정치학개론, 권력과 선택』, 서울: 명인문화사, 2019, p. 290.

8   János Kornai, *The Socialist System*, New Jersey: Princeton University Press, 1991, p. 37.

운 군사국가, 개인보다 국가 전체가 우선시 되는 전체주의, 이념에 근거한 계급주의라는 정치적 지도원리를 가지고 있다. 장교집단이 자신의 군대를 이용하여 정권을 장악하고 국정을 운영하는 군사정부(military government)와 달리 사회주의체제는 당-정-군이 일체를 이루는 군사국가이다.[9] 사회주의체제의 국가는 인민에 대한 통제와 억압을 통해 혁명을 완성하고자 한다. 이데올로기에 대한 충성을 강요하고 개인의 자유를 통제하며 사유재산을 금하는 체제의 유지를 위해 필수적으로 동원되는 것이 무력이다. 스탈린도 내전 당시의 차리친 전투에서부터 군지휘권을 행사하였는데 그 이후에도 군의 비중을 중요시하여 평생 군복을 착용한 상태로 소련을 통치했다.[10] 그리고 군정(軍政)에도 상당히 신경을 썼다.[11] 소련을 비롯한 사회주의 체제의 국가들은 당의 군 통제를 위해 정치국 혹은 정치위원회를 두어 실질적인 군지휘권을 행사했다.

북한의 경우도 1960년대 초반에 김일성이 경제-국방노선과 4대 군사노선을 발표한 후 본격적으로 사회를 군사화시켜 나갔다. 북한의 군사화는 김정일 시기에 들어와서는 선군정치의 형태로 김정은 시기에는 경제-핵병진노선을 통해 새로운 양태의 군사화를 지속하고 있다. 최고지도자의 군사주의 사상은 경로를 형성하여 지금까지 계속되고 있다.[12] 그 상징적인 것이 김일성은 최고사령관, 김정일은 국방위원장, 김정은은 국방위원장에 이어 최고사령관 등의 군직책을 겸하여 가지고 있었다는 것인데 이는 사회주의체제의 전형적인 모습과도 일치한다.

---

9   W. Phillips Shively, 위의 책, p. 177.

10 Oleg V. Khlevniuk, *STALIN: New Biography of a Dictionary*, 유나영 역, 『스탈린, 독재자의 새로운 얼굴』, 서울: 삼인, 2017, pp. 111~114.

11 Oleg V. Khlevniuk, 위의 책, p. 410.

12 임재천, 『북한에 대한 제도주의적 이해』, 서울: 매봉, 2018, pp. 62~63.

2) 관료가 지배하는 전체주의

사회주의체제의 국가 관료기구는 자신의 정책을 지지하도록 교육 및 선전선동 수단을 모두 동원하여 인민들을 설득하며 따르도록 한다.[13] 국가와 시민사회, 국가의 공적 입무와 사적 업무 사이의 구별도 흐려져 있다. 따라서 사회주의 체제의 관료기구는 어떤 고정된 법적 체계에도 종속되지 않는다. 헌법에 있어서도 입법자와 관료들에게는 자유 재량권이 주어져 있다. 권력과 관료기구는 전체주의적 속성을 갖게 된다. 따라서 사회주의 체제의 권력구조는 결국 권력분립과는 거리가 먼 전체주의적 성격을 띠게 된다.[14]

사회주의체제의 국가는 유혈 혁명의 과정을 통해 부르주아 계급을 철폐하고 프롤레타리아의 독재를 구현하는 국가이다. 따라서 이데올로기의 준수와 이에 대한 충성은 지속적으로 요구된다. 모든 당원들은 당의 결의와 지시를 실행에 옮겨야 할 의무가 있고, 이를 이행하지 않을 경우 작동되는 당내 징벌 체계도 마련되어 있다. 국가의 관료들은 헌법체계 안에서 당의 지시를 받을 지휘 체계가 마련되어 있지는 않지만 당의 지시와 지배를 받을 수밖에 없는 것은 관료들 대부분이 당원이며 당에 의해 그들의 인사가 결정되기 때문이다. 따라서 당은 관료 조직을 통해서나 사회통제 시스템을 통해서나 전체 인민을 통제하게 되고 국가와 시민사회, 국가 업무와 사적 업무 사이의 구별은 흐려지고 전체주의적 색채로 단일화된다. 관료기구의 영향력이 문화, 종교, 가족사, 산아계획, 이웃 관계, 여가 생활, 경력과 고용선택 등처럼 사적인 영역에까지 확장되고 모든 경제적 거래가 당과 국

---

13 정원희, "북한의 선전선동 연구" 고려대학교 박사학위 논문, 2023, p. 111.
14 János Kornai, 앞의 책, pp. 47~48.

가의 관심과 통제하에 놓이게 된다.[15]

3) 집단화

1920년대와 30년대를 지나면서 소련은 강력한 체제로 집단화를 강행했다. 당국은 여권제도를 만들어 농민들의 이주를 통제했고 제2의 농노제와 같은 상황이 발생했다.[16] 본질은 굴락을 약화시키고 콜호즈 같은 집단농장화를 통해 전국적인 생산 통제를 하는 것이었다. 농업생산뿐 아니라 가금류에 대한 축산의 집단화도 이루어졌는데 같은 목적이었다.[17] 중국에서도 모택동은 혁명이 마무리되면서 1949년에 처음 정권을 잡았을 때 보호를 약속했던 공무원들을 대거 숙청하고 훈련된 공산당 간부들로 그 자리를 채웠다. 초기 정권 안정기에 400만 명 가까운 공무원들이 숙청되었다.[18] 혁명이 진행되면서 많은 법령과 규정, 규제가 따라붙었고, 있는 그대로의 세상이 아닌 새로운 세상, 다른 세상을 만들자는 구호가 난무했다. 여기에 반대하는 세력은 허용되지 않았다.[19] 사회주의 체제는 체제의 특성과 유익을 선명하게 제시하고 이상적인 목표를 약속한다. 약속한 목표와 실적과의 차이를 비판하고 체제를 거부하면 이를 통제하기 위한 이념적 틀이 프롤레타리아 독재인 것이다. 즉 제시한 목표를 달성하기 위한 과정에서 필연적으로 발생하는 반대자들을 억압하고, 다 이루지 못한 공백에도 불구하고 체제를 유지하기 위해서는 강력한 전체주의적인 통제가 필수적이다.

---

15 János Kornai, 앞의 책, p. 48.

16 Sheila Fitzpatrick, 앞의 책, pp. 250~252

17 Alec Nove, *An Economic History of the USSR, 1917~1991*, 김남섭 역, 『소련경제사』, 서울: 창작과 비평사, 1998, pp. 180~183.

18 Frank Dikötter, *The Tragedy of Liberation: A History of the Chinese Revolution 1945~1957*, 고기탁 역, 『해방의 비극』, 서울: 열린책들, 2019, p. 256.

19 Frank Dikötter, 앞의 책, p. 398.

4) 계급사회

사회주의 체제는 필연적으로 계급 구조를 가지고 있다. 마르크스도 사회는 개인이 아닌 계급(Classes)으로 이루어져 있다고 생각했다. 여기서 계급이란 동일한 생산수단 관계를 가지고 있고 자기 자신에 대한 이해와 세계관에 있어서 독특한 관점을 갖게 된 사람들의 무리를 말한다. 마르크스와 엥겔스는 지금까지의 세계역사는 한마디로 계급투쟁의 역사였다고 단정했다.[20] 그리고 대립과 갈등의 소멸을 위해서는 계급 간의 대립이 완전히 소멸해야만 가능하고 이는 프롤레타리아 계급을 지배계급으로 높이는 노동자혁명을 통해서만 가능하다고 주장했다.[21] 따라서 유사한 노동을 공유하는 사람들이 계급의 자연스러운 기초를 형성하게 된다고 보았다. 19세기 중반에 유럽에는 새로운 계급인 노동계급이 등장하기 시작했고 노동계급을 중심으로 혁명을 통해 공산주의 전 단계인 사회주의 체제로 전환이 이루어져야 한다는 주장이 나타났다. 마르크스는 노동계급의 혁명이 불가피하다고 주장하는 역사이론을 전개했고, 20세기 초반인 1917년에 제정러시아에서 혁명을 통해 볼셰비키가 통치권을 장악하게 되었다.[22] 중국의 공산화 이후에도 계급 간의 대립과 투쟁을 통한 사회주의화로의 긴 여정이 불가피했다.

2. 당-국가

현대정치에서 정당은 대의정치의 핵심이다. 정당은 선거에 후보자를 내세워 유권자의 신뢰를 얻어 정권을 쟁취하고 당원들의 이익과 정치적 선

---

[20] Marx·Engels, 서석연 역, 『공산당 선언』, 서울: 범우문고, 1989, p. 18.
[21] Marx·Engels, 위의 책, p. 71.
[22] W. Phillips Shively, 앞의 책, p. 39~42.

호, 이데올로기적 정체성을 구현하는 조직이다. 정당이 유권자의 신뢰를 얻어 정권을 잡게 되면 정부를 구성하고 국가를 경영하게 될 권한을 갖게 된다.[23] 그러나 사회주의 체제의 정당은 완연한 계급성을 가지고 가능한 한 분명하고 지속적으로 부르주아와 프롤레타리아 간의 적대적인 대립을 유지한다.[24]

일반적으로 사회주의 국가는 각 국가별 특성과 다양성이 있지만 사회주의의 보편적 원칙을 가지고 있다. 그것은 정치에서의 1당 지배 및 당국가 체제, 경제에서의 계획명령경제, 이데올로기에서의 마르크스-레닌주의라는 원칙이다. 이들 세 가지 원칙은 사회주의 체제의 보편원칙이자 유전프로그램(genetic program)과도 같아서 사회주의 체제라면 어느 국가에서든 볼 수 있다.[25] 예를 들면, 동독의 경우 헌법 제1조에 "독일민주공화국은 노동자계급 및 마르크스-레닌주의 정당의 영도하에 있는 도시와 농촌 노동자의 정치조직"으로 규정하였고 이와 같은 조항은 공산주의 국가에서는 대동소이하다.[26] 따라서 사회주의 체제의 권력구조에서 근본적인 토대는 당이다.

사회주의 체제에서는 단일정당제도만이 허용된다. 다른 어떤 정당도 허용되지 않는다.[27] 당의 역할이 여타 정치기구—정부, 군대, 근로단체 등의 역할에 우선한다. 당국가체제하에서의 당은 정치적 영도권을 발휘하는 혁명의 참모부이다. 당이 정부와 군대를 지배하며 우위에 있다.[28] 당은 노선

---

23 김성수, 『새로운 패러다임의 비교정치』, 서울: 박영사, 2019, pp. 276~278.

24 Marx·Engels, 앞의 책, p. 63.

25 János Kornai, 앞의 책, pp. 375~377.

26 장명봉, 『분단국가의 통일헌법연구』, 서울: 국민대출판부, 1998, p. 217.

27 János Kornai, 위의 책, pp. 33~34.

28 김갑식, "김정은 정권의 수령제와 당·정·군 관계", 『한국과 국제정치』 제30권 제1호 통권 84호, 2014, p. 33.

과 정책을 결정하여 실질적으로 국가를 지배하고 국가기관은 이를 관리하고 이행하여 당의 지배를 뒷받침한다.[29] 사회주의 정치원리에서 본다면 국가는 계급의 폐절과 함께 사라질 것이고 노동자들에게는 국경이 없다.[30] 사회주의 정당의 사명은 프롤레타리아를 하나의 계급으로 형성하여 부르주아 계급을 무너뜨리고 프롤레타리아가 정권을 차지하는 것이다. 부르주아를 타파하고 사유재산을 철폐하기 위해서는 정치적인 권력을 획득해야하고 이것을 얻기 위한 과정으로서 정당이 요구된다.[31] 따라서 사회주의 체제의 정당의 목표는 정권을 획득하여 국가를 운영하는 것을 넘어서 사회 체제를 혁명적으로 바꾸는 것이다. 새로운 사회를 구성하는 것이 궁극적 목표이므로 다른 집단과의 타협은 없고 정책결정이 권위적이며 중앙집권적이다.[32]

사회주의 정치체제의 본질적 특성은 이데올로기와 단일 정당에 있다. 국가에는 공식적인 이데올로기가 존재하는데, 이를 내세워서 지배자들은 그들의 권력을 정당화하거나 합법화한다. 정치체제의 중심이 되는 것은 당으로 국가기관은 여기에 예속되어 있다. 당은 정부의 모든 기관을 통제하고 국가는 당내에 존재하며, 중앙집권적, 독점적, 절대적인 통치구조를 만들어 내는 것은 당 지도층이다.[33] 당이 영도하고 당내 법규, 즉 당규에 근거하여 통치하는 1당 영도체제가 사회주의 체제의 특징인데 이와 대립되는 개념은 국가헌정체제이다.

사회주의 체제에서는 국가의 헌정 질서보다는 당의 규약에 따른 명령과

---

29 이성구·연명모, 『21세기 북한 정치학』, 대전: 대경, 2011, p. 174.

30 조선노동당출판사, 『맑스주의와 수정주의』, 평양: 조선노동당출판사, 1964, pp. 42~43.

31 Marx·Engels, 앞의 책, pp. 32~33.

32 김성수, 『새로운 패러다임의 비교정치』, 서울: 박영사, 2019, p. 282.

33 김창희, "북한의 정치권력 변천과 의미: 로동당과 국가기구와의 관계를 중심으로", 『지역과 세계』 제42집 제1호, 2018, p, 77.

질서가 더 우선이고 중요하다.[34] 따라서 사회주의 체제의 국가에서는 당이 복수로 존재하는 경우가 있기는 하지만, 실질적으로 권력을 가지고 이를 행사하는 정당은 하나뿐이다. 따라서 필연적으로 민주집중제(democrtic-centralism) 혹은 중앙집중주의의 속성을 갖게 된다.[35] 소련혁명기에 볼세비키당은 스스로의 통치를 프롤레타리아 독재로 묘사했지만, 실제로는 볼세비키당의 독재였다. 다른 정당의 활동여지도 허용하지 않았다. 그리고 소비에트 체제에서도 당이 국가를 운영하는 당국가의 형태가 분명했다.[36] 그러므로 사회주의 체제에서는 형식적인 우당(友黨)들이 존재한다 하더라도 실질적인 통치는 공산당이 주도하는 공산당 1당제(one-party system)를 의미한다. 그리고 관료나 군의 고위 장교들은 모두 당원들만이 차지하도록 되어 있고 그들의 진급 또한 당내 지위에 의해 크게 영향을 받는다.[37]

3. 집단지도체제

사회주의 체제는 혁명의 과정 속에 형성된 지도체제가 혁명 이후에도 국가를 이데올로기에 맞게 운영해 나가는 집단지도체제이다. 집단지도체제(collective leadership system)는 혁명 이후에도 국가를 이데올로기에 맞게 운영해 나가야 한다는 당위성에 근거한다. 공산주의 정부는 공산당이 혁명을 주도해야만 한다는 레닌의 이론에 의해서 정통성을 갖게 되고 또한 마르크스–레닌의 혁명 이론에 의해 그 정부를 유지할 수 있다.[38]

---

[34] 조영남, 『중국의 통치체제』, 서울: 21세기 북스, 2022, pp. 41~42.
[35] Duncan Hallas, *The Comintern*, 최일봉 역, 『코민테른, 사회주의 전략전술의 보고에서 소련 외교정책의 도구로』, 서울: 책갈피, 2022, p. 49.
[36] Fitzpatrick, Sheila, 앞의 책, pp. 166~167.
[37] W. Phillips Shively, 앞의 책, p. 279.
[38] W. Phillips Shively, 위의 책, p. 181.

집단지도체제는 단일 조직구조 안에 권력을 분산하여 행사하게 하는 사회주의 체제의 이상적인 통치형태이다. 소련의 집단지도체제, 중국 공산당의 경우는 중앙정치국 상무위원회가, 현대 베트남의 정치국, 상무국, 당중앙 같은 조직들이 그 성격을 포함하고 있다.[39] 특히 중국의 경우 집단지도체제의 작동을 통해 통일된 체계 내에서 단결을 유지하면서도 동시에 각지도자 간의 권력을 분산하고 책임을 공유하는 기반 위에서 감독과 상호견제를 가능하게 하는 이른바 분업영도를 형성하고 있다.[40]

공산혁명을 위해서는 혁명군 혹은 혁명정부를 구성하기 위한 이념 집단이 있어야 한다. 1956년에 열린 조선노동당 제3차 당대회가 평양에서 열렸을 때 소련의 브레즈네프가 대표단을 이끌고 참석하였는데 이때 브레즈네프는 조선노동당이 최고위층에서 말단까지 모든 당 조직에 레닌주의적 집단지도 원칙을 도입하는 데 협력해야 한다고 조언한 바 있다.[41] 공산혁명 초기의 중국의 경우도 공산당에 의한 일당독재가 이루어졌지만 집단지도체제의 형식과 내용을 여전히 유지하고 있었고 소련도 공산당의 1당 독재를 시행했고 스탈린에 대한 개인 우상숭배도 있었지만 집단지도체제의 성격을 띤 권력구조를 유지했다.

---

[39] 북한의 경우도 정치국 상무위원회를 중심으로 집단지도체제가 형성되어 있고 200명정도의 핵심인사들이 조선민주주의인민공화국을 지도하고 있는 것으로 파악되고 있다. 그러나 최고지도자의 결정과 지시를 해석하고 수용하고 이를 집행하는 역할에 충실한 것이 현실이다.

[40] 이정남, "'좋은' 민주주의 관점에서 본 중국의 집단지도체계", 『중소연구』 제38권 제3호, 2014, p. 49.

[41] 서대숙 저, 서주석 역, 『북한의 지도자 김일성』, 서울: 청계연구소, 1990, pp. 127~130.

제2절 사회주의 국가의 법체계

1. 사회주의 국가의 법이론

1) 마르크스의 법이론

일반적으로 법이라 하면 정의와 법적 안정성, 합목적성을 그 이념으로 하며 인간의 사회관계를 유지하는 것을 주기능으로 규정한다.[42] 한편, 법률적으로 국가는 일정한 지역을 지배하는 최고 권력입법에 의하여 결합된 인류의 집단 혹은 다수인의 통일적 조직체로서 스스로의 의사주체로서 활동하는 공동체로 정의되고 있다.[43] 그리고 국가가 그 권력, 즉 국가권력을 행사한다는 것은 각종의 규범과 법률을 제정해 시행하며 그것을 어길 시에 그 행위에 대해 제재를 가하는 것을 의미한다.[44] 그러나 마르크스는 국가를 경제관계를 토대로 부르주아 계급과 프롤레타리아 계급이 대립하여 생긴 산물이자 프롤레타리아 계급을 폭력적으로 억압하기 위한 기구로 보았다. 그리고 억압기구로서의 국가가 억압을 수행하는 데 힘을 부여해 주는 도구를 법이라고 규정했다. 따라서 국가는 사멸되어야 하고 법 역시 국가와 함께 서서히 소멸될 것이라고 했다. 마르크스는 프롤레타리아 독재는

---

[42] 서울대학교 법학연구소, 『법학통론』, 서울: 서울대학교출판부, 2005, pp. 64~71.
[43] 서울대학교 법학연구소, 위의 책, p. 99.
[44] 김수행, 『정치경제학』, 서울: 서울대학교출판부, 2008, p. 84.

모든 계급의 철폐, 즉 자본주의 사회가 전복되어 무계급 사회에 이르게 되는 과도기에만 확립된다고 보았다. 따라서 정치적 과도기에 있어서 국가란 혁명적인 프롤레타리아 독재만이 유일한 정치 체제이다. 여기서 마르크스는 법의 기능과 위상을 소극적으로 평가하는 것처럼 보이지만 과도적인 프롤레타리아 독재가 시행될 때 부르주아의 폭력을 완전히 소멸하기까지 그들에 대한 독재를 수행하기 위한 도구로 법이 작용하게 된다고 주장하였다.[45] 따라서 마르크스는 모든 공산주의 운동은 기존의 체제와 사회상태 및 정치상태에 반대하는 모든 혁명운동을 지지하여 궁극적으로는 국가 사멸을 주장했다. 더 나아가 종래의 사회질서를 전복하지 않고는 공산주의가 도래할 수 없다고 했다.[46]

2) 레닌의 법이론

레닌은 국가에 대한 입장을 3단계로 나누어 제시하였다. 첫째는 자본주의사회에서 나타나는 고유의 국가, 둘째는 프롤레타리아 독재의 과도기에 있어서의 과도기형의 국가, 세 번째는 공산사회가 도래했을 때 볼 수 있는 형태인데, 그때는 이미 국가가 사멸하고 계급만이 존재한다고 보았다.[47] 혁명의 과도기에 해당하는 러시아혁명 이후 레닌은 헌정제정의회(憲法制定議會)를 구성하기 위해 당시 다수당이었던 사회혁명당과 연정을 통해 신헌법을 제정하고자 했다. 그러나 최대 다수당이었던 사회혁명당이 좌우로 분열되자 레닌은 회의체 구성이 민의에 부합되지 않는다는 구실로 이를 해산하고 레닌의 볼세비키가 독자적으로 헌법의 초안을 잡아 프롤레타리아

---

45   신광휴, "사회주의 국가의 헌법이론에 관한 연구", 단국대학교 박사학위 논문, 1988, pp. 16~19.

46   Marx·Engels, 앞의 책, pp. 107~109.

47   아세아문제연구소 편, 『마르크스–레닌주의』, 서울: 고려대학교 아세아문제연구소, 1982, p. 158~159.

트 독재정권의 수립을 선포했다.[48]

레닌 역시 부르주와 계급이 타도되면 국가와 법이 소멸되어야 하나 현실적으로는 혁명이 완성되면 국가의 강제력에 의한 법규범의 강력한 집행을 통해 공산주의적 인간의 개조를 추구해야 한다는 모순적 주장을 하기도 했다. 레닌은 마르크스, 엥겔스와 달리 반국가론(半國家論)을 주장하였는데 레닌의 반국가론은 자본주의국가가 아닌 공산주의로 가기 위한 과도기적 프롤레타리아 독재국가를 의미하는 것이었다. 그러므로 레닌에 의하면 혁명이 완성되면 이 반국가는 자연스럽게 사멸된다고 보았는데 마르크스와 엥겔스의 국가 사멸론과 유사한 주장이다.[49] 그러나 레닌 역시 혁명으로 사회주의 국가를 수립한 후 과도기적으로는 독재를 해야 하고 이 독재기간에 유용한 통제 기제로서 법의 기능을 강조하였다.[50]

3) 스탈린의 법이론

레닌의 충실한 추종자였던 스탈린은 트로츠키와의 경쟁을 물리치고 권력을 장악한 후에는 일국사회주의(一國社會主義)를 표방하였다.[51] 그는 1934년에서 1938년까지 반혁명 및 간첩활동을 구실로 정적들을 숙청하였고 독재체제를 완성하였다. 그리고 이를 위한 중요한 수단으로 1936년 12월 5일, 전 연방 소비에트 8차 대회에서 스탈린 헌법을 제정하고 소련을 노동

---

48 양호민, 『현대공산주의의 궤적』, 서울: 호형출판, 1995. p. 130; 헌법제정의회 구성에서 사회혁명당이 410명, 볼세비키당이 175석, 멘세비키당이 16명, 입헌민주당이 17명, 각종민족단체가 86이 선출되자 레닌은 이 상황으로 가지 않고 볼셰비키가 주도하는 헌법의 기초를 작성하기 위해 결국에는 분열과 이합집산을 통해 신헌법 제정으로 완수하게 되었다.

49 아세아문제연구소 편, 앞의 책, p. 160; 레닌에 의하면 부르주아 국가는 사멸되는 것이 아니고 프롤레타리아 폭력 혁명을 통해 타도되는 것이라고 보았다. 프롤레타리아 독재국가는 혁명아 완성되어 반국가(半國家)는 사멸된다고 보았다.

50 신광휴, "사회주의 국가의 헌법이론에 관한 연구", 단국대학교 박사학위 논문, 1988, pp. 26~27.

51 Fitzpatrick, Sheila, 앞의 책, p. 211.

자와 농민의 사회주의 국가라고 선언하였다. 이 헌법을 통해 최고 권력기관을 소비에트 연방최고회의로 규정하고 집행권한은 최고회의가 조직한 인민위원회에 위임하는 것으로 되었다.[52] 더 나아가 인간의 사상과 감정까지도 계획적으로 개조하는 역할을 담당하는 기능으로서의 법을 주장하는 이론이 나오게 되었다.[53]

스탈린 시기 소련 법이론의 핵심 인물이었던 비신스키는 법이 단순한 이데올로기이거나 생산관계의 반영이라거나 장래에는 소멸될 것이라는 등의 주장에 반대하면서 법은 행위규칙의 총체이고 국가권력에 의해 확인되고 강제력으로 보호되는 관습 및 공동생활의 규범이라고 정의했다.[54] 비신스키의 이론에 의하면 스탈린 시대의 법은 사회를 구성하고 통제하는 기능을 수행하고 있었음을 보여준다. 스탈린 시대에는 법이 정치적 목표를 실현하기 위한 도구로서 가치가 있으므로 종래의 법 부정론이 비판을 받았다. 사회주의 법은 소멸하는 것이 아니고 노동자들의 권익을 보호하고 사회주의 사회의 발전을 보호하기 위하여 오히려 더 강화되어야 한다고 보았다.[55] 스탈린 시대에 법은 사회주의 이념을 구조화하고 일인 독재를 실현하기 위한 법의 도구적 기능이 강조되었다. 따라서 이 시기의 법은 개인적 자유의 축소가 불가피했고 인민에 대해 국가는 우월한 위치에 있게 되었다.[56]

---

52 이무열, 『러시아역사 다이제스트 100』, 서울: 가람기획, 2017, p. 385; 소비에트는 동등한 권리를 가진 두 개의 소비에트로 구성되었는데 하나는 연방소비에트이고 또 다른 하나는 민족소비에트였다. 이 두 개의 소비에트로 구성된 소비에트 연방최고회의가 최고 권력기관이었고 최고회의가 휴회 중에는 최고회의가 선출한 간부회가 그 일을 대신했다.

53 신광휴, 앞의 글, pp. 32~33.

54 A.Y. Vysinsky, "Fundamental Tasks of Soviet Law", H.W. Babb (de.), soviet Legal Philosophy, Cambridge/Mass. 1951. p. 337.

55 신광휴, 위의 글, p. 32.

56 민경배, "체제전환국 법제의 특징과 구조", 『사회주의 체제전환에 대한 법제도적 비교연구』, 서울: 한울아카데미, 2008, pp. 50~51.

4) 모택동의 법이론

마르크스–레닌주의를 중국 혁명의 기초 이념으로 내세운 모택동의 국가와 법이론은 레닌, 스탈린과 큰 차이가 없었다. 모택동이 평소에 스탈린을 본받고자 했고 중국에 비해 소련을 대국으로 존중해 왔다는 측면에서 보아도 중국공산주의 운동과 마오이즘 그리고 중국의 제도와 법제에도 소련의 영향이 상당했다고 볼 수 있다.[57]

모택동은 1949년 10월 1일, 건국 당일에 국민당의 모든 법률과 법령을 폐지하고 새로운 사회주의 법제를 도입했다. 헌법이 1954년에 제정되었고 사회주의 법계에 기반한 민주집중제의 원칙에 따라서 모든 국가기구의 중앙집권화를 규정했다.[58] 헌법제정 이전인 1949년에 임시 헌법의 성격을 지닌 「공동강령」을 제정했고 이에 따라 '토지법', '가족법', '노동조합법' 등을 제정하여 사회주의 이데올로기와 결합된 법체계를 구축해 나갔다.[59] 중국 공산혁명의 과정에서 법은 정치적 또는 사회적 목적의 수단이었고 법의 기능은 통치작용의 보조적 기능에 지나지 않게 되었다. 즉 모택동에게 있어서 법은 사회주의 혹은 공산주의 사회를 건설하기 위한 도구로서의 법이라는 기능이 더 중시되었다.[60]

5) 사회주의 법이론

사회주의 국가에서의 법이론은 각 국가가 가지고 있는 국가관과 통치관에 따라 조금씩 차이가 있지만 법을 정치 이데올로기를 구현하기 위한 수

---

57 Oleg V. Khlevniuk, 『스탈린』, 유나영 역, 서울: 삼인, 2017, p. 488.
58 민경배, 앞의 글, p. 60.
59 민경배, 위의 글, pp. 59~60.
60 민경배, 위의 글, pp. 41~42.

단이자 도구로 본다는 측면에서는 동일하다. 즉 법에 의한 통치가 아닌 정치와 이념이 법 위에서 작동되고 있고 법이 정치작용의 보조적 수단 혹은 보조 작용에 지나지 않는다는 것이다. 다시 말해서 사회주의 사회에서는 법은 사회주의 혹은 공산주의 사회를 건설하기 위한 강제도구로서의 의미를 갖고 있다.[61] 즉 사회주의를 국내외의 반혁명 세력으로부터 보호하고 사회주의 경제질서를 지키며 장차 도래할 공산주의 사회에 적합한 새로운 인간을 만드는 기능이 있다는 것이다.[62]

사회주의에서의 법은 마르크스–레닌주의 이데올로기에 바탕을 두었다는 특징이 있다. 사회주의 법은 역사적 경험적 산물이 아닌 사변적 이론적 산물이기에 생래적이거나 자연법적이지 않다.[63] 이데올로기를 구현하는 사회구조를 유지하기 위한 틀로서의 법의 기능이 중심이다. 사회주의 체제에서 법은 당 정책의 한 표현형식이며 국가시책을 사람들의 행동준칙의 형식으로 나타낸 것이다. 도덕이 사람들의 행동을 규제하는 데 있어서 극히 개연적인 기준밖에 주지 못하는 것에 비하여 법규범은 당의 정책적 요구와 당이 제시하는 과업들을 명확하고 구체적인 사업규범과 활동준칙의 형태로 명시하여 준다.[64]

따라서 최초의 사회주의 혁명을 완성한 소련은 이데올로기에 기반한 법체계를 완성한 후 이를 주변 위성국들에게 강제하거나 전파하여 법체계와 이데올로기가 결합되도록 했다. 여기서 발생한 것이 사회주의 법계(法系)이다. 사회주의 국가들은 여타의 국가들이 영미법이나 대륙법의 법계를 기본으로 하여 자신의 법체계를 세웠듯이 사회주의 법계를 따라 여기에 순

---

61 신광휴, 앞의 글, p. 45.
62 신광휴, 위의 글, pp. 49~50.
63 민경배, 앞의 글, pp. 38~39.
64 심형일, 『주체의 법리론』, 평양: 사회과학출판사, 1987, pp. 214~215.

응하는 법체계를 세워갔다. 그러므로 사회주의 국가들의 법체계는 하나의 법계를 형성하고 있으며 다른 여타의 국가와는 구별되는데 당의 영도적 지위나 민주적 중앙집중제, 통치의 도구로서의 법 개념이 포함되어 있다.[65]

2. 사회주의 법계(法系)

사회주의 체제에서의 법의 기원은 소비에트 체제 즉 소련 공산주의 체제의 법이다. 마르크스–레닌주의자들은 법이론에서도 변증법적 발전이론을 적용하기에 법의 규범적 성격보다는 이미 이루어지고 있는 정치적 구조적 현상들을 설명하는 것으로 이해한다.[66] 사회주의라 하면 생산수단의 사회적 소유형태, 인민민주주의, 불평등과 억압적 계급체계를 타파하고 무계급 사회인 공산주의를 지향하는 것인바 이를 뒷받침하는 법체계를 사회주의 법체제라 할 수 있다. 즉 자본주의의 사적 경제형태에 대한 제한과 철폐를 위한 사회관계를 규정할 뿐 아니라 사회주의가 승리한 후에도 법으로 계속해서 계급 사회적 관계를 규제하고 공산주의 건설을 위해 근로 인민이 장악한 중요한 수단으로 이해되고 있다.[67] 이념으로서의 사회주의체제를 갖춘 국가들은 이와 같은 법의 기능을 수용하고 같은 내용과 형식의 법체계를 구축하게 되는데 이를 사회주의 법계 혹은 사회주의 법체계라고 한다.

자본주의 체제에서의 법은 크게 공법과 사법으로 구분되는데 이러한 구분은 사회주의 법체계에서는 존재하지 않는다. 자본주의는 생산수단을 개인이 소유하게 되며 자본도 개인이 소유하여 생산수단을 지배하게 되고 자본을 지배하는 개인과 사회와는 모순과 갈등이 존재할 수밖에 없다. 따라

---

65   민경배, 위의 글, pp. 43~45.
66   신광휴, 위의 글, p. 245.
67   정광진, "북한 형법의 특징에 관한 연구", 한양대학교 박사학위논문, 2010, pp. 9~10.

서 개인과 사회의 갈등과 대립을 해소해야 하는 공법과 사법이 존재해야한다. 그러나 사회주의 체제는 생산수단을 개인이 소유하는 사적 소유제가 폐지되고 국가 권력을 근로 인민의 수중으로 옮겨온 것이기 때문에 근본적으로 개인과 사회 간의 적대 구조가 형성되지 않는다. 여기서 공법과사법의 구별은 사라진다.[68]

사회주의 국가는 당-국가 체제이다. 따라서 법에 표시된 권력관계, 권력구조, 정부형태, 당-정-군-인민의 관계 등에 대한 내용은 사회주의라는이념에 기반하게 되어 있다. 예를 들어서 실질적 권력을 장악한 하나의 당이 국가와 사회를 지배한다는 것이거나 오직 하나의 이데올로기만을 허용한다거나 공산당의 권력 독점을 정당화한다거나 하는 것들인데 이는 사회주의체제 국가들의 보편적 특징이다.[69] 따라서 사회주의체제 국가들의 법은 계열을 따라 법의 형식과 내용이 갖추어지게 되는 바 이를 사회주의 법계라고 한다.

3. 사회주의 법치

법치(法治)는 법에 의한 지배(rule by law)를 의미하고 '법적 안정성'과 '법 앞의 평등'이 요구된다. 따라서 개인이 법에 복종하고 법을 준수하려면 그 법의 존재와 내용을 알 수 있어야 하고 공개적이며 일반규칙의 원칙의 형식으로 존재해야 한다는 것이 법치의 핵심이다.[70] 그러나 구소련을 포함한사회주의체제 국가들에서의 법은 지배계급의 의사를 표현하고 지배계급

---

[68] V. Chrikin 등, 송주명 역, 『맑스주의 국가의 법이론』, 1990, pp. 301~305.

[69] 통일부, 『2020 북한이해』, 서울: 통일부 통일교육원, 2019, p. 43.

[70] 황의정, "김정은 시대 북한식 사회주의법치의 의미와 한계", 『동북아법연구』 제12권 제3호,, 2019, p. 114.

의 유리한 사회관계를 강화하고 계급 지배를 관철시키기 위하여 국가가 승인한 규범 체계로 보고 있다.[71] 따라서 사회주의체제에서의 법치란 사회주의 이념을 구현하는 도구로써 체제를 강화하고 유지하는 과정에서 필요한 것이었다. 처음에는 마르크스와 레닌의 법과 국가의 소멸론에서처럼 과도적 기능을 수행하는 것으로 인식하였었다. 그러나 체제를 구축해 가는 과정에서 법이 그 자체로서 하부구조를 개조 발전시킬 수 있는 질적으로 새로운 창조적 기능까지 갖게 된다고 인식하게 되었다.[72] 다시 말해서 사회주의법제사업의 강화를 통한 사회주의법체계의 완비, 준법교양의 강화와 사회 전체의 혁명적 준법기풍의 수립, 법적 통제의 강화와 법질서 수립을 통한 사회주의법치국가 건설을 추구하는 것이 사회주의 법치의 기본토대이다.[73] 여기서 법의 의미가 적극화되었고, 사회주의 이념의 실현을 위한 강력한 도구로서의 기능을 발휘하게 되었다. 더 나아가 경제적 생산 능력의 조정 및 계획은 물론 인간의 사상과 감정까지도 계획적으로 개조하는 역할을 맡게 되었다고 보았다. 사회주의 법치란 이렇듯 공산주의 사상을 실현시키기 위한 도구적 의미에서의 법의 지배라 할 수 있겠다.[74]

중국에서의 법치개념은 공산당 일당체제하에서 공산당의 최고 권위와 지위를 인정한 상태에서 공산당의 영도하에 적용되는 법치정책이다. 다시 말해서 중국에서의 법치가 보장된 국가, 즉 의법치국은 법 지상주의가 아니라 공산당 지상주의가 기본 원칙인 것이다. 공산당 일당체제와 법치는 양립하기 어려운 것으로 본다. 공산당 일당체제하에서 법치는 공산당의 정치동원 및 사회통제 수단, 정부 및 관료 통제 수단, 경제활동의 규범 역

---

71 정광진, 앞의 글, p. 6.
72 신광휴, 앞의 글, p. 243~244.
73 이상윤, 『북한의 법제정법 연구』, 서울: 한국법제연구원, 2021, p. 45.
74 신광휴, 위의 글, p. 244.

할을 하는 법으로서의 기능을 의미한다. 따라서 법치가 이루어지는 법 지상주의를 실현하기 위해서는 사법개혁이 아닌 정치개혁이 필요하다.

북한에서는 사회주의 법치가 준법교양의 강화, 사회주의법체계의 완비, 온 사회의 혁명적 준법 기풍 수립, 법적 통제 강화와 법질서 수립 등으로 구체화되었다. 뿐만 아니라 사회주의 법치를 통해 적대분자들과 불순분자들로부터 당을 지키고 사회주의 제도를 지킬 수 있다고 보았다.[75] 최근에는 비사회주의행위에 대한 법적 통제를 강화함으로써 이를 강력히 추진하고 있다.[76] 북한은 '사회주의법치국가건설론'을 제기하면서 사회주의법치국가에 도달하기 위해 법제사업을 강화하고 법체계를 완비하기 위한 노력을 계속하고 있다. 이를 위해 사회관계의 모든 분야를 법으로 세밀히 규정하고 사회관계를 전면적으로 법제화함으로써 사회주의법치국가를 이룩할 수 있다고 주장한다.[77] 북한에서의 사회주의법치는 당의 영도와 노선과 정책을 정확히 구현한 것으로 이는 법제정사업에도 동일하게 적용되고 있다.[78]

4. 정치 우위

사회주의 법이론에 따르면 정치는 자연과 사회 모든 것의 주인이며 모든 것을 결정하는 기본요인인 사람을 직접 틀어쥐고 관리하는 사회적 기능을 가지고 있다. 정치가 사회적 현상과 사회생활에 결정적인 영향을 미치게 된다. 그러므로 법에 대해서도 정치가 주도적인 역할을 하게 되는데, 이것은 정치가 법의 존재를 직접적으로 규제한다는 것이다. 법에 대한 정치

---

[75] 한명섭, "북한 '반동사상문화배격법'에 관한 고찰", 『북한법 연구』Vol. 27, 2022, p. 97.

[76] 황의정, 앞의 글, p. 187.

[77] 박정원, "북한의 입법이론과 체계 분석", 『법학논총』제26권 제2호, 2013, p. 225.

[78] 조선민주주의인민공화국 법제정법, 2012.

의 우위성과 주도적인 역할을 한다는 것은 정치가 법의 계급적 기초와 경제적 기초를 가장 집중적으로 반영하고 실현한다는 의미를 가진다.[79]

사회주의헌법의 구조원리를 크게 정치적 구조원리, 경제적 구조원리, 사회·문화적 구조원리로 분류할 수 있다. 여기서 경제적 구조원리란 경제활동에 있어서 개인의 창의성이나 자유가 억제되고 국가의 계획과 지도가 우선한다는 것을 의미하고 사회·문화적 구조원리는 사회주의적 동질성을 강조하고 더 나아가 인간개조교육, 사회주의 문화창달에 기여하도록 하는 조치들을 뒷받침하는 것으로 볼 수 있다. 그런데 위에서 언급한 대로 이 모든 것들은 정치적 구조원리를 바탕으로 하고 있다고 해도 과언이 아니다.

사회법치국가론에 관한 북한의 저작에서도 법치주의의 외양을 노출하고는 있지만 그 기본전제는 사회주의법치국가는 당이 영도하는 법치국가라는 점을 강조하고 있다. 그리고 법을 정치의 우위에 놓는 부르주아 법치국가와 근본적으로 구별되는 본질적 특징을 가지고 있다고 주장한다.[80]

헌법이 최고 규범으로서 성격을 가지고는 있지만 법과 정치의 서열이 우리와 다르기에 정치체계가 법체계보다 우위에 있고 헌법보다 상위에 있는 정치적 결단이라는 행위가 존재하고 있다.[81] 사회주의 정치의 핵심은 권력의 분립 즉 3권분립의 공화정이 아니고 프롤레타리아 독재에 있다. 국가의 효율적 운영을 위해서는 오히려 당이 중심이 되어 권력이 배분되는 형태를 가진다. 세분해 보면, 프롤레타리아 독재, 공산당의 우월적 지위, 민주적 중앙집중제, 사회주의적 국제주의 등이 꼽히고 있다.[82] 따라서 사회주의 법체계의 특징 중의 하나가 바로 법에 의한 지배인 법치보다도 정

79   심형일, 앞의 책, pp. 216~217.
80   진유현, "사회주의법치국가 건설에 대한 주체의 리론", 『김일성종합대학학보: 력사 법학』 제1호, 김일성종합대학출판사, 2005, pp. 47~48.
81   이승택, "북한 헌법상 기본권 규정의 특성과 변천", 『동아법학』 제86호, 2020, p. 13.
82   신광휴, 앞의 글, p. 246.

치가 우위에 있다는 것이다. 정치권력의 구조도 민주주의의 원리가 아닌 민주집중제 시스템에 기반하여 구축되고 있고 본질적으로 계급투쟁과 프롤레타리아 혁명 및 그 독재를 통해 그들의 이상인 공산주의 사회를 완성해야 한다는 이념의 완성을 추구하고 있다.[83]

공산주의 사회에서의 법이란 그들의 이념의 실천적 수단일 뿐이며 생산수단의 국가 귀속, 국가적 계획경제, 정치권력의 독재화, 당의 전제적 전위활동 등이 일반적 규범질서로 나타나고 있다.[84] 그러므로 법체계가 있고 사법기구도 존재하지만 엄밀히 말하면 법보다는 정치가 우위에 있는 법치주의가 아닌 당이 국가기관과 군대, 근로단체 등 북한 내 모든 조직을 영도하는 당·국가체제이다. 당과 수령의 정치적, 정책적 요구 중에서 가장 중요한 것들을 법제화한 것이다.[85] 따라서 법은 정치의 표현형식이며 실현수단이고 로동계급의 당이 영도하는 법치국가의 모습이 자본주의법치와 구별되는 사회주의법치국가의 특징이다.[86]

83   신광휴, 앞의 글, p. 247.
84   신광휴, 앞의 글, p. 248.
85   정성장, 『현대북한의 정치』, 서울: 한울, 2011, p. 50.
86   최일복, "주체의 사회주의법치국가의 본질과 특징", 『김일성종합대학학보: 력사, 법률』 제64권 제3호, 2018, p. 107.

제3장

유일지배체제의 형성과 사상적 기반

제1절   유일지배체제의 형성

1. 유일지배체제의 배경

1) 국제적 배경

1956년 6월 1일부터 7월 19일까지 있었던 김일성의 소련을 비롯한 동구권 국가들에 대한 방문은 이미 소련과 동구권의 국가들이 교조적 공산주의 이론에서 탈피하여 합리적인 발전을 모색하고 있음을 확인하는 계기였다. 당시 북한은 군수경제, 중공업 위주의 산업 구조를 지향하고 있었고 동구권에서는 경공업 및 생활필수품에 대한 생산을 강조하는 정책을 모색할 때였다. 당시 소련 정부는 북한이 경제정책에서 전반적으로 실패하고 있다는 결론을 내리고 있었고 소련을 비롯한 동구권의 산업설비, 기계, 원자재 등의 원조가 경제복구 건설 계획대로 잘 활용되지 않고 있다고 판단했다.

따라서 소련은 1955년에 김일성과 외상 남일을 모스크바로 불러서 이에 대한 시정을 요구하는 등 외교적인 긴장이 조성되기도 했다.[1] 대표적으로

---

[1]   Balazs Szalontal, *Kim Il Sung in the Khrushchev Era*, Washing, D.C: Woodrow Wilson Center Press, 2005, p. 72; 김일성이 모스크바를 방문했을 당시 후루쇼프는 김일성 일행과 오찬을 함께하면서 스탈린의 철권통치에 대해 비판했다. 스탈린 시기에 투옥되었던 자들을 석방한 사실을 얘기하면서 그가 곧 있을 20차 소련 당대회에서의 스탈린 개인숭배에 대한 비판을 하게 될 것을 미리 암시한 것으로 보인다. 이것은 후에 김일성이 반종파투쟁기를 거치면서 개인을 숭배하고 수령제로 나아갈 때 소련과의 갈등이 불가피 했던 이유 중의 하나가 되었다.

양곡판매 금지 조치를 폐지하고 상공업 분야에 대한 국유화도 완화하여 사기업을 폭넓게 허용할 뿐 아니라 농업 부분의 위기를 초래했던 농업 현물세 징수 방식을 폐지하고 새로운 농업세 체계를 마련할 것 등이었다. 더 폭넓게는 기존의 5개년 경제 계획안에 대한 변경, 노동당의 사회주의적 신강령 개정 작업을 중단할 것도 포함되었다.[2] 사실 1954년경부터 소련과 동구권의 나라들은 김일성의 경제정책에 대한 우려를 가지고 있었다. 그해 10월 22일 헝가리 외교관 케레츠테스(Keresztes)는 농장에서의 개인 거래가 감소하고 있는 것에 대해 경고한 바 있었고 루마니아 외교관 요안 타투(Ioan Tatu)도 급속한 집단농장화에 대해 우려를 표하기도 했다.[3] 김일성은 소련의 제안을 받기는 하였지만 기본 노선에는 큰 변화를 보이지 않고 이른바 소련과 동구 사회주의 국가들을 대상으로 한 경제원조 외교에서도 큰 성과가 없자 종파 분쟁을 맞이하게 되었던 것이다.

게다가 1956년 소련의 제20차 공산당대회에서 스탈린의 개인숭배와 폭압정치[4]가 비판을 받고 후르쇼프가 서방과의 협력을 모색하며 문화적 해빙을 도모하는 등 그동안 공고했던 것처럼 보였던 국제공산주의 노선에 근본적인 변화가 감지되었다. 흐루쇼프의 탈스탈린화 방침이 소련의 대외 정책에 즉각적이고 가시적인 영향을 미치지는 않았지만 크렘린 지도부를 좀 더 보수적이고 데탕트 지향적인 외교노선을 취하게 만든 것은 사실이다.[5]

---

2   김성보, 『북한의 역사 1』, 서울: 역사비평사, 2019, pp. 196~197.

3   Balazs Szalontai, 앞의 책, p. 71.

4   Abraham Ascher, 신하은·신상돈 역, *Russia: A short History by Abraham Ascher*, 『처음읽는 러시아 역사』, 서울: 아이비북스, 2013, p. 303; 이에 대해서는 예를 들면, 스탈린 사후 소비에트가 공개한 자료에 따르면 전체 장교단 3만 5천 명 중 절반이 체포된 경험이 있는데, 5명의 원수(元帥) 중 3명, 15명의 사령관 중 13명, 85명의 군단장 중 57명, 195명의 사단장 중 110명, 406명의 여단장 중 220명, 정치위원 중 전쟁 부위원 11명 전원, 80명의 최고군사위원회 위원 중 75명, 전체 장군의 90%가 그리고 전체 대령의 80%가 이에 포함되었다.

5   Vladislav M. Zubok, 김남섭 역, *A Failed Empire, The Soviet Union in the Cold War from Stalin to Gorbachev*, 『실패한 제국 2』, 서울: 아카넷, 2016, p. 13.

소련을 중심으로 한 동구 사회주의 국가 간에 있었던 수정과 개혁의 분위기가 1956년 8월 평양의 노동당 전원회의에 그대로 이전되었다. 뿐만 아니라 주 북한 소련대사 이바노프가 조선노동당 상무위원이며 연안파 최고 실력자인 최창익에게 당 중앙위원들이 힘을 모아 김일성을 합법적으로 당 위원장에서 해임하고 대신 최창익이 당을 장악하여 김일성을 내각 수상만을 하게 하도록 하는 제안을 하였다.[6] 반대파에 대한 소련의 노골적인 지원만 있었던 것은 아니다. 중국의 지원도 만만치 않았다. 우선 6·25전쟁 시에 중공군을 이끌고 지원군 사령관을 지냈던 팽덕회가 평양으로 들어와 반대파의 손을 들어주기도 했다.[7] 당시 폴란드와 헝가리 등에서는 탈스탈린 분위기에 영향을 받아 스탈린주의자들이 곤경에 처하는 등 자유화와 민주화의 바람이 거세게 일고 있었던 것[8]도 8월 종파 사건의 원인이 되었고 이러한 분위기를 철저히, 근본적이면서도 지속적으로 차단해야 한다는 착안에서 김일성의 유일지배체제에 대한 시도가 구체화되기에 이르렀다. 게다가 중국에서도 정풍운동이 일어나고 중소 갈등이 표면화되기 시작하자 중국과 소련이 북한을 서로 자기 쪽으로 끌어들여야 하는 상황 속에서 김일성의 유일지배체제 구축을 위한 시도에 대해 간섭하기 어려운 환경이 만들어지기도 했다.

같은 시기, 남한에서는 이승만 정권이 붕괴되었을 뿐 아니라 북한에 대한 인도네시아, 인도 그리고 버마 등의 공식적인 지지로 인해 국제정치적으로 우호적인 환경이 조성되었다.[9] 더구나 헝가리와 폴란드 사태로 인한 국제 공산 진영의 분위기가 반전되어 사회주의 진영 내에서 '반사회주의적

6   이경식, 『수령의 나라』, 서울: 한국학술정보, 2021. p. 111.

7   김성보, 『북한의 역사 1』, 서울: 역사비평사, 2019, p. 200.

8   이경식, 위의 책, pp. 111~112.

9   B.K Gills, *Korea versus Korea, A case of contested legitimacy*, London: Routledge, 1996, pp. 72~73.

책동'에 대한 경각심이 높아지는 터라 김일성의 권력 기반을 강화하는 데 유리한 조건이 만들어지기도 했다.[10] 1962년 10월에 있었던 쿠바 미사일 위기와 베트남 전쟁, 흐루쇼프의 실각과 브레즈네프의 집권, 중국에서 발생한 문화혁명과 홍위병들에 의한 김일성 공격 양상의 전개, 미소 간의 데탕트, 미중 외교관계 수립 등 일련의 국제정세의 변화도 북한의 통치체제의 변화를 촉구하는 요인이 되었다.[11]

2) 국내적 배경

전후 복구가 아직 완전히 마무리되지 않은 시점인 1955년 4월 전원회의에서 김일성은 당내 파벌 형성에 대한 경고를 하였다. 이른바 당내 종파주의적 요소에 대한 언급이었다. 그러나 김일성의 이런 경고에도 불구하고 그 당시의 당내 소련파와 연안파는 김일성의 의견개진에 대한 반론을 제기할 만한 힘을 가지고 있었다.[12] 북한은 복구사업의 대대적인 전개가 있었지만 경제적으로 매우 어려운 처지에 놓여 있었다. 1956년 8월에 열린 당 중앙위원회 전원회의에서 당시 상업상 윤공흠은 김일성의 개인숭배와 당독재를 비판하면서 인민들이 헐벗고 굶주리고 집도 없이 토굴에서 병마에 시달리고 있다고 지적했다. 당시 한참 진행 중인 농업 협동화도 비판의 목록에 있었다. 농업협동화와 급진적인 집단농장화 사업은 소련과 동구권의 비판에 직면하기도 했었다.[13]

이 와중에서 빨치산파의 최용건이 노동당에 입당하여 정치위원이 되었고 조선공산주의운동사에 대한 수정작업을 진행하였다. 이를 통해 박헌영

---

10 이경식, 위의 책, p. 114.
11 백학순, 『북한의 권력의 역사: 사상·정체성·구조』, 서울: 한울, 2010. pp. 610~612.
12 서동만, 『북조선사회주의 체제성립사』, 서울: 선인, 2017, p. 514.
13 Balazs Szalontal, 앞의 책, p. 71.

을 중심으로 한 남로당계의 숙청이라는 정세를 정당화하는 새로운 공식적인 역사관이 만들어지게 되었다. 이 새로운 역사 인식으로 인해 1925년에 창설되었던 조선공산당이 인민의 투쟁에 대한 진정한 혁명적이며 레닌적인 지도력을 발휘하지 못했다는 비판과 함께 박헌영이 서울에서 재건한 조선공산당중앙을 부정하고 조선공산당이 신민당과 합당하여 조선로동당이되었다고 기술하면서 조선공산당이 발전하여 조선로동당이 된 것으로 부각하였다.

당시 문화선전상 허정숙은 『근로자』 1955년 6월 25일자에 실린 논문에서 김일성에 의해 혁명적 당의 창건이 이루어졌음을 주장했다. 해방 전후 공산당의 조직적 관계를 김일성을 중심으로 재구성했던 것이다. 여기에 대해 소련파 박형식의 반론이 이어졌고 연안계에 가까웠던 송예정은 김일성을 중심으로 조선의 견실한 공산주의자들이 조선 근로계급들 가운데 가장 성실한 부분을 규합하면서 조선공산당을 조직하였다고 주장하는 등 당의 역사에 대한 논란이 이어졌다. 이처럼 당내에 항일 민족해방운동에 대한 해석을 둘러싸고 갈등이 발생하고 잡음이 일어나게 되었다.[14]

당내의 역사 문제에 대한 균열조짐이 있었던 한편으로 김일성은 국가계획위원회가 하부와 다른 부서에 군림하는 관료주의적 사업 방식과 투자대상을 집중시키지 않고 분산시키는 평균주의적인 경향을 지적하면서 국가계획위원회의 축소를 시도하였다. 당중앙위원회의 경제 관련 부서를 확대하고 중공업부, 경공업 및 유통부, 건설운수부로 개편할 것을 주장하였다. 이윽고 1955년 12월에 소집된 전원회의에서 갈등이 표출되어 전원회의 직전에 이미 체신상에서 해임되었던 연안계 박일우가 종파행동을 감행한 반당적 분자라는 명분으로 당에서 제명, 숙청되었다. 소련계의 김열도 중공

---

[14]   서동만, 앞의 책, pp. 518~520.

업부장에서 해임되고 반당적, 반국가적, 반인민적 범죄행위를 한 죄목으로 인민재판에 회부되기에 이르렀다.[15] 1950년대 북한의 정치지형은 역사문제를 중심으로 한 연안계, 소련계, 빨치산계의 갈등과 이합집산이 횡행했고 김일성의 전후 책임과 경제정책 실패에 대한 대내외적 비판과 도전이 거세었던 시기였다. 여기에 단적으로 제기된 1956년 8월의 종파사건은 김일성의 1인 지배체제가 본격적으로 구축되는 계기가 되었다.

2. 김일성 지도체제 구축과정

1) 해방 후 6·25까지

김일성은 북조선 노동당 및 조선노동당의 창당, 북조선 임시인민위원회 구성과 북조선 인민위원회의 출범, 헌법의 제정 및 법 제정사업, 조선인민군의 창군, 조선민주주의인민공화국의 수립, 6·25 남침과 뒤이어 차지한 최고사령관 등 당과 군, 국가의 최고 지위를 차지하면서 이미 유일적 지배자의 지위를 확보했다.[16] 이것이 가능했던 것은 소련의 지원과 군정시기에 김일성에 대한 배려가 있었기 때문이다. 소련어를 구사할 수 있었던 김일성에 대한 군사적 지원은 북한이 한국전쟁 개전 후 4일 만에 서울에 다다를 수 있었을 정도로 막강했음을 보여준다.[17] 이것은 김일성이 이 시기에 유일지배체제의 토대를 닦는 데 결정적인 역할을 하였다. 해방 후부터 6·25 전까지 김일성이 차지한 직책은 조선노동당 북조선분국 책임비서

15   서동만, 위의 책, pp. 524~526.
16   김창희, "북한의 정치권력 변천과 의미: 로동당과 국가기구와의 관계를 중심으로", 『지역과 세계』 제42집 제1호, 2018, p. 64.
17   Bradly K. Martin, *Under the Loving care of the Fatherly Leader*, NewYork: Thomas Dunne Books, 2004, p. 69.

(1945. 12), 북조선 임시인민위원회 위원장(1946. 2. 8), 북조선노동당 중앙위원회 위원장(1946. 8. 30), 북조선 인민위원회 위원장(1947. 2), 조선민주주의인민공화국 내각 수상(1948. 9. 9) 등이다.[18]

김일성은 해방 이후 토지개혁, 인민위원회의 출범, 문맹퇴치 등 세 가지 혁명 사업을 통해 이미 그 토대를 다졌다고 본다.[19] 그러나 유일적 지배체제를 본격적으로 다지기 시작한 때는 6·25전쟁 중이었다. 이미 개전을 전후해서 반체제 인사들에 대한 감금 및 처형이 진행되었고 맥아더의 인천상륙작전 후 전세가 불리하여 평양을 떠나야 할 때에는 조만식 등 반체제 인사 500여 명을 처형하기도 하였다.[20] 남침 후 1년이 지나도 전세가 호전되지 않고 휴전에 대한 논의가 불가피해지자 김일성은 패전의 책임을 다른 사람들에게 돌리고 자신은 전후를 염두에 두는 조치를 취하기 시작했다. 당시 2인자로 북한정권의 수립과 전쟁수행에 있어서 막중한 역할을 했던 박헌영과 그의 남로당조직이 남쪽에서의 빨치산 봉기와 남한 국방부 내에서의 의거운동과 조직 와해를 일으키지 못했다는 이유로 책임을 묻기 시작했고 결국 박헌영을 미국과 내통한 혐의로 1955년에 숙청하였다.[21] 소련파인 허가이는 전쟁 중에 당조직 관리의 책임에 몰려 1953년 자살했고 연안

---

[18] 이경식, 앞의 책, pp. 81~82.

[19] Suzy Kim, *Everyday Life in the North Korean Revolution, 1945~1950*, London: Cornell University Press, 2013, pp. 75~104.

[20] 박명수, 『조만식과 해방 후 한국 정치』, 서울: 북코리아, 2022, pp 342~343. 김일성은 이때 평양방위사령과 무정을 통해 평양을 포기하고 후퇴할 때 수 많은 반공 인사들을 처형한 것으로 밝혀졌다. 조만식도 1950년 10월 18일, 무정의 지시를 받은 현지 책임장교 한규만 소좌에게 사살 당했는데 1946년부터 고려호텔에 연금된 이래 약 4년 여만이었다. 1970년 8월 15일, 대한민국정부는 대한민국 최고훈장인 건국공로훈장 대한민국 건국장을 추서했고 유족에 의해 전달된 유품 일부는 1991년 11월 5일 국립묘지에 안장되었다.

[21] 김성보, 『북한의 역사 1』, p. 156; 박헌영은 이 외에도 남반부 민주역량 파괴·약화 행위, 공화국 정권 전복 음모 행위 등의 죄목이 있었는데 모두 그 근거가 희박했다. 박헌영이 대남 혁명공작을 담당할 간부양성 목적으로 세운 강동정치학원, 금강정치학원이 남로당 계열이어서 김일성의 권력에 위협적이었을 가능성은 있다고 보는 견해도 있다.

파의 군 지휘관 무정[22]은 군단장직에서 해임되고 당적까지 박탈당했다. 무정은 팽덕회와 함께 중국 혁명군의 일원으로 대장정을 함께했던 인물인데 중공군이 참전하게 되었고 중국지원군 사령관으로 팽덕회가 부임하자 무정에 대한 견제심리로 그를 숙청한 것이다.[23]

김일성은 해방 직후부터 자신의 강력한 라이벌이었던 박헌영과 국내파, 무정과 연안파, 허가이와 소련파를 당에서 축출하거나 제거하는 데 성공함으로써 북한 정치에서 김일성 중심의 단일지도체제 확립이 가속화되기에 이르렀다.[24] 김일성은 6·25를 전후하여 전쟁 패배의 원인을 정적들에게 돌리며 정적들을 제거하고 자신의 지배체제를 공고히 하는 계기로 삼았던 것이다.

2) 6·25 이후~종파투쟁까지

김일성은 전쟁 과정에서 북한 주민들의 남한으로의 탈출, 한국군과 유엔군에 대한 협조 등의 이유를 들어 자신의 정권에 호의적이지 않다는 판단하에 전후에는 더 강력한 통치체제를 구축해야 한다는 압박을 받게 되었다. 따라서 김일성을 중심으로 한 정치사회화와 정치교화 등 사상교육을 철저히 하게 되었다. 김일성을 미 제국주의와의 투쟁의 선봉장이라는 상징조작도 시작하였다.[25] 그 후 김일성은 전후 경제 복구와 1957년부터 시작

---

[22] 본명이 김무정인 무정은 일제와의 항일투쟁기와 정권 창출에 있어서 김일성의 경쟁자가 될 정도로 화려한 투쟁경력을 지닌 인물이었다. 중국 북방군관학교 포병과 졸업 후 1925년에 중국 공산당에 입당, 중국 팔로군 총사령부 작전과장, 팔로군 포병단 단장을 역임했다. 1934년에 있었던 중국공산당의 대장정에 합류한 조선인 20여 명 중 유일하게 생존하였다. 해방 후 북한에 들어와 창군에 기여하였고, 조선인민군 제2지휘소 사령관, 6·25전쟁 중에는 제2군단장, 평양방위사령관 등을 지냈으나 불법적인 부하 총살형에 대한 비판을 받고 직위 해제된 후로 1952년 19월 사망했다.

[23] 김창희, 앞의 글, pp. 65~66.

[24] 김성보, 『북한의 역사 1』, p. 157.

[25] 김창희, 위의 글, p. 67.

될 경제개발 계획을 위한 원조를 구하기 위해 1956년 6월 1일부터 7월 19일까지 소련을 비롯한 사회주의 9개국을 순방하게 되었다. 그러나 당시 소련을 중심으로 한 동구권의 사회주의 국가들은 사회주의 국제 분업구조를 통한 경제 개발을 모색하고 있었던 반면에 김일성은 자력갱생을 더 강조하고 독자적인 전후 복구방식을 고집하자 이를 못마땅하게 여긴 이들 국가들로부터 실질적인 지원 약속을 얻지 못한 채 귀국하게 되었다. 귀국 후 1956년 8월 30일과 31일 양일간 당중앙위원회 전원회의가 열렸는데 이 자리에서 소련과 가까웠던 반대파가 소련과 같은 집단지도체제를 주장하면서 김일성의 개인숭배를 비난하게 되었다.

이미 1956년 2월 25일에 있었던 소련공산당 제20차 대회에서 당 제1서기였던 흐루쇼프가 행한 연설에서 스탈린의 개인 숭배를 신랄하게 비판한 것으로 시작한 탈스탈린 운동은 동구권은 물론 전 세계에 큰 영향을 미치게 되었다. 흐루쇼프의 연설문 내용이 북한에 전해지자 중국 연안파 출신의 정치인 최창익을 중심으로 반김일성 분위기가 형성되기 시작했다. 3월 19일, 흐루쇼프의 연설문의 복사본을 받아본 김일성은 이 연설 내용이 자신의 권력기반을 흔들 수도 있다고 판단하고 정적의 제거와 함께 반 김일성 분위기를 차단하고 더 확고한 지배체제를 구축할 필요를 느꼈다.[26]

그러나 김일성은 2년 후인 1958년 3월 3일, 당 제1차 대표자회를 소집하여 종파 청산을 공식적으로 선언하고 이후 소위 반종파투쟁이라는 명분으로 이들을 제압함으로써 김일성과 그 중심세력들은 대내적인 권력 기반을 확고히 하게 되었다.[27] 본격적인 반종파투쟁은 1958년 12월부터 2년여간 진행되었다. 중앙당 집중지도사업이라는 이름으로 진행된 반종파투쟁은

---

26 이휘성,『김일성 전기』, 서울: 한울, 2022, pp. 181~183.
27 김창희, 앞의 글, p. 71.

평양, 황해남도, 개성지구, 강원도를 중심으로 진행되었고 도소재지와 군소재지 등에서는 공개재판도 행해졌다.[28] 반종파투쟁은 김일성에게는 힘겨운 싸움이었지만 이를 결정적 전투로 여기고 몰입한 결과, 그의 유일 영도체제와 1인 독재, 당의 지배를 통한 사회주의체제 확립 그리고 궁극적으로 백두혈통으로의 세습의 기반이 마련되었다고 평가된다.

1956년 8월, 이른바 종파사건으로 시작된 반종파투쟁에서 반대파를 제압한 김일성은 1961년의 제4차 당대회를 통해 반종파투쟁의 승리를 선언하고 이 대회를 '승리자의 대회', '단결의 대회'로 여길 수 있게 되었다.[29] 정적을 완전히 제거하고 오직 김일성을 중심으로 한 집단 외에는 다른 목소리를 낼 수 있는 집단이 존재하지 못하도록 지배체제를 다진 김일성은 이의 제도화, 법적체계화를 통해 유일지배체제로의 발전을 도모하게 되었다.

제4차 당대회에서는 여러 지도 기관의 선거가 있었는데 이 선거에서 연안파와 소련파는 완전히 몰락했고 당 중앙위 정위원 85명 중에서 연안파는 김창만, 하앙천, 김창덕 등 3명, 소련파는 남일 1명뿐이었다. 이 당대회에서 당 중앙위 위원장에 김일성 부위원장에 최용건, 김일, 박금철, 김창만, 리효순 등이 선출되었다. 정치위원으로 추가로 선출된 박정애, 김광협, 정일룡, 남일, 리종옥이 있었는데 전원이 만주 항일유격대 인사 혹은 김일성 충성파였다.[30] 이로써 종파주의자, 수정주의자, 교조주의자들은 모두 제거되었고 김일성 1인 지배체제가 현실화되었다.

김일성은 1966년 10월 5일부터 12일까지 열린 제5차 당대표자회 겸 당중앙위원회 제4기 제14차 전원회의를 통해 자신의 당내 입지를 보다 확고히 하는 조치를 단행하였다. 당중앙위원회 안에 김일성을 수반으로 하는

---

28   사회과학원 역사연구소, 『조선전사』, 평양: 과학·백과사전출판사, 1981, pp. 57~58.
29   백학순, 앞의 책, p. 580.
30   백학순, 위의 책, pp. 580~581.

상무위원회가 설치되었다. 당중앙위원회 산하에 비서국을 신설하고 중앙위원회 위원장 및 부위원장의 직제를 총비서와 비서로 변경하였다.[31] 이는 집단적 지도체제를 상징했던 당중앙위원회를 중심으로 하는 조직체계를 김일성의 단일 지도체제와 유일지도성을 강화하는 총비서와 비서 체제로 전환한 것이다.[32] 이에 김일성은 국가의 주석이자 당의 총비서, 중앙위원회 상무위원회의 수반으로 당권과 정권에서 명실상부한 최고 지위를 확고히 다지게 되었다.

3. 김일성 유일지배체제의 기반 성립

1956년 말부터 1960년까지 북한 정치는 광풍의 시대였고 이 시기에 모든 '이색사상'에 대한 철저하고도 강도 높은 진압이 있었다. 조선공산주의 운동의 주요 분파였던 화요파, ML파, 연안 독립동맹 출신들, 소련계 한인들 등은 대부분이 숙청되거나 소련으로 돌아갔다. 바야흐로 하나의 세력으로서 김일성과 다른 의견을 표명할 수 있는 집단은 사라졌고 김일성을 중심으로 한 세력만이 남아 있게 되었다.[33]

항일 빨치산 세력과 토속 공산주의 세력으로 권력구조를 새롭게 편성한 김일성은 인민군대 안에도 동일한 당의 특성이 유지되도록 총정치국장을 교체하였다. 당시 군 총정치국장인 소련계 한인인 최종학 등 수백 명의 연안계와 소련계 지휘관들을 숙청하고 그 자리를 항일 투쟁 경험이 있는 빨치산 계열로 채웠다. 인민군대를 오직 항일무장투쟁을 계승한 군대로 인식하기 시작했고 당에 의해 조직된 당의 군대임을 강조했다. 당의 숙청과

---

31 김창희, 앞의 글, p. 75.
32 백학순, 위의 책, p. 594.
33 김성보, 『북한의 역사 1』, p. 203.

재편은 오직 김일성과 당의 군대로 확립하는 과정이었다. 인민군 내에 당위원회제도를 전면 실시하기로 하고 이를 당중앙위원회 상무위원회가 관장하도록 했다. 소련식 군사단일제와 중국식 정치위원제를 다 배격하고 최고사령관—민족보위상—총참모장—각급 지휘관의 군사명령 계통과 당 중앙위—인민군 당위원회—총정치국이라는 당의 명령 계통을 병치하는 이원적 지휘구조를 채택했다.

인민군 당위원회 위원장에는 빨치산 출신의 김광협이 임명되었다.[34] 당과 군을 장악한 김일성은 국방력 강화에 중점을 두면서 1962년 12월 10일에서 14일까지 열린 노동당 중앙위원회 제4기 제5차 전원회의에서 '국방에서의 자위'를 결정하고 전 인민의 무장화, 전지역의 요새화, 전군의 간부화, 장비의 현대화라는 4대 군사노선을 채택하게 되었다.[35] 이러한 국방력의 강화는 반 미제 투쟁의 선봉장으로 상징조작된 김일성을 보위하고 김정일의 선군정치와 김정은의 핵경제 병진노선에 이어 핵보유국 선언을 통해 1인 지배체제를 견고히 유지하는 바탕이 되었다.

6·25전쟁과 1956년 8월 종파사건을 지나면서 연안파와 소련파 등 정적을 제거하고 반종파투쟁을 통해 1인 지배체제에 대한 필요성을 느낀 김일성은 1961년 제4차 당대회를 기점으로 반종파투쟁의 승리를 선언하고 대규모의 당대회를 통해 지배체제를 군히기에 들어갔다.[36]

4차 당대회는 모든 파벌이 제거된 김일성파의 승리의 집회로, 김일성 중심의 1인 지배체제가 완전하게 그 토대를 세우는 계기였다. 이러한 사실을 대내외에 천명하고 인정받기 위해 당대회는 역대 최대 규모로 치러졌고 해외 32개국에서 외교사절단이 참석했는데 소련의 코즐로프와 중국의 등소

[34] 김성보, 위의 책, p. 202.
[35] 김창희, 앞의 글, p. 73.
[36] 정일영, 『북한 사회통제 체제의 기원』, 서울: 선인, 2018, p. 232.

평도 당대회 사절단으로 참석하였다.[37] 반종파투쟁기에 제거된 연안파와 소련파 그리고 국내파를 대신해서 그 자리를 메운 것은 항일 빨치산 세력과 토종 공산주의 세력이었다.[38] 이들을 중심으로 새로운 권력구조를 완성한 김일성은 당의 정체성을 마르크스–레닌주의적 정당에서 마르크스–레닌주의의 창조적 적용과 항일무장투쟁의 혁명전통이 강조되는 방향으로의 변화를 보여주었다.

이 대회를 통해 조선노동당은 '조선공산주의자들의 항일무장투쟁에서 이룩한 영광스러운 혁명전통의 직접적 계승자'임을 명시함으로써 마르크스–레닌주의와 함께 김일성의 항일빨치산 혁명전통을 당의 이념과 특성으로 규정하게 되었다.[39]

전후 경제적 정치적 혼란기를 압축적으로 발산한 8월 종파 사건을 진압하는 과정에서 김일성은 반대파를 효과적으로 제압하고 자신의 1인 지배체제를 당, 정, 군에 확고히 뿌리 내리게 되었고, 이는 이후 유일지배체제와 세습정치로 이어지는 발판이 되었다.

---

[37] 김창희, 앞의 글, pp. 71~72.
[38] 김성보, 『북한의 역사 1』, pp. 202~203.
[39] 김창희, 위의 글, p. 72.

제2절   주체사상과 유일지배체제

1. 주체사상의 태동 배경

김일성이 그 자신의 독자적인 정치사상을 발전시키게 된 시기는 6·25 이후 반소 친중의 노선을 취하면서부터이다. 김일성은 마르크스–레닌주의와 함께 자신의 정치사상을 보편적인 진리로 선포하였고, 초기에는 제3세계를 중심으로 북한의 재정적 지원으로 많은 연구소가 문을 열었다. 이때의 사상은 주체사상이라기보다는 김일성주의(Kimilsungism) 정도였다.[40] 그러다가 주체사상이 처음 제기된 것은 1955년 12월 28일, 당 선전선동 일군들 앞에서 김일성이 했다는 "사상사업에서 교조주의와 형식주의를 퇴치하고 주체를 확립할데 대하여"라는 연설로 알려져 있다. 이것이 1960년대 중반으로 접어들면서 북한의 공식 이데올로기가 되었다.[41]

북한은 1956년 8월의 종파분쟁이 북한 정치사에서 한 획을 그었던 것으로 평가될 만큼 1950년대 중반의 북한 정치 상황은 김일성으로의 1인 지배체제가 아직 확고히 자리 잡지 못했던 때였고 소련파, 연안파, 국내파, 빨치산파 등의 분파별 목소리도 다양하게 존재할 때였다. 이러한 상황 속에서 김일성은 조선혁명의 완성을 위해서는 소련공산당의 역사나, 중국혁명

---

[40]   Dae Sook Suh, *Kim Il Sung, The North Korea Leader*, NewYork: Columbia University Press, 1988, p. 199.

[41]   Andrei Lankov, *The Real North Korea*, London: Oxford University Press, 2013, p. 67.

의 역사를 연구하되 이것은 다 조선의 혁명을 위한 것임을 강조하면서 소련파와 중국파에 대한 경계를 나타냈다. 여기서 소련과 중국이 아닌 조선을 중심으로 한 혁명 연구와 역사연구 그리고 조선혁명의 완성을 위한 연구에 집중해야 할 것을 주장했다. 이때 6·25전쟁의 복구가 마무리되지 않은 상황에서 전쟁의 책임론에서도 자유롭지 못한 김일성이 일종의 분파적 목소리를 잠재우고 자신의 1인 독재 체제를 구축하기 위한 명분으로 '주체'를 내세워야 했던 것이다.[42]

김일성은 종파분쟁을 제압하는 과정에서 소련과 중국에 의존하여 김일성 체제에 반대하며 당의 단결을 저해하는 자들을 반당 종파분자, 수정주의자, 교조주의자, 사대주의자, 대국 맹종주의자, 민족허무주의자라는 낙인으로 굴레를 씌우고 권력의 중심에서 제거해 나갔다. 김일성은 이 과정에서 정적 제거의 정당성을 확보하고 합리화하는 무기로 '주체'를 내세웠던 것이다.[43] 더 나아가 중소 분쟁의 와중에서 실리를 추구해야 하는 외교적 필요성에서도 주체가 활용되었다.

그러나 1990년대 동구권의 몰락과 소비에트 체제의 해체, 사회주의 국가들의 체제전환 등의 상황 속에서 주체사상은 좀 더 적극적인 운동성을 띠면서 1인 지배체제의 수호를 위한 이론으로 부각되었다. 여기서 비롯된 것이 수령–당–대중을 유기적으로 연결시켜 하나의 집단주의를 강조한 사회정치적 생명체론의 등장이었다.

2. 주체사상의 기본 원칙

주체사상에서 강조하는 주체철학의 중심은 사람이다. 사람을 위주로 하

---

42   육군사관학교, 『북한학』, 서울: 박영사, 1999, pp. 139~140.
43   육군사관학교, 앞의 책, p. 140.

여 철학의 근본 문제를 제기하고 해명한 것이 주체철학의 핵심이다. 주체 사상은 사람 중심의 세계관을 밝힌 철학체계로 기술하고 있다.[44] 주체사상에서 보는 인간은 자주성과 창조성과 의식성을 가진 존재이다. 그러므로 사람은 자주적으로, 창조적으로, 의식적으로 주위 세계와의 관계를 가진다.[45] 주체사상은 1955년에 처음 제기된 이후 시차를 두고 이론적 토대를 완성해 나갔다고 보아야 한다. 1956년에는 경제에서의 자립, 1957년에는 정치에서의 자주, 1962년에는 국방에서의 자위, 1966년에는 외교에서의 자주를 각각 반영해 갔다. 이후 김일성은 자주적 입장과 창조적 입장을 기본정책으로 채택하고 사상에서의 주체, 정치에서의 자주, 경제에서의 자립, 국방에서의 자위를 주체사상의 기본노선으로 확정하였다.[46]

사상에서의 주체는 자주적인 사상 관점과 사고방식을 가지도록 하므로 정치 분야에서 나오는 모든 문제를 자주적으로 풀어나갈 수 있도록 하는 원칙이다. 사상에서의 주체성을 가져야 하는 것은 인민 대중이 주인으로서의 권리를 자각할 뿐 아니라 그것을 끝까지 실현하려는 결심과 각오를 가질 때에만 혁명과 건설에서 주인으로서의 책임을 다 할 수 있기 때문이다.[47] 정치에서의 자주란 사람들을 민족적, 계급적 예속에서 해방하고 나라의 주인이 되게 하는 근본조건을 마련하는 것인데, 정치에서의 자주성을 견지해야 할 필요성은 무엇보다도 정치적 자주성이 자주독립국가의 첫째 징표이며, 제1 생명이기 때문이다.[48]

김일성은 세계인민들이 이 자주성으로 단결해야 함을 강조하면서 3세

44 김일성종합대학출판사, 『주체철학』, 평양: 김일성종합대학출판사, 2004, pp. 19~20.
45 김창하, 『불멸의 주체사상』, 평양: 사회과학출판사, 1985, p. 106.
46 황장엽, 『나는 역사의 진리를 보았다』, 서울: 한울, 1999, pp. 136~137.
47 김창원, 손영규, 『주체사상의 지도적 원칙』, 평양: 사회과학출판사, 1984, p. 26.
48 김창원, 손영규, 위의 책, p. 67.

계 국가들의 혁명과 자주화를 위한 책임을 강조하기도 했다.[49] 경제에서의 자립이란 근로인민대중을 온갖 예속에서 해방하고 그들의 자주성을 완전히 실현하며 나라와 민족의 융성번영을 이룩하기 위한 필수적 조건을 의미한다. 북한의 주장에 따르면 경제에서의 자립의 원칙은 사회의 경제생활 영역에서 근로인민대중의 자주성을 실현하는 길을 밝혀 주며 자주독립국가의 경제 건설, 사회주의, 공산주의의 물질적 토대구축의 방향과 내용, 방도를 제시해 주는 것이다.[50]

국방에서의 자위는 자기의 힘으로 자기 나라를 보위한다는 데 있다고 설명하고 있다. 외부의 침략으로부터 자기 나라를 옹호 보위하는 것은 나라와 민족의 자주성의 표현이고 본성적 요구라는 것이다.[51] 주체사상의 기본 원칙은 종파분쟁부터 중소국경분쟁까지 대내외적 정세와 정치환경이 반영된 결과이다. 1970년, 제5차 당대회에서 당규약을 개정하면서 서문에 "조선로동당은 마르크스-레닌주의와 우리나라 현실에 마르크스-레닌주의를 창조적으로 적용한 김일성 동지의 위대한 주체사상을 자기 활동의 지도적 지침으로 삼는다"고 하였다. 당규약을 통해 주체사상은 당의 공식 지도 이데올로기가 되었다.

3. 지배 이데올로기로서의 주체사상

사회주의 국가의 공식 이데올로기의 가장 깊은 층에 있는 것은 초기 사회주의 사상가들의 사상과 마르크스의 사상이다.[52] 초기의 북한 정권은 마

---

49   김일성, 『주체사상에 대하여』, 평양: 조선노동당출판사, 1977, pp. 599~606.
50   김창원, 손영규, 위의 책, p. 80.
51   김창원, 손영규, 위의 책, pp. 120~123.
52   János Kornai, 앞의 책, pp. 49~50.

르크스-레닌의 이념을 기반으로 세워졌음을 천명했다. 그러나 1960년대에 접어들면서 마르크스-레닌의 사상과 함께 주체사상이 등장하더니 마르크스-레닌에 대한 표현이 점차 줄어드는 형색을 보였는데, 1969년의 사회과학자 토론에서 "주체사상만이 마르크스-레닌주의와 노동계급의 혁명위업에 끝까지 충실할 수 있는 유일하게 정확한 지도사상이다"라고 천명하였다.[53] 그러나 주체사상이 마르크스-레닌의 사상과 완전히 결별하였거나 완전히 독자적인 사상체계를 갖춘 것은 아니었다. 근로대중의 해방과 근로대중이 지배하는 사회주의체제를 이상으로 한다는 점이나 개인소유를 부정하고 전체주의적 가치관을 유지하는 등의 요소는 마르크스-레닌의 사상체계의 근간을 유지하고 있음을 알 수 있다.[54]

주체사상의 유일한 해석자 역할을 했던 김정일은 1974년 4월 2일, 당리론선전일군들과의 한 담화에서 "주체철학은 처음으로 자주성과 창조성, 의식성이 사회적 존재인 인간의 본질적 특성을 이룬다는 것을 밝힘으로써 인간에 대한 완벽한 해명을 주었으며 자연과 사회를 지배하고 개조하는 주인으로서의 사람의 지위와 역할에 대하여 올바른 철학적 해명을 주었습니다"[55]라고 주장했다. 김정일의 논조에서 명확히 드러나는 것은 주체철학 즉 주체사상이 단순한 사상이 아니고 강한 운동성을 가진 "자연과 사회를 개조할 인간의 지위와 역할에 대한 철학적 해명"이라고 밝히고 있다는 점이다. 이는 주체철학 즉 주체사상이 정치적 이데올로기로서 기능해야 함을 강조한 것이다.

북한은 1980년 제6차 당대회부터는 주체사상을 전면적으로 심화 발전시

---

53   『로동신문』, 1969년 4월 29일.
54   육군사관학교, 『북한학』, 서울: 박영사, 1999, p. 145.
55   김정일, 『주체철학에 대하여』, 평양: 조선노동당출판사, 2000, p. 2.

키고 체계화했는데 그 중심인물은 김정일이었다.[56] 본격적으로 거론되기 시작한 것은 김일성이 8월 종파 사건을 정리하고 승리의 선언을 했던 1961년의 제4차 당대회 이후부터이다. 처음에는 군중노선과 함께 주체사상을 체계화하면서 '주체는 곧 군중'이라는 관점에서 논의가 시작되었다. 김일성은 그의 저작과 강연 등에서 주체사상을 사람 중심으로 생각하고 사람을 위하여 복무하게 하는 사람 중심의 세계관이며 근로 인민대중의 자주성을 실현하기 위한 혁명학설로 소개하고 있다. 주체사상은 생산수단의 사적소유가 만연되면서 계급사회가 출현하게 되었고 근로인민대중은 생산수단과 국가기관으로부터 소외되었다고 진단한다. 그리고 사회주의 혁명을 통해 근로 인민대중은 역사상 처음으로 자주성을 가진 자기운명의 주인이자 세계의 주인으로 살게 되었다. 이러한 자주성의 시대에 인민대중은 자기운명을 자신이 틀어쥐고 세계를 지배하는 주인으로 살 수 있게 되었다고 본다.[57]

주체사상의 기틀을 만들었던 황장엽의 증언에 따르면, 당시 주체사상을 한 마디로 요약하면 큰 나라의 것을 기계적으로 모방하는 교조주의를 반대하면서, 구체적인 실정에 맞게 마르크스–레닌주의를 창조적으로 적용할 것을 요구하는 것이었다. 북한은 주체의 경제관리를 주장하면서 주체사상에 근거한 경제관리 형태로서 대안의 사업체계를 내세웠다. 대안의 사업체계[58]란 한마디로 인민대중이 경제관리의 참다운 주인이 되어 경제를 과학적으로 합리적으로 관리 운영하는 인민대중 중심의 경제관리 체계라 할

---

[56] 김정일은 "주체사상에 대하여"라는 논문을 통해 사실상 주체사상에 대한 해석을 독점하였다.
[57] 조선노동당출판사, 『주체사상의 위대한 승리』, 평양: 조선노동당출판사, 1981, pp. 9~13.
[58] 대안의 사업체계란 공장·기업소들이 당위원회의 집체적 지도 밑에 모든 경영 활동을 진행하며, 정치사업을 앞세우고 생산자 대중을 발동하여 제기된 경제과업을 수행하며 위가 아래를 책임적으로 도와주는 경제관리체계이다. 그 이전에는 부문별 중앙기관의 지도하에 지배인 단독책임제로 공장기업소 관리가 이루어졌다.

수 있다. 또한 집단주의원칙을 구현한 공산주의적 경제관리형태로 기업소
들이 당위원회의 집체적 지도 밑에 모든 경영활동을 진행하며 정치사업을
앞세우는 것으로 요약된다. 북한은 이를 하나의 사회적 변혁이며 새로운
사회주의경제관리질서를 세우고 공고화 해 나가는 창조적인 사업으로 선
전했다.[59] 국방에서의 자위의 원칙은 자주성을 옹호하는 근로인민대중의
투쟁을 무력적으로 담보하기 위해 국방건설과 군사화를 통해 군사적 조건
을 성과 있게 마련할 수 있게 한다고 주장한다.[60]

　　주체사상은 1인 지배체제의 이데올로기로서 김일성의 우상화와 혁명을
위한 대중동원의 극대화, 대남 혁명과 통일 노선과 대외 정책의 합리화, 권
력 세습의 정당화, 국내외적 도전에 대한 자기방어 논리의 기반으로 기능
해 왔다.[61] 그러나 김정일이 주장한 대로 자연을 정복하고 사회적 진보를
이룩하기 위한 인민대중의 창조적 활동은 투쟁을 동반한다고 되어 있고,
더 나아가 창조의 과정은 곧 투쟁의 과정이며 투쟁을 떠나서는 새 것을 창
조할 수 없다고 단언하고 있다.[62] 김일성은 항일 무장 투쟁의 경험은 가지
고 있지만 이념에 대한 이론적 토대를 갖출 기회는 많지 않았다. 따라서 주
체사상은 기본 철학과의 연결고리가 약하고 사상으로서의 선명성도 떨어
지고 있다는 평가가 상존하고 있다.[63] 따라서 주체사상은 이념으로 작동하
기보다는 최고지도자의 통제를 합리화하는 수단으로 작동하고 있는 것으
로 보인다.

59　박영근, 김철제, 리해원, 김하광, 『주체의 경제관리 리론』, 평양: 사회과학출판사, 1992, pp.
　　68~69.
60　조선노동당출판사, 『주체사상의 위대한 승리』, 평양: 조선노동당출판사, 1981, pp. 89~103.
61　육군사관학교, 앞의 책, p. 149.
62　김정일, 『주체철학에 대하여』, 평양: 조선노동당출판사, 2000, p. 39.
63　Loretta Napoleonai, *North Korea, The Country We love to hate*, Crawley: UWA Publishing, 2018,
　　p. 32.

4. 주체사상과 유일지배체제

주체라는 용어가 처음으로 등장한 것은 1955년 12월 28일, 김일성이 노동당 선전일꾼들 앞에서 한 연설로 알려져 있다. 그러나 이때의 주체라는 단어는 그 이후 사상의 의미로 알려지게 된 그런 차원의 주체라기보다는 하나의 구호로 보는 것이 합리적이다.[64] 그 이후 1962년 12월 19일자 노동신문에서 주체사상이라는 표현이 나오기는 하는데 이 또한 통치이념이기보다는 외교 또는 정치전략적 의미로 등장한 것으로 본다. 그러다가 1967년 3월 17일부터 24일까지 도·시·군 및 공장, 당책임서기협의회에서 김일성이 당의 유일사상체계를 철저히 세울 것을 요구했다는 연설[65]에 뒤이어 1967년 10월 26일, 최고인민회의에서 '공화국정부의 10대 정강'을 통해 북한 정권의 정책 지도이념으로 선포되며 체계화되었다.

1965년 인도네시아 반둥에서 열린 비동맹회의에서 김일성이 천명한 주체사상은 마르크스–레닌 사상이 북한의 현실에 적용되는 과정에서 나온 것으로서 나름의 합리성과 논리를 확보했다고 볼 수 있었다. 그러나 1967년을 계기로 굴절되기 시작하여 유일지배체제 구축을 위한 지배권력의 통치 담론적 성격을 강하게 띠면서 변질되었다.[66] 1970년대에 들어와서 주체사상은 자국 내에서 안착된 반면 국제사회에서 인정받는 것에 실패하고 모택동과 스탈린을 능가하는 1인 지배체제를 위한 이념적 방편으로 여겨졌다.[67] 한편 최고인민회의에서 '10대 정강'이 발표된 이후부터 노동신문은 제호 옆에 "김일성 동지의 위대한 주체사상의 구현인 우리 당의 로선과 정

---

64   이경식, 앞의 책, p. 127.
65   와다 하루끼, 서동만·남기정 역, 『북조선』, 서울: 돌베개, 2002, p. 161.
66   이경식, 앞의 책, p. 131.
67   Andrei Lankov, 앞의 책, pp. 67~68.

책을 철저히 관철하자"라는 구호가 붙기 시작했다.[68] 그 이후 주체사상은 김일성 사상의 절대화와함께 유일적 영도의 기반을 다지며 김일성주의로 가는 이론적 토대가 되었다.

그러나 인간이 우주의 중심이고 자주성과 창조성과 의식성을 가진 존재가 주체사상에서 말하는 인간의 본질이라고 하면서 정작 인민대중이 혁명운동, 사회주의 운동을 수행하려면 지도가 필요하고 그 지도의 주체는 당과 수령이라고 주장하는 것은 주체사상이 가진 모순 중에서도 상징적인 것이다. 즉 사회주의 혁명의 완성을 위해 인민은 반드시 근로대중의 수령이요, 최고 영도자인 김일성의 지도를 받아야 하며 그에게 절대 충성해야 한다는 것인데 이는 주체사상의 철학원리와 배치되는 지점이다.[69] 창조성과 자주성과 의식성을 가진 인간, 특히 모든 것의 중심인 인간이 또 다른 인간의 절대적인 지도를 받거나 특정 인간을 수령이요 뇌수로 인정해야 하는 것은 그 자체만으로도 하나의 사상체계 내에서 양립될 수 없기 때문이다. 따라서 주체사상은 유일지배체제, 사회정치적 생명체론, 사회주의 대가정제, 수령론의 틀 안에서 이해해야 하고, 그 틀에 의해 비로소 뒷받침되는 측면이 있다.

68   와다 하루끼, 앞의 책, p. 166.
69   이상헌, 『김일성 주체사상 비판』, 서울: 성화출판사, 2017, p. 124.

제3절 유일지배체제의 사상적 기반

1. 수령론

북한은 수령의 혁명사상만이 지배할 수 있으며 전당, 전국, 전민이 수령의 명령과 지시에 따라 획일적으로 작동되고 모든 것을 '무조건, 철저히, 끝까지 관철'하도록 하는 유일영도체계의 사회이다.[70] 김정일은 1986년 7월 15일에 발표된 당 중앙위에서 열린 담화에서 수령의 의미를 "인민대중의 자주적인 요구와 리해관계를 분석종합하여 하나로 통일시키는 중심인 동시에 그것을 실현하기 위한 인민대중의 창조적 활동을 통일적으로 지휘하는 중심"이라고 말했다.[71] 수령제하에서는 혁명과 건설의 최고영도자로서의 수령과 혁명의 참모부로서의 당, 당의 노선과 정책의 집행자이자 당과 인민대중을 연결시키는 인전대(transmission belt)로서의 국가기관들 그리고 당과 혁명적 무장력으로서의 인민군대가 하나의 전일적인 조직체를 이루고 있다.

따라서 북한은 수령, 당, 대중이 하나의 사회정치적 생명체를 이루는 유기적 구조로 되어 있다.[72] 여기서 수령은 사회집단의 생명활동을 통일적으

---

70 이영권, 『김정은 세습정권 10년』, 서울: 이지출판, 2021, p. 113.

71 히라이 히사시, 백계문·이용빈 역, 『김정은 체제』, 서울: 한울 아카데미, 2012, p. 301.

72 김근식, "김정일 시대 북한의 당·정·군 관계 변화, 수령제 변화의 함의를 중심으로", 『한국정치학회보』 제36집 2호, 2002, pp. 351~352

로 지휘하는 중심이자 단결과 영도의 최고 뇌수이다.[73] 그러므로 수령이 없이는 당이 있을 수 없으며 수령의 영도가 없이는 로동계급의 혁명투쟁은 승리할 수 없다.[74] 일반적으로 수령제는 비교 독재체제와 구별된다. 독재체제는 지도자와 엘리트 간의 분쟁이 상존하고 다수의 지도자가 엘리트 분쟁에서 축출되기도 한다. 그러나 수령독재는 지도자가 엘리트 그룹에 비교해서 구조적, 압도적 우세를 확립한 체제이다. 따라서 지도자는 엘리트의 갈등과 도전에 의해 교체되는 일은 없다.[75]

북한은 사회정치적 집단은 많은 사람으로 이루어져 있기에 거기에는 사회적 집단의 생명활동을 통일적으로 지휘하는 중심이 있어야 하는데, 개별적 사람에게 있어서 생명의 중심이 뇌수인 것처럼 사회정치적 생명체의 중심은 이 집단의 최고 뇌수인 수령[76]이라는 것이다. 이 수령제를 중심으로 한 김일성의 유일지배체제가 본격적으로 제도화되기 시작한 것은 1967년부터이다. 1967년 3월 소집된 당중앙위원회에서 박금철, 이효순, 김도만 등의 갑산파 세력이 숙청됨으로 김일성 유일체제 확립에 걸림돌이 되는 세력은 완전히 제거되었다. 이때를 계기로 북한에서 김일성의 지위에 감히 도전한다는 것은 생각할 수 없게 되었고 김일성의 유일지배, 유일사상체계가 구축되었다고 본다. 이어서 열린 1967년 5월의 당중앙위원회 제4기 제15차 전원회의에서는 '당의 유일사상체계 확립문제'에 대한 토론이 전개되었다. 이때부터 김일성에 대해 '수령'이라는 칭호가 보편적으로 사용되기 시작했다.[77]

김일성을 수령으로 호칭한 것은 1952년 12월 15일에 개최된 조선노동당

73 이성구·연명모, 『21세기 북한 정치학』, 서울: 대경, 2011, p. 231.
74 사회과학출판사, 『조선말대사전』, 평양: 사회과학출판사, 1992, p. 1831.
75 박형중, "권력세습과 통치연합 재편", 오경섭 외, 『김정은 정권 핵심집단 구성과 권력 동학』, 서울: 통일연구원, 2019, pp. 58~59.
76 『철학사전』, 평양: 사회과학원 철학연구소, 1985, p. 110.
77 김창희, 앞의 글, p. 77.

중앙위원회 제5차 전원회의로 알려져 있다. 회의에서 김일성의 연설이 끝나자 "우리의 경애하는 수령 김일성 동지에 영광 드린다"라는 환호성이 터져 나왔던 것이다. 1946년 8월 10일, 중요산업 국유화를 선언하는 연설에서 김일성이 스탈린을 수령으로 호칭한 지 6년 만의 일이다.[78] 물론 김일성에게 공식행사에서 '수령'이라고 칭한 표현이 처음 나온 것은 1966년 10월 5일, 김일성종합대학 창립 20주년을 맞아 당시 김일성대학 총장이던 황장엽이 "당과 수령에 대한 충실성은 종합대학의 제1 생명이고 영광스런 전통이다"라고 한 연설이라고 알려져 있다.[79]

그러나 보편적이고 제도화된 명칭으로 수령이 사용되기 시작한 것은 1967년의 당중앙위 전원회의에서였다. 이 회의를 통해 유일사상은 주체사상이고 수령의 지도사상이라는 논리가 만들어졌다. 같은 해 12월에 열린 최고인민회의 제4기 제1차 회의에서 "주체사상이 공화국정부의 모든 정책과 활동의 확고부동한 지침"이라고 선언하여 김일성 유일지배체제와 유일사상체계이자 수령제로 가는 길이 만들어지게 되었다. 이듬해인 1968년 4월, 당중앙위원회 제4기 제17차 회의에서 '김일성 수령의 혁명사상만이 조선노동당의 유일사상'으로 규정되었다.[80] 수령의 등장과 함께 선포된 당의 유일사상체계는 수령의 전통적 권위를 구축하기 위한 가치 집중화의 시작이었다.[81] 수령제가 본격화되면서 북한 사회는 명령사회(command society)가

---

[78] 스즈키 마사유키, 앞의 책, pp. 148~149.

[79] 백학순, 앞의 책, p. 644; 1960년에 한설야가 『수령님을 따라 배우자』라는 책을 발간했다고 하고, 한덕수 재일 조총련 의장이 1964년에 김일성에 보낸 연하장에 "경애하는 수령"이라는 표현을 썼다고는 하나 이는 개인적인 차원에서 표현을 한 것이고 공식적이고 대중적인 자리에서 쓰기 시작한 것은 황장엽의 연설로 보는 견해가 지배적이다.

[80] 김창희, 앞의 글, p. 76~77.

[81] 최경희, "북한 '수령권력'체제의 생성과 매커니즘", 『한국과 국제정치』 제32권 제4호 통권 95호, 2016, p. 140; 북한의 『철학사전』에 따르면 수령은 노동계급의 당과 국가를 창건하고 당의 혁명전통과 당의 지도사상을 창시한다. 당이 노동계급의 계급적 조직의 최고 형태라면 수령은 당의 최고영도자이며 프롤레타리아 독재체계의 총체를 영도하는 최고뇌수이며 전당과 전체인민의 통일단결의 중심으로 정의하고 있다.

되어 갔고, 소비에트 체제를 포함한 어느 나라에서도 볼 수 없었던 강력한 주민 통제가 이루어졌다. 북한의 경제생활이나 일반생활에서 사생활의 자유가 제약되고 수령에 의한 통치가 전 사회를 지배하기 시작했다.[82] 그것이 가능한 것은 수령을 "사회정치적 생명체의 최고 뇌수"이자 "바로 이 생명체의 생명활동을 통일적으로 지휘하는 중심"[83]이기 때문이라는 것이다.

2. 사회정치적 생명체론

주체의 인간론에 의하면 사람은 자주성과 창조성과 의식성을 가진 사회적 존재이다. 다시 말하면 자주성과 창조성, 의식성을 가진 존재이지만, 사회적으로 살아 나가는 존재라는 것에 바로 인간의 본질이 있다고 주장한다. 즉 인간의 본질적 존재양식을 '사회적으로 살아 나가는 것'으로 규정하고 있다. 김일성도 인간을 사회적 존재라고 했고 이것이 결국 사회정치적 생명체론의 근거가 되었다.[84] 북한은 기본적으로 사회를 유기체적 관점에서 구조화하여 인민은 세포, 당은 중추신경, 수령은 뇌수로 설명해 왔다. 1986년에 김정일이 이를 당과 수령, 인민이 하나의 유기체로 연결된 사회정치적 생명체론이라고 하는 사회 통합 이론으로 제시한 바 있다.[85]

김정일은 사람을 자주성을 가진 존재라고 하면서 자주적인 사회적 존재라고 했고 사람이 가진 육체적 생명은 생물 유기체로서의 사람의 생명이라면 사회정치적 생명은 사회적 존재로서의 사람의 생명이라고 정의했다.[86]

---

82   Andrei Lankov, 앞의 책, p. 35.
83   『철학사전』, p. 110.
84   조성박, 『주체의 인간론』, 평양: 과학백과사전종합출판사, 1988, p. 27.
85   김병로, 『북한, 조선으로 다시 읽다』, 서울: 서울대학교출판문화원, 2018, pp. 446~448.
86   김정일, 『주체사상에 대하여』, 평양: 조선노동당출판사, 1982, p. 10.

북한은 사람의 생명을 개인의 생명과 사회정치적 생명으로 구분하고는 있지만 개인의 생명은 사회정치적 생명이 더 중요하고 영원함을 강조하는 의미에서 비교의 대상으로 등장할 뿐이다. 사람의 생명이라 할 때 그것은 어디까지나 사회정치적 생명, 즉 사회적 존재로서의 생명을 말한다. 심지어 사람은 사회정치적 생명을 지니고 있기 때문에 사람이 된다고 한다. 사람의 필수 조건이 사회정치적 존재라는 것이다. 김일성도 "정치적 생명이 없는 사람은 가련한 사람입니다. 정치도 모르고 나라도 모르고 사회도 모르고 밥만 먹고 거저 사는 사람에게 무슨 사는 보람이 있겠습니까? 사람은 반드시 정치생활을 하여야 합니다"[87]라고 주장했다.

이 같은 교시는 '10대 원칙'에 그대로 반영되어 제8조에 "당과 수령이 안겨준 정치적 생명을 귀중히 간직해야 한다"고 했을 뿐 아니라 "당과 수령이 안겨준 정치적 생명을 지닌 것은 혁명전사의 가장 큰 영예이며 당과 수령의 신임과 배려에 높은 정치적 자각과 사업실적으로 보답하는 여기에 고귀한 정치적 생명을 빛 내여 나가는 참된 길이 있다"라고 명시했다. 이어서 제8조 1항에는 "정치적 생명을 제일생명으로 여기고 생의 마지막 순간까지 정치적 신념과 혁명적 지조를 굽히지 말고 정치적 생명을 끝없이 빛 내이기 위하여 몸과 마음을 바쳐야 한다"고 했는데 이는 당원에게 있어서 당생활은 정치적 생명이라고 한 김일성의 교시와 같다.[88]

북한에서는 정치적 생명은 정치 생활을 할 때 지니는 생명이고 일정한 정치적 이념을 가지고 그 실현을 위해 정치 조직의 한 구성원이 되어 살아가는 인간만이 정치적 생명을 지니게 된다.[89] 계속해서 북한은 사람을 사회정치적 집단, 사회정치적 생명체의 한 성원으로 보며 사회정치적 생명체

---

87   김일성, 『김일성 저작집 13권』, 평양: 조선노동당출판사, 1981, p. 381.
88   김일성, 위의 책, p. 381.
89   조성박, 앞의 책, p. 51.

안에서만 존재하고 발전해 나갈 수 있는 존재로 본다. 뿐만 아니라 수령과 당, 대중은 사회정치적 집단, 즉 사회정치적 생명체를 이룬다. 사회정치적 생명체는 수령을 최고 뇌수로 하는 유기적 공동체인데 당을 중추로 하여 수령, 당, 대중이 하나로 통일될 때에만 존재할 수 있는 그런 생명체이다.[90] 여기서 뇌수는 머리로서 수령이고 뇌의 생각을 인민들에게 전달하는 신경 조직은 당이며 인민은 몸에 해당된다. 뇌가 없다면 죽은 것이나 다름이 없고 식물과 같다. 생각도 활동도 불가능하다. 정치적 관계와 생명체의 유기적 구조를 동일시 하는 것이 바로 사회정치적 생명체론의 핵심이다.[91] 심지어 김정일은 사회정치적 생명을 개인 생명의 모체로 보았고 이는 집단주의적 생명관에 기초하고 있다고 주장하기도 했다.[92]

사회정치적 생명체론은 주체사상의 인간론과 사회주의체제의 집단주의적 속성 그리고 북한의 유일적 영도체제가 복합적으로 반영된 사회구성 이론이다. 주체사상은 사상에서의 주체, 정치에서의 자주, 경제에서의 자립, 국방에서의 자위를 기본노선으로 삼고 있다. 따라서 사회정치 생명체적 인간이란 주체사상에서 말하는 자주성을 가지고 사회정치적 틀 안에서 뇌수인 수령을 정점으로 당을 중추로 살아가는 인간형이라고 할 수 있다. 즉 주체사상을 유지하고 계승하는 사회적 틀을 정치적 수사로 표현한 것이며 유일적 영도체제와 이의 세습의 토대이다. 개인의 생명의 중심이 뇌수라면, 사회정치적 생명체의 생명활동을 통일적으로 지휘하는 수령은 사회정치적 생명체의 최고 뇌수가 되는 것이다.[93] 사회정치적 생명체론은 동구권의 몰락과 사회주의체제의 붕괴 과정에서 김일성의 신격화와 더불어 수령

90   조성발, 위의 책, p. 52.
91   전영선, 『글과 사진으로 보는 북한의 사회와 문화』, 서울: 경진출판, 2016, p. 57
92   김정일, 『주체사상교양에서 제기되는 몇 가지 문제에 대하여』, 평양: 조선노동당출판사, 1986, p. 28.
93   조성발, 앞의 책, p. 53.

을 중심으로 한 북한 체제의 결속을 다지기 위해 만들어진 유일지배체제의 유지를 위한 도구가 되었다.[94]

3. 사회주의 대가정론

북한의 사회주의 대가정론은 북한 사회를 구조화하고 체제를 유지하는 데 있어서 매우 중요한 개념이다. 즉, 김일성–김정일–김정은 등 최고 지도자를 어버이로 모신 한 가정으로 인식하도록 함으로[95] 가부장적이고 유교적 전통을 통치에 접목한 것이라 할 수 있다. 북한은 1970년대 이후, 가정의 혁명화[96]와 사회정치적 생명체론과 연결되면서 가족국가의 성격으로 변화되었다. 이후 대가정론은 주요 통치 담론의 하나로 부각되었고 이를 통해 주민들의 동질성을 제고하고 일체감을 고양시켜 체제유지의 중요한 수단으로 활용해 왔다.[97] 사회주의 대가정 체제는 집단주의 원칙에 기반하여 수령을 어버이로 하는 북한의 독특한 체제이다. 다른 사회주의 국가에서는 보기 어려운 체제로서 수령에 대한 철저하고도 무조건적인 충성과 숭배를 합리화하는 기제로 작용하고 있다.[98]

수령을 어버이로 여기도록 하는 대가정 체제는 혈육들로 이루어진 보통의 가정과 비교와 대조를 이루며 보통의 가정에서 자녀가 부모를 섬기듯이 인민들은 수령을 부모를 섬기듯 해야 하는 당위성을 교육받는다. 유교적

94 육군사관학교, 앞의 책, p. 144.
95 손원태, 『내가 만난 김성주–김일성』, 서울: 동연, 2020, p. 260, p. 272.
96 박현선, "북한의 가족정책", 북한연구학회 편, 『북한의 여성과 가족』, 서울: 경인문화사, 2006, p. 27; 가정의 혁명화 혹은 가족의 혁명화라 함은 가족이 이데올로기의 재생산 기능을 수행하도록 하는 과정을 의미한다. 북한은 1950년 말부터 가족의 혁명화를 중심으로 가족을 강화하는 정책을 추진하기 시작했다.
97 문장순, "북한 대가정론의 변용과 정치적 함의", 『대한정치학회보』 제25집 3호, 2017, p. 49,
98 통일부, 『북한이해 2022』, 서울: 통일부 통일교육원, 2021, p. 20.

관습이 남아 있는 북한에서 사회주의 대가정론은 수령–당–인민대중을 하나의 전일적 통일체로 보는 전체주의적 개념의 핵심이다.[99] '10대 원칙'에 의하면 김일성은 인민들에게 '정치적 생명'을 부여해 주었기에(제8조) 모든 인민은 '수령의 후손'이라고 천명하고 있다(제2조). 1998년 이후 헌법 서문에도 김일성을 '사회주의 조선의 시조'로 적시하고 있다.

북한이 처음부터 대가정론을 중심으로 수령영도 체제를 형성한 것은 아니다. 1960년대 말, 시대적 변화에 따라 그리고 김일성의 유일지배체제를 형성해 가는 과정에서, 더구나 김정일로의 세습을 기획하는 단계로 접어 들면서 점차 이데올로기화하는 경향을 보였다. 이때 가정에 대해 '붉은 대가정', '혁명적 대가정', '가정 혁명화' 등의 용어가 등장하면서 가정혁명화를 통한 사회주의 대가정으로 이어져야 하는 것으로 각인시키게 되었다.[100] 사회주의 대가정론은 곧 법제화되어 가족법 제1조에 "가족법의 사명은 사회주의 대가정에 이바지하기 위한 것"임을 명시했고 1998년에 개정된 헌법부터는 서문에 이 개념을 포함시키기 시작했다.[101] 가족법과 함께 어린이보육교양법도 '사회주의 대가정론'의 기틀을 잡아가며 유치원과 탁아소의 김일성 부자에 대한 충성교육을 강화하고 주체사상과 더불어 강조되기 시작한 북한 고유의 영유아 보육체계를 확립하는 데 기반이 되었다.[102] 사회주의 법계와 사회정치적 생명체, 사회주의 대가정 체제라고 하는 북한 고유의 집단주의는 하나의 고리로 연결된 사상적 체계를 형성하고 있다.

---

[99] 통일부, 앞의 책, p. 21.
[100] 문장순, "북한 대가정론의 변용과 정치적 함의", 『대한정치학회보』 제25집 3호, 2017, p. 50.
[101] 1998년 헌법 서문에 "김일성동지께서는… 숭고한 인덕정치로 인민들을 보살피시고 이끄시어 온 사회를 일심단결된 하나의 대가정으로 전변시키셨다"고 명시했다.
[102] 송인호·임진실, "북한의 유아보육법제에 대한 고찰", 『법학논총』, 2020, p. 241.

4. 대를 이은 혁명계승론

북한의 유일지배체제의 기반이 되는 사상적 기반 중에 하나가 혁명계승론이다. 다른 사회주의 국가와 달리 북한은 대를 이은 혁명계승론이 특징이다. 이는 소비에트 체제의 붕괴나 중국의 수정주의로의 노선 변경이 모두 혁명의 계승이 안되었기 때문이라고 진단하고 혁명의 계승만이 이를 시정할 수 있다는 당위론에 근거한 것이다. 혁명의 계승을 위해서는 당대 인물이 아닌 후대가 주역이 되어야 하고 혈통으로의 계승을 통해 수령의 핏줄을 이어 받은 자가 후계자가 되어야 하며 수령의 사상과 정책을 이어 받아야 하는 역사성이 있어야 한다는 것이 혁명 계승의 요체이자 명분이다.[103] 북한은 헌법 서문에 김일성을 "사회주의 조선의 시조(始祖)"라고 명시했고, "사회주의 조국의 부강번영과 주체혁명위업의 계승완성을 위한 확고한 토대를 마련하시었다"라고 했다. 여기서 사회주의 조선의 시조인 김일성이 그 후대에게 이를 계승할 확고한 토대를 마련했다고 하는 표현은 혁명 계승의 정당성을 강조한 것으로 보인다. 더 나아가 "위대한 김정일 동지께서는 … 주체의 혁명전통을 순결하게 계승발전시키시여 조선혁명의 명맥을 굳건히 이어 놓으셨다"라고 기술하고 있다. 여기서 '순결하게 계승발전'했다는 부분은 다른 혈통이 아닌 김일성의 혈통, 즉 백두혈통만이 혁명의 계승선상에 있음을 강조한 것이다. "명맥을 이어 놓으셨다"라는 표현도 시조인 김일성의 혁명과업의 순결한 혈맥을 이어 김정일이 계승하게 되었다는 의미이다.

이어서 '10대 원칙' 서문에서도 김일성-김정일주의 위업을 끝까지 계승완성하기 위하여 유일적영도체계확립의 10대 원칙을 철저히 지켜야 한다

---

103 송인호·임진실, 앞의 글, pp. 231~232.

고 강조하고 있다. 김일성-김정일주의는 중단될 수 없고 계승하고 완성해야 한다는 것인데, 이는 곧 김정은으로서의 계승만이 유일한 것임을 주장하는 것이다. 당규약 서문에서도 "조선노동당은 항일혁명투쟁시기에 창조되고 발전풍부화된 주체의 혁명전통을 고수하고 끊임없이 계승발전 시킨다"라고 명시했는데 여기서도 혁명전통에 대한 계승이 강조되고 있다. 당규약 제60조에도 "당기(黨旗)는 위대한 김일성-김정일주의를 지도사상으로 하고 주체의 혁명 전통을 순결하게 이어나가며 전체 인민을 당과 수령의 두리에 굳게 묶어 세워 주체혁명의 위업을 끝까지 완성해 나가는 조선노동당의 혁명적이며 대중적인 성격과 불굴의 의지, 투쟁정신을 상징한다"라고 되어 있다. 당기에 담긴 혁명전통의 순결성을 강조한 것이고 이를 끝까지 완성해 나가는, 즉 계승의 의지를 설명하고 있다. 이는 2023년 2월 8일, 조선인민군 창건일 열병식에서 "김정은 결사옹위"에 이어 최초로 "백두혈통 결사보위"라는 구호가 등장한 것과 관련이 있다고 분석되고 있다. 김정은 이후의 4대 세습은 물론 체제의 영속성까지 염두에 둔 구호라는 평가이다.[104]

그러나 이미 3년 전인 2020년 4월 18일자 노동신문은 "김일성의 혁명전통을 계승함으로써 해방 후 빈터에서 당과 나라와 군을 건설했고, 조국해방전쟁에서 승리했으며 자주, 자립, 자위의 사회주의 국가를 일떠 세울 수 있었다"라고 강조한 바 있다.[105] 김정일 시기에 들어와 강조되는 '인민대중제일주의'도 주체사상과 선군사상의 정신적 기초인 김일성-김정일의 '인민대중 중심주의'의 계승과 발전으로 보아야 한다.[106] 혁명의 계승론은 북

---

[104] 『Daily NK』, 2023.2.14, https://www.dailynk.com/20230214-4/(검색일: 2023.4.16).

[105] 『노동신문』, 2020년 4월 18일자.

[106] 강채연, "김정은 집권 10년 통치담론의 동학: 계승성과 독자적 도전요인", 『국제정치연구』 제25집 3호, 2022, p. 135, p. 138.

한의 유일지배체제의 핵심 기반이자 세습의 정당화를 위한 논리적 바탕이
기도 하다.

제4장

유일지배체제의 확립과 세습

제1절 '유일사상 10대 원칙'과 유일지배체제의 확립

1. '유일사상 10대 원칙'의 개요와 핵심 요소

1) 개요

북한이 당규약을 통해 국가 통치 구조, 즉 지배구조를 확고히 했다면 사상적이고 정체성 측면에서의 지배구조는 '당의 유일적 영도체계 확립의 10대 원칙'에 근거한다. 헌법은 당의 영도하에 국가가 통치된다고 쓰여 있고, 헌법과 당규약은 김일성 김정일의 영도를 계승한다고 쓰여 있으므로 당연히 '10대 원칙'은 최상위의 규범적 지위를 갖게 된다. '10대 원칙'은 1974년에 김정일이 제시한 '당의 유일사상체계확립의 10대 원칙'을 계승한 것으로 김정은 집권 시기에 '당의 유일적영도체계확립의 10대 원칙'으로 명칭이 바뀌었다. '10대 원칙'은 총 10조 60항으로 구성되어 있고 권력세습을 정당화하고 노동당의 권능을 강조하는 내용을 담고 있다.[1] '10대 원칙'이 김정일에 의해 공식적으로 발표된 것은 1974년이지만 이미 갑산파 등을 숙청한 1967년 5월 직후 하달된 이른바 5·25교시를 통해 당시 조직지도부장이자 김일성의 동생이던 김영주에 의해 당중앙위원회 제4기 제16차 전원회의에서 의제로 채택된 바 있다.

---

[1] 통일부, https://nkinfo.unikorea.go.kr/nkp/term/viewNkKnwldgDicary.do?pageIndex =1&dicaryId=268(검색일: 2023.1.16).

이후 김정일 승계작업 과정에서 정적들에 대한 대대적인 숙청이 있고, 김정일이 이를 부분 수정하여 1974년 4월 14일에 발표하였다.[2] 이후 김정일은 '10대 원칙'에 대한 해석권을 독점하게 되면서 후계자로서의 면모를 강화해 나갔다. 북한은 1960년대에 주체사상과 유일사상을 전개하였다면 1970년대 중반부터는 사회주의국가의 인민으로서의 인간개조사업, 1980년대 중반에는 수령론과 사회정치적 생명체론, 혁명적 수령관 등을 발전시켜 왔다.[3] 유일지도체제가 의미하는 것은 첫째, 당 사상사업은 철저히 유일관리제이다. 둘째, 사상부문의 모든 일군들이 당의 유일적 지도 밑에 움직인다. 셋째, 당의 의도와 방침을 무조건 접수하고 철저히 관철한다는 것이다.[4]

개정된 '당의 유일적 영도체계 확립의 10대 원칙'에서는 '김일성-김정일주의', '김일성 민족', '김정일 조선', '백두혈통' 등 3대 세습을 정당화하는 내용이 추가되었고 김일성, 김정일 우상화와 관련된 내용도 새로 생겨나 '동상이몽', '양봉음위' 등 개별 간부들에 대한 추종 현상을 금지하는 내용이 추가 되었다.[5] '10대 원칙'은 북한 모든 구성원이 암기하고 일상생활에서 지켜야 하는 규범이고, 이 규범을 위반했을 때에는 다른 규범보다 더 강한 처벌을 받게 된다.

2) 핵심 요소

'10대 원칙'의 태동 시기와 그 내용을 살펴보면 '10대 원칙'의 핵심 요소를

---

[2]   송인호, 앞의 글, p. 149.

[3]   송인호, 앞의 글, p. 149.

[4]   김정일, '온 사회를 김일성주의화하기 위한 당사상 사업의 당면한 몇 가지 과업에 대하여(전국선전일군강습회에서 한 결론, 1974.2.19)', 『주체혁명위업의 완성을 위하여 3』, 평양: 조선로동당 출판사, 1987, pp. 51~52.

[5]   송인호, 위의 글, p. 151.

알 수 있게 되고 목적이 드러난다. '10대 원칙'의 태동 시기에는 김일성의 1
인 지배체제를 공고히 함과 동시에 1972년부터 공식화하기 시작한 김정일
로의 후계 구도의 안착이 목표였고, 2013년 개정 이후에는 김일성–김정일
에 대한 찬양을 통한 김정은의 체제 안정을 목표로 했다. 서문은 김일성과
김정일의 업적 찬양이 주를 이루고 있는데 당과 인민의 영원한 수령, 주체
의 태양, 탁월한 사상이론가, 걸출한 정치가, 창조와 건설의 영재, 세계 혁
명의 탁월한 영도자, 절세의 애국자, 위대한 혁명가, 인민의 자애로운 어버
이, 영생불멸의 주체사상의 창시자 등으로 표현하고 있다. 더구나 개정판
서문에서는 핵무력을 중추로 하는 무적의 군사력과 튼튼한 자립경제를 가
진 사회주의 강국으로 위력을 떨치게 한 것도 위대한 수령님과 장군님의
현명한 영도에 의한 것이라고 주장하고 있다.[6]

'10대 원칙' 중 제1원칙은 "온 사회를 김일성–김정일주의화하기 위하여
몸바쳐 투쟁하여야 한다"이다. 제2원칙 또한 "위대한 김일성 동지와 김정
일 동지를 우리 당과 인민의 영원한 수령으로 주체의 태양으로 높이 받들
어 모셔야 한다"이고, 하부 항목에는 "김일성 동지를 영원한 수령, 공화국
의 영원한 주석으로", "김정일 동지를 조선노동당의 영원한 총비서로", "우
리 공화국의 영원한 국방위원회 위원장으로 높이 받들어 모셔야 한다"고
명시하고 있다. 그리고 이들이 묻힌 "금수산태양궁전을 영원한 태양의 성
지로 훌륭히 꾸리고 결사보위하여야 한다"고 강조했다. 그 외에도 김일성
과 김정일의 유훈, 당의 노선과 방침관철에는 무조건성의 원칙이 적용되
어야 하며(5조), 하부 항목으로 "수령님과 장군님의 유훈, 당의 노선과 방침,
지시를 곧 법으로, 지상의 명령으로 여기고 무조건 철저히 관철할 것"도 담
고 있다. '10대 원칙' 4조 1항은 위대한 김일성–김정일주의를 가지의 **뼈와**

---

6   당의 유일적 영도체계 확립의 10대 원칙.

살로, 확고부동한 신념으로 만들 것을 강조하고 있는데 이로써 김일성–김정일의 과거 통치를 정당화하고 그 유훈은 현재도 동일하게 살아 있으며 그들의 권위를 절대화하고 있다. 이것은 북한을 김일성 민족, 김정일 조선이라는 표현을 사용하여 기술하고 있는 것과 북한 주민을 수령님의 후손, 장군님의 전사, 제자라는 단어를 사용한 것에서도 알 수 있다. 심지어 제8조에 "당과 수령이 안겨준 정치적 생명을 귀중히 간직하며"라고 명시하고 "정치적 생명을 제일생명으로 여겨야 한다"고 강조함으로써 그들의 공동체적 생명조차도 김일성이 부여한 것으로 규정하고 있다.[7]

개정된 '10대 원칙'에서 특이한 점은 '공산주의'라는 표현이 전면 삭제되었다는 것인데, 이는 세습을 부정하는 공산주의 이념에 비추어 권력세습이 부정적으로 평가될 수 있다는 우려에서 나온 것으로 보고 있다.[8] '10대 원칙'과 2013년에 개정된 새로운 '10대 원칙'은 모두 김일성–김정일–김정은으로 이어지는 1인 지배체제, 신격화, 수령권력의 절대화에 초점을 맞춤으로로 결국 김정은의 통치를 합법화, 정당화하는 것에 핵심 가치를 두고 있다.

표 4-1. '10대 원칙' 주요 내용

구분	핵심 과제	주요 내용
서문	김일성, 김정일에 대한 평가, 업적	- 영원한 수령, 주체의 태양, 탁월한 사상이론가, 인민의 자애로운 어버이, 주체사상의 창시자, 제국주의 격퇴, 우리식 사회주의 건설, 핵보유국 등 - 김일성·김정일주의 위업 계승 완성
1조 2조	목표	- 온 사회의 김일성·김정일주의화 - 김일성과 김정일: 영원한 수령, 주체의 태양 - 김일성 민족, 김정일 조선 - 금수산태양궁전: 김일성과 김정일이 영생의 모습으로 계시는 곳, 영원한 태양 성지

7   송인호, 앞의 글, pp. 155~156.
8   송인호, 앞의 글, p. 163.

구분	핵심 과제	주요 내용
3조 4조	권위의 절대화	- 김일성, 김정일, 당의 권위를 절대화, 결사 옹위 - 백두산 절세위인들의 초상화, 석고상, 동상, 당의 기본구호 철저 보위
5조	방침 관철의 무조건성	- 김일성, 김정일의 유훈, 당의 노선 방침관철에서의 무조건성
6조	사상적 통일	- 하나의 대가정 - 개별간부들에 대한 환상, 아부아첨, 종파주의 금지
7조	정신도덕적 풍모	- 김일성, 김정일의 정신도덕적 풍모 본 받기
8조	정치적 생명	- 정치적 생명을 위해 몸과 마음을 다 바쳐야 함
9조	당의 유일적 영도	- 당의 유일적 영도 밑에 전당, 전국, 전군이 강한 조직규율을 세움 - 개별적 간부들의 자의적 비조직적 행동, 월권, 직권남용 등 금지 당에 대한 충실성과 실력을 기본척도로 간부 평가, 선발배치
10조	백두혈통의 계승	- 당과 혁명의 명맥을 백두혈통으로 계승, 순결성 고수 - 당중앙을 목숨으로 사수 - 혁명 위업의 계승 발전
후문	계승과 충성	- 김일성 김정일을 영원한 수령으로 모심 - 당의 영도에 따라 주체혁명위업, 선군혁명위업을 끝까지 완성

출처: 송인호 "북한의 당의 유일적 영도체계에 확립의 10대 원칙에 대한 고찰", p. 161.

2. 특징

1) 규범력

2013년 6월 19일, 1974년 이후 39년 만에 '10대 원칙'이 개정되었는데 개정된 조항들에는 3대 세습이나 당의 영도의 원칙 등을 정당화하는 내용이 반영되었다. '10대 원칙'으로 대표되는 '수령의 유일적 영도의 원칙'을 국가의 지도이념으로 삼고 있다. 따라서 북한의 국가의 체제이념에 따라 '10대 원칙'은 헌법보다 더 높은 규범력을 지니는 것으로 보아야 하고, 기독교의 10계명과 같은 효과를 가진다고 해야 할 것이다.[9] 김일성과 김정일은 '10대 원칙'을 모든 당원의 사고와 행동의 기준으로 삼고자 했다. 당원들에게 재접수, 재토의 사업을 통해 사상교양, 사상투쟁을 전개하고자 했다. '10대

---

9   송인호, 앞의 글, p. 152.

원칙'의 강조를 통해 유일사상체계와 유일지배체제가 김일성주의화라는 개념으로 통합됨을 인식시키고자 했다.[10] 유일지도체제를 확립하기 위해 강조된 것으로는 간부정책의 강화, 사업체계의 강화와 함께 당 규율의 강화였는데, 여기서 '10대 원칙'의 규범성 혹은 규범력의 위상을 알 수 있다.[11] 다시 말해서 북한의 경우 체제의 특성상 '10대 원칙'의 영향력과 위상, 규범력은 북한 헌법이나 당규약보다 상위에 있고 기본법의 역할을 하고 있다고 보아야 한다.[12]

2) 최고 규범화

'10대 원칙'은 법체계에 포함되어 있지는 않다. 그러나 북한에서 가장 권위있는 규범으로서의 위상을 가지고 있다. 그 단적인 예로, 헌법과 법률, 규정은 여러 차례 개정과 수정을 거쳐서 지금에 이르고 있지만 '10대 원칙'은 단 한 번 부분 수정을 거쳤는데, 기본 골격은 크게 바뀌지 않았고 핵심 가치와 목적도 그대로 유지되고 있다. 따라서 북한에서 '10대 원칙'은 법체계에는 포함되지 않지만, 일종의 종교적 교리처럼 유사종교적 규범체계의 형식으로 국가의 기본법 역할을 하고 있다. 일반적으로 법의 원천이자 존재형식인 법원(法源)이라 하면 성문법 규범만을 인정하고 있고 판례와 관습법은 법원으로 인정되지 않는다. 그러나 북한은 정권 수립 초기부터 혁명적 법의식, 민정(民情) 혹은 조리(條理)의 법적 중요성을 인정했고, 1946년 3월 6일에 공포된 북조선임시인민위원회 결정 제3호의 2 '북조선임시인민위원회 사법국·재판소·검찰소의 구성과 직무에 관한 기본 원칙' 제20조에 "판사는 법률에 의하여 독립하여 재판하되 법률에 규정이 없을 때는 그 민

---

10   정영철, 『김정일 리더십 연구』, 서울: 선인, 2008, p. 216.
11   정영철, 앞의 책, p. 220.
12   송인호, 앞의 글, p. 147.

주주의적 의식과 조선인민의 이익에 입각하여 재판하여야 한다"라고 규정
했다. 이는 명문규정이 없을 때에는 성문법에 의존하지 말고 민주주의적
법의식으로 재판할 수 있다는 것이고 이것이 후에 북한의 법체계를 형성해
가는 방향성을 갖게 된다고 볼 수 있다.[13] 이는 현대국가들이 강조하는 법
의 확장 해석, 유추해석 금지의 원칙과도 배치되는 모습이다. 김일성의 지
시와 유훈, 주체사상은 '10대 원칙'에 명시되어 있는 바와 같이 북한법 최고
의 법원리이자 법의 전거로서 작동하고 있다.[14] '10대 원칙'은 헌법과 법률
의 근원이고 그보다 상위에 있다. 그러나 1990년대 중반의 고난의 행군시
기를 지나면서 북한 경제에서 대외 무역 비중이 증가함과 더불어 이 같은
유사종교적 신화화 현상에서 벗어나고 있는 상황에서 '10대 원칙'에 대한
실질적 규범력은 약화되고 있는 것으로 평가되고 있다.[15] 그럼에도 불구하
고 유일적 지도체제가 유지되는 한 '10대 원칙'은 최고의 규범이자 법원으
로서의 기능을 유지할 것으로 예상된다.

---

[13] 김도균, "북한법체계에서의 법개념론과 법치론에 관한 고찰", 『서울대학교법학』 통권 134호,
2005, p. 467.

[14] 김도균, 앞의 글, p. 471.

[15] 송인호, 앞의 글, p. 167.

제2절   유일지배체제의 전개

1. 김일성 시기

1) 유일지배체제를 위한 주민의 계층화

북한은 6·25전쟁을 지나면서 북한 주민들이 공산 정권에 대하여 정권이 기대했던 것만큼 우호적이지 않았다는 사실을 알게 되었고 남한에서 북한으로 이동한 경우보다 북한에서 남한으로 이동한 주민의 수가 10배 가까이 많았다는 사실에 주목하였다. 따라서 북한 당국은 휴전 후 전시에 준한 사회통제를 통해 재사회화와 성분에 대한 계층화를 통해 사회를 재구성하고자 하였다. 당이 독점한 인사에서도 항일투사 유자녀, 전쟁유자녀 등 혁명가계혈통을 중시하는 인사행정으로 북한의 엘리트들은 서로를 고도의 동질감으로 공동운명체처럼 의식하게 했다.[16] 구체적인 논의와 함께 실질적인 계층화에 대한 조치는 1970년 제5차 당대회를 통해 마련되었는데 이때 처음으로 3개 충성 계층과 51개 하부 계층으로 분류하게 되었다.[17] 이후 이를 더 구체적으로 발전시켜 넓게는 사회계층을 핵심계층(core), 적대계층(hostile), 중간계층(wavering)으로 구분하고 핵심계층을 강화하는 한편, 반혁명

---

[16]   최진욱, 『현대 북한 행정론』, 서울: 명인문화사, 2007, p. 225.

[17]   Kongdan Oh & Ralph C. Hassig, *North Korea Through the looking glass*, Washington D.C.: Brookings Institution Press, 2000, pp. 133~135.

적 요소인 적대계층에 대한 처벌과 사회적 고립을 추구했다. 사회를 사회주의체제로 개조하고 개인도 재사회화의 구조 속으로 포섭되도록 했다.[18]

중앙당 집중지도사업을 통해 진행된 주민들에 대한 계층 분류사업은 적대계층에 대한 고립과 처벌을 수반하게 되었고, 제도적으로는 주민등록 사업, 주민성분 분류사업을 통해 3개 계층 51개 성분으로 계층화하고, 각 성분별로 당에 대한 시책을 정하였다.[19] 1990년대에 들어서서 사회계층 구조는 불법월경이나 행방불명 등 사회적 일탈 행위를 고려하여 3계층 45개 성분으로 분류되었고 3계층도 핵심계층, 적대계층, 중간계층에서 핵심계층, 기본계층, 복잡계층으로 재조정되었다.[20] 이 중에서 정치범, 사상범으로 복역 중인 자의 가족들은 원칙적으로 주거를 제한시켜 산간지대로 이주시켰다. 한편, 적대계층으로 분류되었던 자들은 전쟁 당시 반공단체에 가입했던 자와 그 가족 약 200만 명, 군기피자와 과거 지주, 개인 상공업자, 종교인, 종파관계자와 그 가족 약 20만 명, 귀환포로 및 가족 약 40만 명, 남한출신자와 그 가족 약 40만 명 등 총 300만 명에 달했다.[21]

2) 사회통제의 강화

북한은 정권 수립 초기부터 북조선 임시인민위원회 사법국을 조직하고 형사입법제정과 반민주적 반동세력에 대한 통제체계를 갖추어 나갔다. 1848년에는 국가적대세력으로부터 국가보위, 정치보위를 목적으로 한 정치보위국이 만들어졌고, 1950년 3월 3일에는 형법이 채택되었다. 1949년까

---

[18] Patrick McEachern, *North Korea, What Everyone needs to know*, Oxford: Oxford Press, 2019, pp. 162~163.

[19] 이들에 대한 사업으로는 주민요해사업, 주민증 검열사업, 외국귀화인 및 월북자 등에 대한 요해사업 북송재일교포요해사업, 공민증 갱신 사업 등이 있었다.

[20] 박균열 외, 『북한의 정치와 사회』, 진주: 경상국립대학교, 2022, pp. 173~174

[21] 정일영, 『북한 사회통제 체제의 기원』, 서울: 선인, 2018, pp. 242~243.

지 최고검찰소와 최고재판소는 물론 내각에 인민검열국, 사법국, 민족보위국, 정치보위국, 보안국을 보완한 내무국 등을 구비하게 되는데 내무국에는 경비처와 정보처, 보안처를 각각 두어 대내외적인 보안과 통제를 강화하였다.[22] 북한은 전 세계에서 유일하게 케이블 라디오 채널을 운영하고 있을 정도로 사회통제가 강력한 곳이다. 이 케이블 라디오 시스템은 1950년대 초에 소련의 원조로 들어오게 되었는데, 초기에는 라디오 수신기에 소련 국기가 부착되어 있었다. 이 라디오를 통해 매일 새벽 5시, 국가를 청취하며 라디오와 함께하는 하루의 일과가 시작된다.[23]

김일성은 유일적 영도체제를 확고히 하고 1인 지배체제의 강화를 위하여 사회적 일탈행위에 대한 처벌을 강화하였다. 국가안전보위부와 사회안전성을 통해 정치 사찰과 공공질서의 유지를 강화하여 주민들의 사상 동향 감시 등 사회통제의 제1선에서 체제유지를 위한 말단 조직으로 활용하였다.[24] 북한은 조선민주주의인민공화국의 수립부터 북조선의 민주개혁을 전 조선에 확대하는 '민족 해방'을 위한 '민주기지'로서의 역할을 자임하였고, 6·25 역시 남조선에 대한 해방을 목적으로 수행된 민족 해방 전쟁으로 규정하였다.

전후에는 새로운 민주기지론을 내세우며 농업집단화도 이 민주기지론에 입각한 '농촌 진지' 구축의 일환으로 추진하고 인민군을 정예화한 '간부군대'로의 변화를 시도하는 등 '새로운 민주기지론'과 '사회주의 농촌 진지론'을 통한 사회주의적 개조작업을 지속적으로 추진했다. 이를 통해 전시 동원체제하에서의 전 사회적 긴장을 이완시키지 않고 그 연장선상에서 새로운 총력전 체제를 갖추고자 하였다.[25] 김일성은 1956년에 추진했던 농업

---

22 연정은, "북한의 사법 치안 체제와 한국전쟁", 성균관대학교 박사학위논문, 2013, pp. 94~104.
23 Andrei Lankov, *North of the DMZ* , Jefferson: MCF, 2007, p. 52.
24 정일영, 『북한 사회통제 체제의 기원』, 서울: 선인, 2018, p. 245.
25 서동만, 『북조선사회주의 체제성립사』, 서울: 선인, 2017, p. 600.

집단화 과정에서 있었던 반발과 종파사건, 갑산파 정리 등의 일련의 과정을 거치면서 강력한 사회통제 체계를 확립할 필요를 느꼈고 이를 실행에 옮겼던 것이다.[26] 1960년대 후반부터 김일성에 대한 유일적 영도로서의 지위를 높이는 작업이 시작되었고 점차 신격화되어 찬양의 대상이 되어 갔다. 1974년에는 이미 신성한 이름이 된 김일성과 동명이인인 자들은 모두 개명을 하도록 명령했다. 그리고 모든 기사나 책에 나오는 수령의 이름 '김일성'은 굵은 글씨체로 쓰도록 했다. 김일성종합대학을 표시할 때에도 '김일성종합대학'으로 쓰면 안 되고 반드시 '**김일성**종합대학'이라고 써야 한다.[27] 김일성, 김정일에 대한 이 같은 집필 지침은 지금까지 시행되고 있다.

표 4-2. 북한의 사회통제 기구

구분	국가보위성 (구, 국가안전보위부)	사회안전성 (구, 인민보안성)	사회주의법무생활 지도위원회	인민군 호위사령부
기능	광범위한 주민 감시 및 사찰(노동당 내부는 제외)	- 주민 감시 및 사찰 기능이나 국가안전보위부에 협조 - 치안 및 공공질서 유지(경찰)	형사처벌 이하의 경범죄자 처벌	김정은의 명에 따라 특정 기간과 지역에 강도 높은 조사 및 수위 높은 처벌 가능
위상	* 3대 무력기관	* 3대 무력기관		
특징	비밀경찰	인민내무군(軍) 보유		열차 내 검열, 국경선의 경비초소 관할
비고	국가안전보위부에서 명칭 변경 * 3대 무력기관: 국가보위성, 사회안전성, 국방성	인민보안성에서 명칭 변경(2016)	1982년, 물리적 통제 수단으로 시작	인민군 정치안전국(1968) → 인민군 보위국(1970) → 보위사령부(1995) ☞ '95~'98의 고난의 행군 및 유훈통치 시기에 강력한 통제 역할 수행

출처: 저자가 작성.

26 서동만, 위의 책, pp. 701~703.
27 이휘성, 앞의 책, p. 242,

김일성은 재사회화 혹은 인간개조의 수단으로 배급체계를 활용했다. 배급체계는 그 자체만으로도 강력한 사회통제의 수단으로서의 역할을 했다. 원래 배급제도는 임시로 시행하는 것이었고 생산력이 일정 기간 도달하고 유통 체제가 조성되면 폐지될 것으로 예상했지만, 1990년대 들어 식량난으로 인해 사실상 배급제가 폐지되기 전까지 이 제도를 유지했다.[28] 배급제가 시행되는 동안 당과 국가가 인민들에게 필요한 기본 물자들을 광범위하게 장악·공급하였기 때문에 배급체제로부터 벗어난 인민의 삶이란 불가능했다. 따라서 각 단위별로 생산조직에 소속된 인민은 해당 단위의 국가와 당 조직의 통제체계에 예속될 수밖에 없다.[29] 배급체계와 함께 사회통제 기제로 활용된 것이 3대 혁명 소조 운동과도 같은 사회운동이다.

온 사회의 주체사상화를 실현하기 위한 방도로 사상, 기술, 문화의 3대 혁명을 더욱 조직화하고 적극화하기 위하여 당 핵심들과 청년 지식인들을 소조로 편성하여 3대혁명운동의 전위로 공장, 기업소, 협동 농장에 파견하여 동력화한 것이 3대혁명 소조운동이다. 후에 김정일은 이 운동의 관련 부서를 노동당 조직지도부 안에 두고 초대 부장을 맡아 직접 관장할 정도로 사회통제 기구로 적극 활용되었다.[30] 이밖에도 비사회주의적인 행동을 통제하기 위하여 사회주의법무생활지도체제를 강화하고 주민들에 대한 준법생활 지도를 저변에서 전개하여 준법교양과 준법의식을 고양하도록 하였다. 여기에 법무해설원 및 사회주의법무생활지도원의 활동을 보장하고 각종 제도를 보완하고 법제의 정비를 추진하였다.[31]

---

28 안희창,『북한의 통치체제, 지배구조와 사회통제』, 서울: 명인문화사, 2016, p. 192.

29 정일영,『북한 사회통제 체제의 기원』, 서울: 선인, 2018, p. 248.

30 백학순,『북한의 권력의 역사: 사상·정체성·구조』, 서울: 한울, 2010, pp. 636~637.

31 황의정, "북한의 '비사회주의적 행위'에 대한 법적 통제: 범죄 규정화를 중심으로", 이화여자대학교 박사과정 논문, 2016, pp. 74~75; '사회주의법무생활지도위원회'는 1985년에 제정된 검찰감시법에 근거를 두고 있고 1998년 헌법개정으로 지방인민위원회의 권한이 강화됨과 더불어 그 기능이 더욱 강화되었다.

3) 김정일의 역할

(1) 1970년 이전

김일성이 수령으로서 유일적 지배체제의 뿌리를 내리고 주체사상을 당의 유일적 지도이념으로 규정하기까지 결정적인 역할을 하였던 조선노동당 제4기 제15차 전원회의(1967.5 4~8)는 북한의 1인 지배체제 구축의 역사에서 의미 있는 회의였음은 주지의 사실이다. 이 회의에서 실제적으로 중요한 역할을 한 인물은 김정일이었다. 김정일은 제15차 전원회의[32]에서 "당의 유일적 사상체계"라는 말을 전당적으로 처음 사용하였는데 여기서 유일이라는 단어가 매우 중요한 것임을 강조한 것으로 알려졌다.[33] 이 회의에서 김일성은 여러 간부가 '봉건주의'와 '유교사상의 주입', '계획 미완수 행태', '김일성이 내세운 구호에 대한 신뢰 부족' 등의 모습을 보이고 있다고 고발했다. 김정일은 이 자리에서 일부 당원이 수령의 유일영도를 거부하면서 당을 오합지중(烏合之衆)으로 바꾸려 한다며 비판하고 당을 유일사상체계로 강화해야 한다고 주장했다.[34]

북한은 이 일을 김정일이 중앙당 사업을 시작한 이후 이뤄낸 가장 큰 업적의 하나로 꼽는다고 한다. 이뿐만 아니라 제15차 전원회의에서의 소위 박금철, 김도만 등 부르주아 및 수정주의자들의 반당, 반혁명 행위에 대한 죄행을 폭로하고 이들의 숙청을 주도한 것도 김정일이었다. 김일성에 대한 개인숭배의 전면적 확대와 유일사상체제의 심화는 김정일의 주도하에 이루어졌고, 이는 당시에 김정일이 이미 후계자로 예정되어 김일성의 유일적

---

[32] 이 회의는 비밀리에 열렸고 회의 내용만 녹음되어 후에 공개 되었다. 회의에서 발언한 내용과 김정일의 연설 내용은 지방 당 위원회에 제출되었고 당원 회의에서 일반 당원들도 이 기록을 들었다.

[33] 백학순, 앞의 책, p. 600.

[34] 이휘성, 앞의 책, p. 241.

영도체제 확립에 핵심적인 역할을 하고 있었음을 알 수 있는 대목이다.[35]

1967년 5월 25일, 훗날 '5·25교시'로 알려지게 되는 '당면한 당 선전사업 방향에 대하여라'는 연설 이후 북한은 김일성 숭배, 주민통제, 국가 폐쇄, 계층사회 설립, 근로자 착취, 국가의 공포(恐怖)사용의 여섯 가지 축에 의해 통치되는 나라로 변해갔다. 이른바 스탈린식 독재국가에서 김일성주의 전체주의 국가로 전환된 것이다.[36] 이 시기에 김정은은 예술 문학 분야에서 공식적인 역할을 하게 되었고 선전선동부의 책임을 맡게 되는 통로 역할을 하였다.[37] 이 이후로 북한에서는 '당과 수령에 대한 충성'이 '수령에 대한 충성'으로, '우리 당의 혁명 사상'에서 '수령의 위대한 혁명 사상'으로 구호가 바뀌기 시작했다. 이렇게 해서 혁명적 수령관이 형성되었다.

김일성은 1967년 9월에 열렸던 확대정치회의에서 문학예술 분야를 지도할 인물로 김정일을 세워 선전선동부 문학예술 지도과장이라는 직함을 주었다. 김정일은 이 직함을 활용해 문학예술 전반에 대한 지도와 검열을 시작하였다.[38] 김정일은 이 사업을 통해 작가와 예술인들에게 위대한 수령님의 교시에 대하여 자의대로 해석해서는 안 되고 수령님의 교시를 절대화해야 한다고 강조한 것으로 알려졌다.[39] 이것이 1970년대와 1980년대를 지나면서 혁명적 수령관, 김일성주의로서의 주체사상, 후계자론, 사회정치적 생명체론 등 새로운 지도이념과 사회운영의 원리가 되어 갔다. 지도체제의 측면에서도 '집단지도체제'에서 '단일지도체제'로 넘어온 것이 1967년 이후에는 '유일지도체제'로 바뀌었고 사회도 사회주의적 집단주의에서

---

35   백학순, 위의 책, p. 603.
36   이휘성, 위의 책, pp. 241~242.
37   Jae Cheon Lim, *Kim Jong Il's Leadership of North Korea*, Abingdon: Routledge, 2009, p. 140.
38   정영철, 앞의 책, p. 161.
39   정영철, 위의 책, p. 162.

기계적 집단주의와 개인숭배로 변질되었다. 그리고 이 모든 현상은 돌이킬 수 없는 제도와 법적 체계로 고착이 되는데 그 핵심에는 김정일이 있었다.[40] 다시 말해서 1960년대 말부터 북한에서 김일성 개인숭배와 주체사상의 유일 사상화 작업이 본격적으로 추진되었는데 김정일이 관련되지 않은 것이 거의 없을 정도이다. 당시 '충성의 거리', '김일성 경기장' 등 대규모의 건축물에도 김일성의 업적을 기념하는 명명식이 이어졌다.

(2) 1970년대

혁명적 수령론의 확립에 성공한 김정일은 1970년에 접어들면서 더욱 이에 대한 박차를 가하게 된다. 김일성은 1968년에 있었던 청와대 습격 사건과 울진·삼척 무장간첩 침투사건을 계기로 소위 군내에 있던 군벌관료주의자, 영웅주의자, 반당·반혁명분자들에 대한 숙청을 단행했다. 이에 김정일도 군대에 대한 당의 영도와 군대 내 당 정치사업을 강화하기로 하고 군 내부에 당의 유일사상체계를 튼튼히 세우기 위한 시도를 하게 된다. 이것이 인민군대의 사단, 연대에 정치위원회를 설치하고 일반 간부들은 당 비서국에서, 정치 간부들은 조직지도부에서 관장하도록 조치했다. 이를 통해 부대 안에 유일사상체계가 뿌리를 내리도록 했다. 1970년, 제5차 당대회를 통해 당규약도 개정하여 당의 지도이념으로 마르크스–레닌주의와 함께 '주체사상'을 추가하였다. 김일성의 주체사상이 북한의 당–국가체제의 공식적인 지도사상이 된 것이다. 제5차 당대회에서 선출된 정치위원과 비서국의 비서들 중에 김정일이 포함되어 있지는 않지만, 그들의 면면을 보면 이미 이때부터 김일성이 후계 문제를 염두에 둔 인사를 한 것으로 평가된다.

---

40 이종석, 『조선노동당 연구: 지도사상과 구조변화를 중심으로』, 서울: 역사비평사, 1995, p. 313.

당규약의 개정과 당중앙위원회 비서, 정치위원 선정도 김일성의 유일사상체계를 확고히 하기 위한 목적에서 단행된 것이기에 김정일의 부상과 후계 체제를 떠나서는 설명할 수 없다고 본다.[41] 김정일은 1961년에 노동당에 입당했고 1964년 4월에는 당 중앙위에 배속되었으며 그해 6월 19일부터 본격적으로 당 사업을 시작한 것으로 보인다. 그 후 1970년 9월에 당중앙위원회 문학예술부 부부장에, 1972년 10월에는 당중앙위원에, 1973년 7월에는 당중앙위원회 부장으로, 9월에는 당중앙위원회 비서국의 조직·선전 담당 비서로 선임되었는데 이듬해인 1974년 2월에 열린 당중앙위원회 제5기 8차 전원회의에서 당의 핵심 기구인 중앙위원회 정치위원이 되면서 후계자로 공식화되었다.[42]

앞에서 살펴본 바와 같이 김정일은 특히 문학예술분야 및 영화 부문에서 두드러진 업적을 남겼는데 1971년 7월에는 김일성 앞에서 그의 역작 중 하나인 혁명가극 '피바다'를 공연하면서부터 김일성으로부터 호평을 받게 되었고 항일원로 1세대들의 깊은 공감을 사게 되어 김정일을 후계자로 선택하는 데 유리한 요소로 작용하였다.[43] 가극으로 발전한 '피바다'는 '항일혁명기'에 백두산 아래 만강이라는 마을에서 초연된 연극이었다. 애초에는 '여성 혁명가'의 운명을 다룬 내용으로 구상하였는데, 김일성이 대본을 집필하고 만강에서 초연된 것을 훗날 김정일이 이를 발전시켜 혁명가극으로 무대에 올린 것이다.[44] 이에 대해 김일성은 만강에서의 초연을 회상하며 김정일을 칭찬하였고 항일혁명원로들의 지지를 얻게 된 계기가 마련된 것으로 보인다. 이어서 '꽃파는 처녀' 등 혁명가극 제작에 관여한 김정일을 후계자로

41 이종석, 『조선노동당 연구: 지도사상과 구조변화를 중심으로』, p. 321.
42 Bradly K. Martin, *Under the Loving care of the Fatherly Leader*, NewYork: Thomas Dunne Books, 2004, pp. 270~271.
43 정영철, 앞의 책, p. 167.
44 김일성, 『세기와 더불어』 5권, 평양: 조선노동당출판사, 1994, pp. 57~62.

선택하는 데 이 같은 문화 예술 활동 등 선전 활동이 결정적인 역할을 하였다.[45] 김정일은 문화 예술 사업의 내용을 철저히 수령의 위대한 위업, 혁명역사 등의 선전에 맞추었고 혁명전통의 절대화가 활동의 목적이었다.[46]

김정일은 특히 영화 사업에 대해 깊이 관여하고 영화를 통해 당의 선전과 선동의 효과를 극대화하기 위해 힘썼다. 영화제작현장을 방문하고 영화제작소를 발전시키는 등 구체적이고 실효적인 현지 지도와 지시로 선전선동 분야의 토대를 굳게 한 것으로 평가받고 있다.[47] 김정일은 1970년에 선전선동부 부부장으로 임명된 후 1973년에는 부장, 9월에는 비서로 활동을 시작했는데 김일성 사후 1999년까지 조직비서 및 조직지도부장과 함께 선전선동부장직도 겸직하여 조직 통제력을 유지하고 독재권력을 실현할 수 있었다.[48] 그러나 아이러니하게도 김정일이 후계 지도자 수업을 본격적으로 받게 된 1973년이 경제난으로 인해 역사상 처음으로 1인 배급 할당량이 일 700g에서 607g으로 삭감된 해였다.[49]

이처럼 경제난과 상관없이 김정일은 1974년 2월에 후계자로 공식화되기까지 김일성의 '수령', '유일적 영도체계', '유일지배' 등 김일성 유일지배체제 구축에 깊숙이 관여하고 이를 주도한 것으로 보인다. 왜냐하면 이미 1956년부터 시작된 반종파투쟁과 1967년의 갑산파 정리 등을 거쳐 김일성

---

45   정영철, 『김정일 리더십 연구』, 서울: 선인, 2008, pp. 166~167.

46   정영철, 위의 책, p. 164.

47   김정일, "조선 2.8 예술영화촬영소를 잘 꾸릴데 대하여", 『김정일 전집』 14권, 평양: 조선노동당출판사, 2016, pp. 43~45; 김정일은 1970년 5월 14일에 있었던 이 담화에서 김일성의 입상 형광 사진 문헌을 중앙현관에 잘 모실 것과 사무실 배치를 조정하고 장비를 보완하라는 등의 구체적인 지시를 하였다. 이보다 며칠 앞선 5월 12일의 영화문학작가, 영화연출가들과의 담화에서는 예술인들이 각각 자기 이론을 들고 나와 제멋대로 주장하는 예술총화모임을 없애고 대신 모임을 수령님의 문예사상연구모임으로 하게 된 것을 칭찬하면서 모든 작품을 김일성의 문예사상과 교시를 기준으로 모든 작품을 창작하고 평가할 것을 강조하였다.

48   정성장, 앞의 책, p. 317.

49   Andrei Lankov, 앞의 책, p. 35; 1인 식량 배급량은 1987년에 와서는 다시 547g으로 삭감되었고 이 삭감분에 대한 대외 선전명분은 국가를 위한 헌납으로 포장되었다.

의 유일지배체제가 형성되어 오는 과정에서 이를 제도화하고 법적 체계화를 주도할 인물은 사실상 김정일 외에는 없었다고 보는 것이 자연스럽기 때문이다. 게다가 김정일은 통치 기간 내내 김일성을 도와 항일 투쟁에 나섰던 이른바 혁명원로들에 대한 예우의 유지를 소홀히 하지 않았다. 신진 세력들의 열정과 원로들의 경륜과 업적을 존중하는 균형 잡힌 리더십을 보이려 했다.[50] 이로 인해 김일성의 사후 급격한 혼란에 빠질 수도 있었던 북한 사회가 김정일을 중심으로 안정을 찾을 수 있었다.

1970년대 후반에 접어들면서 김일성에 대한 우상화와 1인 지배자로서의 위상을 강화하는 상징적인 요소들이 많이 등장하였다. 예를 들면 공휴일에 주민들이 각 지역에 건립된 김일성 동상에 헌화하면서 존경을 표한다든지 평양 만수대 언덕에 22미터 높이의 김일성 동상을 제작하여 절을 하게 한다든지 하는 것들이다. 2012년 4월에는 이 동상 옆에 김정일의 동상이 건립되어 함께 경배의 대상이 되었다.[51]

---

[50] Jei Gun Jeon, *North Korean leadership: Kim Jong Il's Balancing act in the ruling circle*, *Third World Quarterly*, Vol. 21, 2000, p. 765.

[51] Andrei Lankov, 앞의 책, pp. 33~34.

제3절　유일지배체제의 세습

1. 기반 조성

김일성이 김정일을 후계자로 결정하고 권력을 세습하기로 한 것은 1974년 2월, 당중앙위원회 제5기 8차 전원회의에서 그를 정치위원회 위원으로 선정하면서부터이다. 이미 1년 전에 임명된 당중앙위원회 비서국의 조직·선전 담당 비서로 선임되면서부터 김정일은 김일성의 유일지배체제를 확고히 하기 위해 영화 예술 분야를 적극적으로 활용했다.[52] 김정일은 당의 선전 담당 비서로서 사상과 기술혁명을 결합시킨 새로운 경제사업 방식으로 속도전을 제시했으며 이를 위해 생산을 독려하는 경제선전대가 꾸려져 활동을 전개했다. 혁명가극을 영화화한 '피바다'와 '꽃파는 처녀'의 주인공들을 모델로 한 '피바다 근위대'와 '꽃 파는 처녀 근위대'가 만들어졌다. 이때를 전후하여 김정일을 '당 중앙'으로 부르기 시작했고 김일성이 지도하던 3대 혁명 소조운동도 김정일이 지도했다. 김정일은 후계자가 되면서 주체사상의 해석권[53]을 독점하고 이 사상을 김일성주의로 규정했다.

1980년의 제6차 당대회는 김일성이 김정일을 후계자로 공고히 내세우는

---

[52]　김성보, 『북한의 역사 1』, p. 91.

[53]　김성보, 위의 책, pp. 92~93; 김정일의 주체사상 해석에 대한 독점권은 1982년에 발표했다고 하는 그의 논문 "주체사상에 대하여"가 중심이 되었다. 그는 이 논문과 함께 혁명적 수령관의 연장선상에서 후계자론을 펼치면서 유일적 영도의 후계체제를 정당화했다.

것은 물론 김정일은 김일성의 유일지배체제를 강화하면서 동시에 자신의 후계자론도 강력하게 추진하는 계기가 되었다. 제6차 당대회에서 김일성이 강조한 '온 사회의 주체사상화'는 김정일이 1982년에 발표한 "주체사상에 대하여"라는 논문과 1985년에 사회과학출판사에서 출간한 10권에 달하는『위대한 주체사상 총서』를 통해 체계화되고 집대성되었다.[54]

1980년대에 김정일에 의해 정식화된 사회정치적 생명체론은 수령을 뇌수로 하는 유기체적 단일 사회체제로서의 북한 사회를 규정한 이론이다. 즉, 수령(뇌수)–당(몸통)–인민(팔다리)으로 구성되는 혁명적 수령관과 수령(어버이)–당(어머니)–인민(자녀)로 구성되는 사회주의 대가정론과 더불어 사회정치적 생명체론은 김일성이 사회정치적 생명의 부여자라며 김일성에 대한 무조건적 충성을 요구하는 정치논리이다.[55] 김정일은 혁명적 의리와 동지애를 간직한 사람이라면 어떤 경우에도 수령을 배신해서는 안 된다고 강조했는데,[56] 김정일은 김일성의 유일적 영도체제, 즉 강력한 1인 지배체제가 구축되어 주민들이 집단주의, 획일주의, 수령중심주의의 가치관을 가지게 함으로써 자신의 후계 구도를 공고히 하고자 했다.

한편 동구권의 몰락 이후 북한 사회는 체제유지를 강화하기 위해 법제 정비를 단행하는데 그 대표적인 사례가 1992년의 헌법개정이었다. 헌법 전문에서 마르크스–레닌주의가 완전히 삭제되고 그 대신에 주체사상이 자리를 잡았는데 "주체사상을 자기 활동의 지도적 지침으로 삼는다"는 조항을 추가했다.[57] 소련을 중심으로 한 동구권 사회주의체제 국가들의 몰락과 체제전환으로 인해 더 이상 마르크스–레닌주의를 표방하는 것에 대한

---

54   백학순, 앞의 책, p. 639.
55   박균열 외,『북한의 정치와 사회』, 진주: 경상국립대학교 출판부, 2022, p. 135.
56   김성보, 위의 책, p. 101.
57   이종석,『북한의 역사 2』, 서울: 역사비평사, 2011, p. 146.

부담이 있었고 더 확고한 유일적 지배체제를 유지하기 위해서는 주체사상만을 유일한 국가 지도이념으로 부각시킬 필요가 있었기 때문이다. 그리고 '국방'을 독립된 장으로 편성하고 국방개념을 확대했다. 국방위원회를 국가주권의 최고군사지도기관(헌법 제111조)으로 규정하고 국방위원장은 최고인민회의에서 선거하도록 했다. 구 헌법에서는 국가주석이 전반적 무력의 최고사령관이었는데 이 조항이 삭제된 대신에 새 헌법에는 국방위원장이 그 권한을 갖게 되었다. 김정일이 헌법개정 1년 전인 1991년 12월에 이미 인민군 최고사령관에 취임을 했는데 여전히 헌법상의 최고 사령관의 지위는 국가 주석이 가지고 있었기 때문에 이를 헌법개정을 통해 법제화함으로 법적 정합성을 이루었다.[58] 이로써 1992년의 헌법개정은 김정일로의 유일지배체제가 계승될 것을 염두에 둔 법적 기반 장치로 보아야 하고 이 역시 김정일의 주도로 이루어진 것이다.

2. 김정일 시기

1) 김일성 사후 위기관리를 통한 세습의 정당화

북한은 1994년 7월 8일, 김일성의 사망에 이어 1995년부터 1999년 사이에 발생한 최악의 식량난으로 '고난의 행군'을 감당해야 하는 이중의 고통에 직면했다.[59] 김정일은 김일성의 사후 주석의 자리에 오르지 않고 김일성의 영생화 작업을 통한 소위 유훈(遺訓) 통치라는 개념의 정치력을 발휘했다. 자신의 취약한 정통성을 만회하고 죽은 수령의 권위를 최대한으로 활용하여 새로운 권력의 기초로 삼고자 했다. 이때 등장한 구호가 "위대한

---

58   이종석, 위의 책, p. 148.
59   이경식, 앞의 책, p. 226.

수령 김일성 동지는 영원히 우리와 함께 계신다"였고, 1997년에는 정무원 결정서의 형식으로 "위대한 수령 김일성 동지의 혁명 생애와 불멸의 업적을 길이 빛 내일 데 대하여"라는 담화를 발표하기도 했다. 이 결정서는 김일성을 "영원토록 번영하는 사회주의 조선의 시조", "우리 혁명의 영원한 승리의 기치로 전체 인민과 온 민족의 절대적인 흠모와 신뢰를 받으시며 우리 모두의 심장 속에 영생하실 것"이라고 선언하였다. 그리고 김일성의 생일인 4월 15일을 태양절로 제정한다고 선언하였다.[60]

김정일은 김일성 사후 3년간, 주석의 자리에 오르지 않으면서 아무런 공식적인 절차 없이 곧바로 계승자로서의 활동을 시작했다. 이것은 김정일이 이미 14년 전인 1980년에 김일성으로부터 후계자로 지명되어 북한의 2인자로 지목되어 왔기 때문에 가능했다.[61] 그러나 계속되는 식량난과 배급 체계의 와해, 북송 재일교포와 화교, 외화벌이꾼, 밀수꾼 등과 일반 주민과의 부의 편중 현상 등으로 인해 북한의 사회통제 시스템이 이완되었고 주민총화도 어려운 지역이 발생했다. 뿐만 아니라 주체사상에 대한 신뢰도 떨어져 갔고 김일성, 김정일에 대한 경배 의식도 약화되어 갔다. 유일적 지배체제의 비효율성이 본격적으로 드러나고 있었다.[62] 김정일은 국방위원장의 직책을 통해 오직 김일성에 대한 수령숭배에 집중하였다. 김정일은 "위대한 김일성 동지는 영원히 우리와 함께 계신다"는 구호를 새긴 영생탑을 전국에 세웠다.

2) 선군정치를 통한 세습의 정착

북한이 직면한 경제난에 대한 책임을 당으로 돌리고 김정일은 군대에

---

60   이경식, 위의 책, p. 228.
61   와다 하루끼, 앞의 책, p. 296.
62   이종석, 『북한의 역사 2』, pp. 169~177.

집중하게 되면서 선군정치가 시작되었다. 경제 위기 극복의 대안이자 1인 지배체제의 유지를 위해 대안으로 대두된 것이 북한 사회의 군사국가화였고 1995년에 시작되어 1996년부터 본격적으로 시작된 선군정치이다.[63]

선군정치란 군사선행(軍事先行)의 원칙에서 혁명과 건설과 관련한 모든 문제를 풀어나가며 군대를 혁명의 기둥, 주력군으로 내세워 사회주의 위업 전반을 밀고 나가는 정치 방식이다. 여기서 군사를 선행한다는 것은 군사를 국사 중의 제1국사로 내세우고 군력강화에 선차적인 힘을 넣는다는 것을 의미한다.[64] 김정일에게 있어서 군대는 수령의 유일적 영도가 가장 확실하고 효과적으로 적용될 수 있을 뿐 아니라 유사시 체제를 유지할 수 있는 최후의 보루이며 경제건설에도 대규모의 인원을 동원할 수 있고, 외교적으로도 협상력을 확보할 수 있는 근거가 될 수 있기에 군에 집중하게 되었다. 그리고 김정일은 이 선군정치를 통해 김일성의 사상을 계승한 것으로 선전했다. 이로써 군대는 모든 것에 우선하는 체제로 변모되었다. 따라서 "군대이자 당이고 국가이며 인민"이라는 '총대 철학'이 등장하게 되었다.[65] 선군사상은 이후에도 계속해서 발전하여 2009년의 헌법개정과 2010년의 노동당 규약의 개정안에서 선군사상을 통치 이데올로기로 내세웠고, "조선민주주의인민공화국은 주체사상과 선군사상을 자기 지도적 지침으로 삼는다"라는 문구를 헌법개정안에(헌법 제3조) 삽입하여 주체사상과 선군사상을 동일선상에서 국가의 지도이념으로 명시했다.[66]

북한은 당이 군을 영도하는 것은 인민군대로서는 생명과 같은 것이며 인민군대에 대한 당의 영도는 곧 최고사령관의 영도로 받아 들인다. 게다

63 이종석, 『북한의 역사 2』, p. 179.
64 김현환, 『김정일 장군 정치방식』, 평양: 평양출판사, 2002, p. 193.
65 이경식, 앞의 책, pp. 228~229.
66 이경식, 위의 책, p. 230.

가 세계사회주의운동사에서도 군대가 자기의 수령에게 충성을 다하는 수령의 군대로 되어 있는 나라는 오직 북한뿐이라고 주장하며 선군시대에 군대가 공화국의 핵심이며 선군시대의 인민군대는 명실공히 김정일 군대임을 선언했다.[67] 선군정치는 군의 자발적 의도에서라기보다는 체제위기 극복을 위한 군의 정치적, 경제적 활용을 위해 동원된 것이었다. 즉 유일지배체제의 위기에서 탈피하기 위한 정치적 목적을 군에 부과한 결과였다. 이 과정에서 북한군은 사회의 모든 문제를 다루는 종합행정을 경험했고 언제든 북한의 체제가 위기에 봉착하게 되면 북한군은 또 다시 이와 같은 책임을 맡게 될 것으로 전망된다.[68]

3) 거래적 리더십을 통한 세습의 추동력 확보

김정일은 유일적 지배체제의 유지를 위해 선군정치와 함께 거래적 리더십을 발휘한 것으로 평가되고 있다. 김정일은 권력 엘리트들이 자신이 제시한 목표를 충실히 수행하도록 적절한 보상을 통해 치하하고 물질적 심리적 욕구를 충족시켜 주면서 리더십을 유지했다. 즉 조건적 보상이 선심정치 혹은 선물정치로 표현되기도 했는데, 여기에는 진급이나 승진을 통한 정치적, 행정적 보상과 더불어 물질, 무역허가권인 와크의 분배 등의 경제적 보상, 기타 비공식적 형태의 보상이 포함되었다.[69] 특히 김정일이 측근들과 함께 비밀리에 진행한 연회라든가, 신임에 대한 암시, 경조사 관리는 김정일이 자신의 통치를 위한 수단으로서 활용되었다.[70] 보상과 선심에 의

---

67   김봉호, 『위대한 선군시대』, 평양: 평양출판사, 2004, pp. 90~91.

68   이상숙 엮음, 『북한의 선군정치』, 서울: 선인, 2019, p. 92.

69   임재천·권지연, "북한 권력엘리트 관리에서 나타난 김정일 리더십: 거래적 리더십 특성을 중심으로", 『동서연구』 제26권 제1호, 2014, p. 14.

70   임재천·권지연, 위의 글, pp. 15~16.

한 통치 외에도 채찍에 의한 통치도 있었다. 숙청이나 혁명화 과정은 연좌제에 의해 권력엘리트 본인은 물론 가족, 친지, 동료까지도 처벌의 대상이 되거나 그 영향권 아래 놓이게 되었다. 처벌의 형태는 직위해제, 주택, 관용차 및 배급품, 의료 서비스 등 모든 정치적 경제적 특권의 박탈을 했고, 심한 경우에는 정치범 수용소나 공장 등의 노동 시설에서 강제노동을 시켜 심리적 좌절감을 겪게 했다.[71] 더구나 이런 채찍에 대한 구제책이 존재할 수 없는 사회구조상 지도자의 채찍은 매우 두려운 것이 사실이고 유일적 영도체제 구축에 효과적으로 작용하고 있는 기제로 쓸모가 있었다.

김정일의 리더십이 김일성과 유사하기는 하지만 귀족적 취향, 전통 지향적 스타일, 예술가적 면모, 속도전, 강한 은밀성 등을 보여 왔는데 이와 함께 군사주의적, 실용적 리더십도 그의 특징으로 꼽는다.[72] 김정일은 집권 초반부터 리더십 유형에서 김일성과 유사한 점과 차이점을 적절히 배합하면서 유일적 영도체제를 굳건히 하고 더 나아가 백두혈통으로의 후계체제까지 염두에 둔 권력구조를 정착시키게 되었다.

4) 세습의 법제화

1998년 9월 5일 소집된 최고인민회의 제10기 제1차 회의에서 헌법개정안이 통과되었다. 이때 헌법 서문을 통해 김일성의 헌법적 지위가 부여되었다. 헌법상 표현된 김일성의 지위는 "조선민주주의인민공화국의 창건자", "사회주의 조선의 시조", "공화국의 영원한 주석으로 높이 모시며" 등이었다.[73] 개정헌법은 김일성 사후 김일성을 영원한 주석으로 모신 헌법이

---

[71] 임재천·권지연, 앞의 글, pp. 19~21.

[72] 정교진, "북한 리더십 연구의 동향과 쟁점 및 과제", 『Journal of North Korea Studies』, 2016, pp. 53~54.

[73] 와다 하루끼, 앞의 책, pp. 319~320.

고 김일성을 시조로 했을 뿐 아니라 이러한 내용을 서문에 담았는데 헌법의 서문이 처음 만들어진 헌법이기도 해서 김일성헌법으로 칭하고 있다.[74] 따라서 김일성을 영원한 주석으로 모시기로 규정한 개정안 이후 북한에서 주석직과 주석이 수위에 있는 중앙인민위원회는 사라지게 되고 오직 김일성만이 영원한 주석으로 남게 되었다.[75] 그리고 헌법 100조에 국방위원회를 국가주권의 최고 군사지도기관이며 전반적 국방관리기관이라고 규정하고 최고인민회의의 두 번째 의제였던 김정일에 대한 국방위원장직 추대가 있었다.[76] 김정일은 그보다 1년 전인 1997년 9월 21일, 평남도당 대표회의에서 평남도당 총비서인 서윤석의 보고와 22일에 있었던 군 총정치국장 조명록의 제안으로 김정일에 대한 당 총비서 추대가 결정되었다. 이 회의장에는 "김정일 동지를 수반으로 하는 혁명의 수뇌부를 목숨을 걸고 사수하자"라는 슬로건이 붙어 있었다. 이 회의에 이어 10월 9일에 발표된 당중앙위원회와 당 중앙군사위원회의 공동 결정으로 김정일의 당 총비서 추대가 마무리되었다.[77] 이로써 김정일은 당최고직인 당총비서와 국가의 최고위직인 국방위원장직을 맡으면서 유일적 영도의 후계자로서의 입지를 굳히게 되었다.

5) 핵개발을 통한 세습권력의 강화

김정일 정권 후반기의 유일적 지배체제 구축의 핵심은 핵개발의 실행이

---

[74] 이종석, 『북한의 역사 2』, p. 166.

[75] 와다 하루끼, 위의 책, p. 320.

[76] 와다 하루끼, 앞의 책, p. 321.

[77] 와다 하루끼, 위의 책, p. 273; 당규약상 당중앙위원회 전원회의나 당대표자회의 혹은 당대회에서 추대와 의결을 거쳐야 함에도 불구하고 김정일에 대한 총비서 추대는 평남도당 대표회의라는 지방 당기구와 당중앙위원회와 당중앙군사위원회의 공동추대라는 형식으로 결정되었다. 일종의 비상조치적 성격을 가진다.

다. 김정일은 이른바 핵무력의 완성을 위해 핵실험과 미사일 발사를 병행하게 된다. 이미 김일성 시기에 개발한 스커드-B, 스커드-C, 노동미사일 관련 기술을 기반으로 1998년에 대포동 1호 미사일을 발사했고, 2009년에는 우주개발 목표 아래 은하-2호 장거리 로켓을 실험 발사했다.[78] 그리고 2000년대 중반부터는 액체 연료 미사일의 단점을 보완하기 위해 고체 연료 미사일(KN-02) 개발을 시작했는데 2023년 2월 8일에 있었던 조선인민군 창건 75주년 기념 열병식에서 이 고체 연료 미사일이 대거 소개되기도 했다. 제1차 핵실험(2006.10.9.)에 이어 2009년 5월 25일에는 제2차 핵실험을 단행했다. 더 나아가 2010년 11월에는 미국의 핵 과학자를 북한으로 초청하여 원심분리기를 보여주며 우라늄 농축 사실을 공개하기도 했다.[79] 2009년에 실시한 북한의 위성발사는 막 출범한 오바마 행정부를 실험하는 목적도 있었고 미국을 북한과의 대화에 끌어들이려는 전략도 숨어 있었던 것으로 보인다. 핵과 미사일의 개발에는 최고영도자가 내놓은 강성대국 건설 구상을 현실로 증명해 보였음을 알리는 목적도 분명히 있었다. 위성과 핵개발을 통해 대내 단결 및 체제결속을 도모하려 했다는 것이다.[80] 김정일 집권 후반기의 대외정책과 외교는 한마디로 핵을 중심으로 한 핵외교, 핵정책이라고 해도 과언이 아닐 것이다.

6) 김정은으로의 3대 세습 확정

2000년대 중반까지 김정일은 김정일과 김정철을 두고 누구를 후계라고 지정할 것인지를 두고 고심하고 있었던 것으로 보인다. 장남인 김정남

---

[78] 미사일 개발과 관련하여 북한은 1978~1981년 사이에 이집트로부터 구소련제 스커드-B 미사일과 발사대를 도입하고 이를 역 설계하여 개발하였고 KN-02미사일은 1994년에 시리아가 제공한 소련제 9K79 미사일과 관련된 기술을 도입 후 역설계하여 만든 것으로 알려졌다.

[79] 김용현 편집,『북한학 개론』, 서울: 동국대학교 출판부, 2022, p. 118.

[80] 김계동,『북한의 외교정책과 대외 관계』, 서울: 명인문화사, 2015, p. 190.

은 여러 가지 구설수로 인하여 일찌감치 후계구도에서 멀어졌다. 김정일이 김일성의 본처 김정숙의 소생이므로 혈통상 적통을 의미하는 순혈(purity of blood)주의에 부합되어 후계로 김정은이 선택된 것으로 보인다.[81] 그러나 2008년에 김정일이 뇌졸중 증상으로 쓰러진 후 김정은으로의 후계 체제를 준비하면서 선군정치의 군사국가형에서 당국가 체제로 복원을 시도했다. 2009년 4월 9일에 열린 최고인민회의 제12기 1차 회의에서 김정일을 국방위원장으로 재추대했고 국방위원회의 권한도 강화했다. 오극렬을 국방위원회 부위원장으로 임명했는데 오극렬이 만경대혁명학원 출신의 혁명 2세대임을 감안하면 김정은 후계 체제를 위한 고려로 보인다. 더 나아가 김정일은 당정군의 주요 실세와 김정일의 친인척을 대거 국방위원회에 포함했다. 특히 군수뇌부와 국가안전보위부, 인민보안성, 중앙검찰소 등을 지도하는 당중앙위원회 행정부장 장성택과 우동측 국가안전보위부 수석부부장이 위원으로 합류하게 되므로 국방위원회를 통한 사회통제와 유일지배체제의 안정적 유지를 강화하려 했다.[82]

2009년 4월 9일에 실시된 헌법개정에서 김정일은 국방위원회의 위원장이 아니라 국가의 독립된 국가기구가 되었다. 헌법의 제6장 제2절을 국방위원장으로 하고 국방위원장이 국가 전 부문의 통치권을 가지고 있음을 담았다. 헌법 제100조에 따르면 "조선민주주의인민공화국 국방위원회 위원장은 조선민주주의인민공화국의 최고영도자이다"라고 명시하였는데, 이는 과거 헌법에서 '전반적 무력', '국방', '군사' 등의 제한적 분야에서의 최고사령관으로 비추어질 만한 부분을 정리하고 국가의 최고영도자로 변경한

---

81   Kim Hak joon, *Dynasty, The Hereditary Succession Politics of North Korea*, Baltimore: The Brookings Institution, 2015, pp. 152~157.

82   이흥석,『북한 수령 3대 계임의 법칙』, 경기: 양서각, 2022, pp. 191~192.

것이다.[83] 이는 김정일의 유일지배체제를 다시 한번 강조하고 어떤 틈도 주지 않겠다는 의지의 천명임과 더불어 김정은으로의 후계 구도를 보다 견실히 하겠다는 표현으로 해석된다. 김정일 사후 김정은은 헌법 서문에 김일성을 영원한 주석, 김정일을 영원한 국방위원장으로 표기하여 자신이 바로 영원한 주석이자, 수령인 김일성과 영원한 국방위원장인 김정일의 후계자이며 유일지배체제를 이어 받은 계승자임을 분명히 하고자 했다.

3. 김정은 시기

1) 유일지배체제의 세습 논리 구성

북한에서 수령의 유일지배체제는 권력이 1인에 집중되어 있을 뿐 아니라 대를 이어 가야 한다. 수령의 영도체제를 강화하기 위해서는 영도의 계승성이 보장되어야 한다.[84] 평소에 김정일이 밝힌 소신에 따르면 가장 모범적인 국가로 꼽은 나라가 태국인데 그 이유가 왕족의 전통과 독보적인 자립주의 때문이라고 했다는 것을 통해 유추해 보면 김정일의 뇌리 속에 유일지배체제와 이의 승계는 확고한 것이었음을 알 수 있다.[85] 실제로 2002년 4월 김정일의 60세 생일 직후 노동신문은 '혁명의 최후 승리는 세대를 아울러야 한다'는 긴 사설을 게재했는데 아버지가 달성하지 못했으면 아들이 달성해야 하고 아들이 못하면 다다음 세대가 해야 한다는 논리였다.[86] 이 사설의 논리는 아버지가 못했고 아들도 못했기에 손자가 해야 한다는 논리이기도 한데 이는 사실상 북한의 김일성–김정일 유일지배체제가 실

---

83   김창희, 앞의 글, pp. 405~406.
84   김창희, 위의 글, p. 458.
85   빅터 차, 김용순 역, 『불가사의한 국가』, 서울: 아산정책연구원, 2016, pp. 148~149.
86   『노동신문』, 2002년 4월 16일자.

패했음을 시인하면서도 그 계승은 당연한 것이라는 논리적 충돌을 빚고 있다. 이런 논리적 모순을 야기하면서도 부득이 후계체제의 정당성을 주장하는 것은 그만큼 유일적 영도체제로의 세습통치가 현실화되었음을 보여준 것이었다.

따라서 북한에서 유일적 영도체제는 김일성 시기에 가장 포괄적으로 그리고 가장 깊게 형성이 되었고 김정일 시기에는 제도화와 법제화를 통해 고착 시켰다면 김정은 시기에는 좀 더 세련되고 체계화되었다고 볼 수 있다. 김정일은 2009년 4월 15일, 대동강변에서 있었던 김일성 생일 축하 '축포야회(불꽃놀이)'를 김정은이 주도하도록 하였고 이를 주도한 인물이 '대장동지'로 알려지도록 하였다. 이때부터 김정은으로의 승계 작업이 서서히 그 윤곽을 드러내게 되었다.[87] 이듬해인 2010년 9월 27일에는 김정일이 조선인민군 최고사령관의 명령으로 김정은에게 '대장'의 군사칭호를 부여하였다. 다음날인 9월 28일 새벽부터 조선중앙통신과 노동신문은 김정은을 대장으로 보도해 김정은의 이름이 처음으로 북한의 공식 언론에 등장하게 되었다.

김정일은 자신의 뒤를 이을 2인자의 존재를 인정하지 않다가 2009년부터 서서히 상징과 암시를 시작으로 나타내다가 2010년에 들어서서 이를 공식화하기 시작한 것이다.[88] 북한은 김정일 사망 후 5대 기관명으로 내놓은 보도문에 김정은을 "주체혁명위업의 위대한 계승자"로 표현하면서 안정적인 권력승계에 초점을 맞추었다. 김일성 사망 후 나왔던 유훈통치가 다시

---

[87] 태영호, 『3층 서기실의 암호』, 서울: 기파랑, 2018, pp. 277~278. 북한에서는 이때부터 '대장동지'에 대한 노래와 상징들이 등장하게 되었는데 대표적으로는 '발걸음'이라는 노래이다. 이 노래는 "척척척 척척 발걸음 우리 김대장 발걸음 2월의 기상 떨치며 앞으로 척척척 발걸음 발걸음 힘차게 한 번 구르면 온 나라 인민이 따라서 척척척"으로 되어 있다.

[88] 히라이 히사시, 앞의 책, p. 287~288. 2010년 9월 27일 이후 북한의 언론은 김정은에 대한 보도를 늘려가면서 국제적 이슈로 부각하게 되었고 세습의 당위성과 정당성을 갖춘 모양새를 만들어 가기 시작했다.

등장했고 김일성과 김정일에 대한 영생화 작업에도 힘을 기울였다. 이것은 김정은의 유일영도자로서의 지위를 확보하기 위해 필수불가결한 조치였다. 주석궁이었던 김일성과 김정일의 시신이 안치된 금수산의사당을 금수산기념궁전으로, 다시 금수산기념궁전에서 금수산태양궁전으로 이름을 바꾸며 수령영생의 성지로 꾸민 것도 김정은이고 이와 관련한 금수산태양궁전법도 김정은이 만들었다. 김정은은 자신의 지배체제를 안정적으로 구축하기 위해 김정일의 업적을 계승하고자 했는데 가장 중요한 것이 핵과 선군이었다.[89]

북한은 '10대 원칙' 서문에 "우리나라는 수령, 당, 대중이 일심단결되고 핵무력을 중추로 하는 무적의 군사력과 튼튼한 자립경제를 가진 사회주의 강국으로 위력을 떨치게 되었다"고 적고 있다. 북한이라는 국가를 하나로 만드는 중추가 바로 핵무력이라는 선언이다. 따라서 북한의 최고지도자가 핵무력을 관리, 발전시키는 것은 자신의 존재의 이유이기도 하고 수령으로부터 계승된 유일적 영도체제의 의무이기도 하다. 따라서 김정은은 핵무력을 완성하기 위하여 이를 법제화했고, 핵 실험도 선대와 비교해서 짧은 집권 기간에 훨씬 더 많이 함으로써 이를 증명하려고 했다.

2) 당 중심의 영도로의 전환

김정일 사후, 김정은의 가장 큰 정치적 변화는 군 중심에서 노동당 중심의 정치로 복귀하였다는 것이다. 김정일이 선군정치를 표방하면서 당을 약화시킨 것과는 달리 김정은은 선군정치의 구호는 유지하고 선군사상으로 위상을 전환하면서 당 중심의 정치로 점차 옮겨 갔다.[90] 김정은은 김정

---

89   김창희, 앞의 글, p. 462.
90   김영환·오경섭·유재길,『북한 급변사태와 통일전략』, 서울: 백년동안, 2015, p. 35.

일이 사망한 지 얼마 되지 않은 2011년 12월 30일에 조선인민군 최고사령관에 추대되었고 당규약과 헌법을 개정하여 당 제1비서와 국방위원회 제1위원장에 올랐다. 당규약에는 "경애하는 김정은 동지는 위대한 김일성 동지와 김정일 동지의 혁명위업을 승리에로 이끄시는 조선노동당과 조선인민의 위대한 영도자이시다"라는 내용이 추가되었다.[91] 또한 김정은은 2013년 6월 19일, '당의 유일적 사상체계 확립을 위한 10대 원칙'을 39년 만에 개정하여 그 명칭도 '당의 유일적 영도체계 확립을 위한 10대 원칙'으로 바꾸었다. 이는 통치에 있어서 선대 수령의 권위를 김정은 자신에게 적용하여 유일 영도를 절대시하고 엘리트 지도부와 인민들의 충성을 강요하기 위한 것으로 보인다.[92] 이러한 조치들은 김정은 자신의 유일지배체제 설정의 정당성을 법적, 제도적 측면에서 찾고자 하는 것으로 볼 수 있다. 북한이 이렇게 제도화를 빨리 마무리 지음으로써, 김정은은 명실상부한 당·정·군의 최고영도자가 되어 유일지배체제를 구축하고자 하였다.

이 과정에서 김정은은 선대인 김정일이 선군정치를 내세워 당보다 군을 더 강화했던 것과 달리 국가권력기구보다는 당을 먼저 챙겼고, 당의 기축이라 할 수 있는 새로운 지도이념도 내놓았다.[93] 김정일 사망 직후 당 정치국회의에서 인민군총사령관에 오르고 제4차 당대표자회를 통해 제1비서에 추대된 것은, 정치권력의 중심을 당으로 옮기는 지형 변화를 예고한 것으로 볼 수 있다. 김정은 체제에서는 당을 중시하고 당을 중심으로 통치하겠다는 것을 보여준 것이다.[94]

---

[91] 당규약 서문. 위 내용은 2021년 당규약 개정에서 새롭게 추가되었다.

[92] 김일기·이수석, "김정은 시대 북한정치의 특징과 전망", 『북한학보』 제38집 2호, 북한연구소·북한학회, 2013, p. 98.

[93] 김근식, "김정일 시대 북한의 당·정·군 관계 변화, 수령제 변화의 함의를 중심으로", 『한국정치학회보』 제36집 2호, 2002, p. 359.

[94] 김창희, 앞의 글, pp. 87~88.

김정은은 장성택과 최룡해를 통해 신군부 간판격이며 소위 장례식 7인 방 중의 하나였던 이용호를 제거하고 최룡해를 총정치국장에 임명함으로 써 당의 군에 대한 통제를 강화했고, 2013년까지 핵심 엘리트 220명 중 97 명을 교체하는 등 대대적인 권력구조의 조정을 단행했다.[95] 그 외에도 잦은 인사단행으로 핵심 엘리트의 충성을 유도했고 유일지배체제의 균열은 절 대 용납하지 않고 있음을 분명히 했는데 고모부 장성택의 처형이 그 단적 인 예이다. 당 중심으로의 정치로 돌아왔다는 것은 김정일 유고로 인한 비 상사태가 수습되었다는 측면과 사회주의의 당–국가 체제가 복원되었다는 것을 의미한다. 더 나아가 당을 통한 통치가 군을 통한 통치보다 더 체계적 이고 전면적인 통제가 가능하다는 취지도 반영된 것으로 분석되고 있다.[96]

3) 정상국가화 시도

김정은 집권 후 북한은 '사회주의 강성대국'에서 '사회주의 문명국'으로 국가 아젠다를 변경하였다. 사회주의 문명국이란 전체인민이 높은 문화지 식과 건강한 체력, 고상한 도덕품성을 지닌 선진적인 나라를 의미한다. 이 를 위해 김정은은 과학기술의 비약적인 발전이 그 토대임을 천명하고 집권 초 로동당 책임일군들과의 대화에서 이를 강조하였다.[97] 김정은은 2018년 에는 집권 후 처음으로 중국을 방문, 중국과학원을 찾았다. 과학기술 발전 책에 대한 구상을 위한 것으로 보인다. 김정은은 2012년부터 최근까지 거 의 모든 신년사에 과학기술에 대한 애착을 표현하고 있다.[98] 과학기술을 기반으로 사회주의 강성대국을 이루겠다는 의지도 여러 번 표현했고 경제

---

95   김창희, 앞의 글, p. 470.
96   김영환·오경섭·유재길, 앞의 책, pp. 36~37.
97   전영선, 앞의 책, pp. 75~77.
98   남성욱, 『4차 산업혁명 시대 북한의 ICT 발전과 강성대국』, 서울: 한울, 2021, pp. 102~103.

강국건설과 인민경제발전전략도 제시했다.[99]

김정은은 인민생활을 지도하는 모습을 언론에 자주 노출해 세심한 지도자, 인민중시, 인민존중, 인민사랑의 정치를 실현하는 정치 지도자로 이미지를 부각시키는데, 이 또한 정상국가의 지도자로 받아들여지도록 하기 위한 것으로 보인다.[100] 김정은은 유일지배체제를 계승, 구축하는 과정에서 급격한 지도부의 변화를 가져오는 것을 조심스러워 했다. 단적인 예로, 김영남을 최고인민회의 상임위원회 위원장으로 계속 직무를 수행하게 하여 당시, 30대 초반인 김정은이 외교의 전면에 나서는 부담을 덜고 김영남이 오랫동안 외교 엘리트로서 제3세계에서 구축한 인적 네트워크를 유지하고 이를 활용하도록 한 것으로 보인다.[101] 김여정과 함께 김영남을 2018년에 평창동계올림픽 개막식에 파견한 것도 그의 일환으로 판단된다. 더불어서 국가기구에 대한 변화도 최소화하였는데 당-국가 체제의 유지와 최고주권기관인 최고인민회의의 기능도 그대로 살려 두었다. 이로써 김일성 시대부터 당과 대중을 연결시키는 가장 포괄적인 인전대이자 당의 정책과 노선의 집행자로서의 역할에 충실하도록 했다.[102]

김정은은 집권 이후 시진핑, 푸틴 등 사회주의 국가의 지도자는 물론 한국, 미국, 싱가폴 등 서방 세계의 지도자들과 공식, 비공식 접촉을 이어 가면서 연설의 스타일과 옷차림, 회의장이나 초대소의 모습 등에서 많은 변화를 가져 오려고 노력한 것으로 보인다. 대표적으로 백화원 초대소의 수리를 비롯한 금수산 영빈관의 신축 등은 정상국가의 면모를 보이기 위한

99 김정호, "북한 김정은의 '국가개발 전략' 구상과 딜레마" (중앙대학교 박사학위논문, 2020, pp. 80~81.

100 전영선, "김정은의 사회문화 리더십", 정성장·백학순·임을출·전영선, 『김정은 리더십 연구』, 성남: 세종연구소, 2017, p. 262.

101 정성장, "김정은 시대 북한의 입법 및 국가대표 기구 연구: 최고인민회의 상임위원회 역할과 엘리트를 중심으로", 『동향과 분석』, 2014, p. 18.

102 박영자 외, 『김정은 시대 북한의 국가기구와 국가성』, 서울: 통일연구원, 2018, pp. 32~33.

노력의 일환으로 평가된다.[103]

4) 핵무력 강화

북한의 핵 개발에 대한 관심과 개발의 시작은 1950년대 중반부터였다.[104] 김정은은 자신의 유일지배체제를 구축해 나가기 위해 권력구조의 조정을 단행하는 한편 선대가 추진해 오던 핵무장력 강화를 위한 조치도 병행하여 발전시켰다. 북한은 자체적인 핵 능력을 보유하기 위해 오랜 기간 노력을 해 왔다. 냉전 직후에도 한반도는 긴장이 계속 감돌았고 북한의 핵 및 핵 투발수단인 탄도 미사일 개발에 대해 남한은 물론 일본과 미국도 경계를 하지 않으면 안 되었다.[105] 북한은 2013년 3월 당중앙위원회 전원회의에서 '경제건설과 핵무력건설 병진노선'을 채택하였다. 이를 전후하여 장거리 미사일 발사를 계속했고 김정은 집권 들어서서 첫 번째이자 제3차 핵실험을 함북 길주군 풍계리 북쪽 갱도에서 실시했다. 이어서 영변 원자로를 재가동하고 2016년에도 역시 풍계리 북쪽 갱도에서 제4차 핵실험을 강행했다. 이어서 같은 해 9월 9일에 제5차, 2017년 9월 3일에 제6차 핵실험을 했고 11월 29일에는 대륙간 탄도 미사일인 화성 15호 발사에 성공했다.[106] 이로써 핵은 물론 운반 투발 수단인 장거리 미사일 체계까지 갖춤으로 핵무력의 완성을 선포하며 아버지가 못한 것을 아들이, 아들이 못한 것

103 마키노 요시히로, 한기홍 역, 『김정은과 김여정』, 서울: 글통, 2021, p. 55.

104 안준호, 『핵무기와 국제정치』, 서울: 열린책들, 2018, p. 265. 6·25 후 북한은 1955년 4월 원자핵물리 연구소 설립을 결정하고 이듬해인 1965년부터 방사 화학, 고에너지 물리 등을 연구하기 시작했고 소련의 두브나 핵연구소에 30여 명의 과학자를 파견하고 핵물리 화학 계통의 과학자들을 육성하기 시작했다. 이 외에도 동독, 동구권 유럽의 사회주의 국가들에 꾸준히 과학자들을 파견하여 교류를 가지면 연구를 지속했고 급기야는 핵무기 개발은 물론 이를 법제화하기에 이르렀다.

105 Son Key-young, *South Korean Engagement Policies and North Korea*, London: Routledge, 2006, p. 138.

106 박휘락, 『북핵 상식 Q&A』, 서울: 북코리아, 2019, pp. 37~38.

을 후대가 해야 하는 영도체계의 한 축을 감당했다

김정은은 핵무력의 완성과 더불어 2013년과 2022년에 이를 법제화했을 뿐 아니라 핵보유국임을 헌법에 명시했다. 더 나아가 2018년 당 제7기 제3차 전원회의에서 '경제건설 및 핵무력 병진노선'을 '사회주의 경제건설노선'으로 이른바 새로운 전략노선을 발표하기에 이르렀다.[107] 유일지배자로서의 위상을 굳힌 김정은은 문재인과의 남북정상회담에 이어 김정은—트럼프의 미북정상회담을 여는 등 남북미에 걸친 공동의 관심사와 한반도의 항구적인 평화체제 구축을 위한 외교무대의 등장을 통해 정상국가 최고지도자의 이미지로의 변신도 시도했다. 북한의 핵개발에는 남한과 미국, 일본으로부터의 현금지원이라는 대가가 주어져 왔고 북한도 이를 계속 염두에 두고 있는 것으로 분석된다. 제재의 해제와 현금지원, 주변 강국으로부터 체제 안전을 보장받는 것도 핵무장의 이유 중 하나이다.[108] 북한은 2022년을 전후해서 핵무력 관련 법령도 제정하여 헌법과 부문법에서 핵보유를 법제화하여 핵을 통한 유일지배체제의 존속을 공고히 하고자 했다.

107 박휘락, 위의 책, p. 38.
108 Son Key-young, 앞의 책, p. 139.

제5장

유일지배체제의 법제화

제1절   유일지배체제와 법이론

1. 주체의 법이론

북한은 법을 모든 공민들이 의무적으로 지켜야 할 공통적인 행동준칙으로 정의하고 있다.[1] 후계체제를 완성하여 백두혈통으로의 유일적 지배체제를 구축하는 데 있어서 가장 신중을 기해 집중한 부분 중 하나가 법적 명분이다. 북한의 법은 주체의 법이론에 기초하여 구성되어 있다. 주체의 법이론은 혁명적 수령론과 결합되어 중앙집권적인 유일적 독재체제를 정당화하는 역할을 하고 있다. 따라서 주체의 법이론에서는 수령의 유일적 영도가 법의 원칙이 된다.[2] 수령의 영도적 역할을 사회주의 법건설의 근본요인이고 가장 중요한 원리로 보는 것이다. 왜냐하면 수령은 인민대중 속에서 절대적인 영도적 지위에 있고 인민대중의 최고 뇌수이며 통일단결의 주인이기 때문이다.[3] 곧 주체의 법이론에 의하면 법은 국가관리의 기본수단으로서 프롤레타리아독재의 무기이자 사회주의의 완전한 승리를 쟁취하

---

[1]   사회과학출판사, 『조선말 대사전』, p. 170; 계속해서 사전적 의미로 법은 국가가 제정공포하고 국가권력에 의하여 그 준수가 담보되는 공통적인 행동준칙이자 의무성을 띠는 행위규범으로서 사회경제제도의 반영이자 정치의 항 표현형식이다. 더 나아가 법은 국가의 국가의 중요한 통치 수단이다. 북한도 우리와 같이 법령과 법률을 같은 의미로 사용하고 있는데 우리의 법률과 같은 위계의 법을 통칭해서 '부문법'이라고 한다.

[2]   이효원, "북한의 입법조직과 작용에 관한 법체계", p. 9.

[3]   심형일, 『주체의 법리론』, pp. 195~196.

기 위한 유력한 도구인 것이다.[4]

김일성은 1958년 4월 29일, 전국 사법, 검찰일군회의에서 한 연설을 통해 자신의 법이론에 대해 다음과 같이 연설하였다.

> "오늘 우리가 요구하는 법은 어떤 법입니까? 오늘 우리는 사회주의적 경제제도에서 살고 있으며, 노동자, 농민 기타 광범한 근로인민이 사회주의를 건설하기 위하여 지주, 자본가들의 반혁명적 반항을 진압하는 인민정권하에서 살고 있습니다. 따라서 우리 법이 우리의 사회주의 제도와 사회주의 전취물을 수호하는 무기로 되어야 하며, 프롤레타리아 독재의 무기로 되어야 할 것은 명백합니다"[5]

김일성의 주장은 주체의 법이론의 근간이 되고 있으며 유일적 영도체제의 구축의 법적 명분을 제공하고 있다. 따라서 사회주의체제의 법이론과 주체의 법이론에 바탕한 북한법은 현실과의 괴리가 불가피하고 허구적이거나 이중적인 내용들도 있다. 사회주의 법이론에 기초하여 형성되고 확립되어 온 북한법은 법의 기능이 수령의 정치법률적 보위, 당의 노선과 정책의 관철, 사회주의 전취물의 수호에 있다는 법의 정치종속론의 형식을 가지고 있다.[6] 김정일은 사회주의법무생활론을 강조하면서 법제의 정비와 이를 뒷받침할 사회주의법무생활지도위원, 법무해설원 등의 활동을 통한 혁명적 준법기풍의 확립과 비사회주의적 행위에 대한 통제를 강화해 왔다. 이와 더불어 궁극적으로는 1인 지배체제에 대한 도전을 차단해 왔다.[7]

---

4   손철남, "인민정권의 법적통제기능을 강화하는 것은 사회주의국가관리의 필수적요구", 『정치법률연구』 제1호, 2011, pp. 31~33.

5   김일성, 『인민정권 건설에 대하여 제2권』, 평양: 조선로동당출판사, 1978. p. 174.

6   김병기, "북한 '법제정법'을 중심으로 살펴 본 북한의 입법체계", 『행정법연구』 제60호, 2020. p. 82.

7   이효원, "북한의 입법조직과 작용에 관한 법체계", pp. 10~11.

주체의 법이론은 법이 정치권력의 목적을 수행하기 위한 수단이지 정치권력을 통제하고 규율하기 위한 것이 아니다.

따라서 북한에서의 최고 법규범은 주체사상과 김일성, 김정일의 유훈과 교시이며 이를 실천하기 위한 당의 규약과 정책이 이를 뒤 따른다. 이들은 모든 북한 법을 적용하는 지도원리이자 초헌법적 규범이다. 이것이 헌법과 법률을 지배한다. 또한 사회주의법체계에 김일성, 김정일주의를 가미하여 전통적인 사회주의 법 이론과도 조화되지 못하는 면도 상존하고 있다.[8] 따라서 북한에서는 그것이 헌법이든 법령이든 그 내용은 혁명의 최고 영도자 김일성, 김정일, 김정은의 교시와 이에 기반한 당의 지시나 방침에 부합하는 것이어야 한다.[9] 이는 유일적 영도가 당에서 개인으로, 그리고 후계체제를 통해 세습으로 이어짐으로 발생되는 필연적 현상이 아닐 수 없다.

북한의 입법기관은 최고인민회의와 최고인민회의 상임위원회, 그리고 내각인데 내각은 헌법과 규정의 범위 안에서의 규정을 제정하거나 수정보충하고 있다. 최고인민회의와 최고인민회의 상임위원회는 헌법과 법률을 제정, 수정보충할 수 있다. 중요한 것은 입법 기관이 독립되어 있지 않고 사실상 당의 지배를 받고 있어 법의 제정부터 집행까지 모두 당의 통제하에 있다는 것이다.[10] 따라서 입법기관의 구성원의 성격이나 선거절차, 그리고 제정된 법들이 가진 법원 혹은 전거로서의 주체사상, 제정된 법령이 가지는 정합성과 통일성 등의 측면에서 보았을 때 북한의 법은 유일적 영도체제에 대해 법적인 정당성을 확고히 제공하고 있다. 다시 말해서 북한은 법의 제정과정, 법을 제정하는 구성원의 선거과정, 법의 집행과정 어느

---

8   이효원, 위의 글, pp. 11~13.
9   박영자 외, 『김정은 시대 북한의 국가기구와 국가성』, 서울: 통일연구원, 2018, p. 56.
10   이효원, 앞의 글, p. 19.

영역에서도 유일적 영도체제를 거스리거나 이의를 제기할 수 없는 조건이 체계적으로 형성되어 있고 따라서 유일적 영도체제의 법적 정당성은 확고하다.

2. 법체계와 공포 형태

1) 법원(法源)으로서의 지도자의 지시

법원(source of law)이라 함은 법의 타당 근거라는 뜻으로 사용되는 경우와 법의 존재형식, 즉 법을 경험적으로 인식할 수 있는 자료라는 뜻으로 사용되는 경우가 있다. 다시 말해서 법의 효력이나 구속성의 근원을 말하는 것이다.[11] 전통적인 대륙법계를 취하고 있는 국가들은 '관습법' 혹은 '도덕성'과 '자연법사상'을 법원(法源)의 하나로 삼는 예가 많지만 북한을 포함한 사회주의 국가들은 일반적으로 관습법의 법원성을 부정하고 있고 북한은 오히려 도덕성의 모범과 기준도 김일성–김정일로 보고 있다. 북한에서는 성문법 외에도 김일성·김정일의 유훈, 김정은의 교시·지시, 노동당의 지침과 강령이 법규범의 역할을 하고 있는데 특히 지도자의 지시나 교시는 유무형의 법원으로서 작용하고 있다.[12] 즉, 북한의 최고법규는 김일성과 김정일 교시 및 이를 구체화한 노동당의 사법정책이며 모든 실정법은 그 하위에 위치하고 있다.

본래 법 원리는 법적 결정의 구체적 부분까지를 지시하지는 못하며 대략적인 방향이나 법규범의 비중을 측정하는 기준이다. 법원리만으로 이루어진 법체계란 매우 불안정한 것이 될 것이므로 법원을 제도화된 성문법 규

---

11   서울대학교 법학연구소, 『법학통론』, 서울: 서울대학교 출판부, 2005, p. 48.
12   이은영, "북한의 법이론 및 법체계 고찰", 『통일법제』, 한국법제연구원, 2018, p. 35.

범들로 법제화하여 구성원들의 행동을 규제하고 지도하며 분쟁해결의 표준으로 삼는 것이 일반적이다. 그러나 북한의 경우는 김일성과 김정일의 교시와 말씀을 법의 전거 즉 법원으로 삼고 있는데 이는 과도한 법원리주의의 모습이다.[13] 북한에서는 헌법조차도 실질적으로 수령이 작성하는 것으로 되어 있다.[14] 수령이 헌법 초안을 성문화하는 작업도 몸소 지도하고 실현하며 사회주의헌법 초안도 수령이 몸소 작성했다고 기록하고 있다. 수령은 헌법에 관한 과학적인 사상과 이론에 기초하여 사회주의헌법의 작성 방향과 원칙을 제시하고 구성체계와 규제 내용을 밝혀주며 직접 지도하고 실현하는 것으로 되어 있다.[15] 바로 그 같은 현실 때문에 북한은 헌법을 김일성의 저작집에 포함시켰다. 따라서 헌법조차도 수령이 관장하기에 헌법이 권력의 근거가 아니라 지도자의 지시가 헌법의 근거, 즉 법원이 되는 것이다.[16] 더 나아가 북한은 국가가 정한 모든 규범을 "경애하는 수령 김일성 동지의 위대한 혁명 사상과 그 구현인 우리 당의 로선과 정책을 표현한 것이며 동시에 그 실현을 위한 강력한 수단"이라고 정의하고 있다.[17]

북한의 『주체의 법리론』에 따르면 수령은 노동계급의 당과 인민대중의 최고 영도자이고 프롤레타리아 독재를 영도하는 최고의 뇌수(腦髓)이자 전체 당과 인민을 하나의 사상 아래 단합시키고 조직화하는 유일한 중심이다. 김일성 수령이 법의 발생과 실천의 원천이라는 것이다. 뿐만 아니라 수령의 후계자의 영도가 보장되어야 하는 것은 수령의 후계자는 수령에 대한 끝없는 충실성, 혁명과 인민대중에 대한 가장 수고한 헌신적 복무, 천재적

---

13 김도균, "북한 법체계에서의 법개념론과 법치론에 관한 고찰", 『서울대학교법학』 Vol. 46 No. 1 통권 134호, 2005, p. 479.
14 정성장, 앞의 책, p. 50.
15 심형일, 『주체의 법리론』, pp. 49~50.
16 정성장, 위의 책, p. 50.
17 사회과학원 법학연구소, 『법학사전』, p. 279.

예지와 탁월한 영도력, 고매한 공산주의 덕성을 체현하고 있기 때문이다. 이런 면에서 수령의 후계자가 사회주의 법건설을 위한 투쟁을 계속하고 끝까지 수행하는 데서도 결정적인 역할을 하게 된다.[18] 북한에서는 김일성과 김정일의 유훈, 김정은의 교시, 그리고 조선노동당 강령과 규약이 헌법을 포함한 모든 법규범의 근거이자 한계가 된다.[19] 북한의 문헌에 따르면 김정일은 법의 계급적 성격과 본질에 관한 위대한 수령님의 사상을 빛나게 계승했을 뿐 아니라 법의 혁명성과 반동성, 인민성과 반인민성, 진보성과 보수성을 재는 가장 과학적인 척도를 마련해 주었다고 기록하고 있다.[20] 북한은 주체사상과 함께 선군사상을 헌법의 지도지침으로 삼고 있다. 이와 더불어 주체의 헌법이론 자체가 김일성이 창시하고 김정일이 심화 발전시킨 것으로 인정한다.[21] 사회주의 정치도덕과 주체사상이 편입되어 헌법과 부문법 등 규범들의 지도적 원리로 자리를 잡고 있다. 주체사상과 더불어 선군사상이 북한법체계의 최고 법원리로서 작동하고 있는 것이다.[22]

2) 법체계와 유훈의 효력

북한에서는 김일성, 김정일의 유훈, '10대 원칙', 당규약, 당 지시가 헌법보다 우위의 규범적 효력을 가진다.[23] 다시 말해서 북한의 현행 헌법은 김일성-김정일헌법이고 그 이하의 모든 부문법들과 규정과 세칙 등은 이 헌법의 체계와 이념과 범위를 벗어날 수 없다. 당국가인 북한에서 '당규약'과 '10대 원칙'은 최고의 법원이자 유일한 지도 지침이고 법이념이다. 개정된

---

18   심형일, 『주체의 법리론』, p. 200.
19   이효원, 앞의 글, p. 66.
20   강동식 편, 『위대한 령도자 김정일동지의 사상리론』, 평양: 사회과학출판사, 1998, pp. 6~7.
21   심형일, 『주체의 법리론』, p. 4.
22   김도균, 앞의 글, pp. 470~471.
23   이승택, "북한 헌법상 기본권 규정의 특성과 변천", 『동아법학』 제86호, 2020, p. 15.

당규약에 의하면 북한 주민은 김일성 민족이며 김정일 조선이자 그들의 제자들이다.[24] 그리고 법의 제정 및 개정 권한을 가진 권력구조와 공포의 형식도 법제정법에 명시되어 있다. 법의 제정과 개정 권한을 가진 권력구조는 법에 명시되어 있지만, 그 법에 의해 권력구조가 형성되는 것이 아니고 지도자의 결정과 지시로 되는 것이기에 결국 법의 제정과 개정도 지도자와 당의 결정에 의해 좌우된다. 그러므로 북한에서 김일성-김정일의 유훈은 법원과 무형의 성문법으로서의 절대적인 효력이 있다고 보아야 한다.

3) 법의 저자로서의 수령

북한에서 수령은 법의 근원이자 모든 규범의 기원이다. 헌법조차도 수령의 저작으로 간주되고 이를 통해 강력한 영도권을 가지게 된다.[25] 북한은 사회주의법치국가를 당이 영도하는 법치국가라고 주장한다. 그리고 당의 노선과 정책은 수령의 사상이 구현되어 나타난 것이다. 여기에서 당은 노동계급의 당이고 이 노동계급의 당이 영도하는 국가가 사회주의국가이고 진정한 법치도 이 노동계급이 영도하는 법치라는 것이다. 그리고 사회주의에서의 법은 바로 수령의 사상을 실현하는 수단이다. 즉 수령의 사상과 그 구현인 당의 노선과 정책을 정확히 반영하고 그 철저한 관철을 법적으로 보장하는 데 사회주의법의 사명과 역할이 있다.[26] 북한에서는 김일성-김정일주의가 사회주의 국가건설사상에서 중핵(中核)을 이루고 있으며 김일성-김정일주의가 사회주의 국가건설의 근본 원칙이 된다.[27] 김정일도

---

[24]   당의 유일적영도체계확립의 10대 원칙.

[25]   정성장, 앞의 책, pp. 50~51.

[26]   최일복, "주체의 사회주의법치국가의 본질과 특징", 『김일성종합대학학보: 력사, 법률』 제64권 제3호, 2018, pp. 107~108.

[27]   류제일, "경애하는 최고령도자 김정은동지께서 밝혀주신 사회주의국가건설의 근본원칙", 『법률연구』, 평양: 과학백과사전출판다, 2019, p. 4.

사회주의사회에서의 법의 제정과 집행, 법의 해석과 적용을 비롯한 모든 활동은 당의 영도 밑에 진행되어야 한다고 교시했다.[28] 결국 여기서 당의 영도란 곧 당 중앙인 수령을 의미한다.

그러므로 법의 제정과 집행 모든 과정에 있어서 중심은 수령이어야 한다는 것이다. 사법검찰기관들도 당의 사상과 영도를 충직하게 받들어나가야 혁명의 최고뇌수이고 영도의 중심이며 일심단결의 근본 핵인 수령을 유일중심으로 하여 조직적으로 단결하고 하나와 같이 움직이는 강한 조직성과 규율성을 고수해 나갈 수 있다고 주장한다.[29] 북한 문헌에 따르면 북한의 헌법은 김일성이 제정한 것이고 김정일, 김정은이 더욱 발전 풍부화시킨 가장 독창적이며 우월한 주체의 사회주의 정치헌장이라고 소개하고 있다.[30] 더 나아가 김일성 수령이 인류역사상 처음으로 주체적인 사회주의헌법을 마련했고 이것으로 진정한 사회주의헌법의 새 기원이 열리게 되었다고 한다.[31]

4) 법체계의 정당성

북한의 법체계는 법위 위계와 서열을 의미하는데 법제정법에 명확히 규정되어 있다. 우선 헌법의 경우 법제정법에서 최고의 법적효력을 가진다고 명시했다(제45조). 그리고 부문법은 규정이나 세칙보다 높다(제46조). 아울러 제정 및 개정 기관에 따른 체계를 보면 최고인민회의 상임위원회 규정

---

28 김정일, 『김정일 선집 제3권』, 조선노동당출판사, 1994, p. 384.

29 장성철, "당의 유일적령도를 철저히 구현해 나가는 것은 주체적 사법검찰활동의 최고원칙", 『법률연구』, 평양: 과학백과사전출판사, 2019, p. 6.

30 김경현, "우리나라 사회주의헌법은 독창적인 구성체계를 가진 새형의 헌법", 『법률연구』, 평양: 과학백과사전출판사, 2019, p. 10.

31 사회과학출판사 법학편집부, 『조선민주주의인민공화국 사회주의헌법연구논문집』, 평양: 사회과학출판사, 1973, pp. 53~53.

의 효력은 내각이 낸 규정보다 높고 내각이 낸 규정의 효력은 내각 위원회나 성과 도(직할시) 인민회의 및 인민위원회가 낸 세칙보다 높다(제48조). 내각 위원회, 성이 낸 세칙은 동등한 효력을 가지며 각기 자기권한 범위 안에서 시행한다. 그리고 내각 위원회, 성이 낸 세칙의 효력은 도(직할시)인민위원회가 낸 세칙보다 높다(제49조). 도(직할시) 인민회의가 낸 세칙의 효력은 해당 인민위원회가 낸 세칙보다 높고(제50조) 한 기관이 낸 법 문건에서 같은 사항에 대하여 특별법 규범과 일반법 규범이 서로 다를 경우에는 특별법 규범을 적용하며 후에 나온 법규범과 먼저 나온 법규범이 서로 다를 경우에는 후에 나온 법규범을 적용한다. 이것은 대한민국의 법체계로 말하면, 특별법 우선법칙, 신법 우선법칙에 해당된다고 할 수 있다. 다만, 후에 나온 부문법 또는 최고인민회의 상임위원회가 낸 규정에서 같은 사항에 대하여 후에 나온 일반법규범과 먼저 나온 특별법규범이 서로 다를 경우에는 최고인민회의 상임위원회가 어느 것을 적용할 것인가에 대한 결정을 한다. 내각이 낸 규정에서 같은 사항에 대하여 후에 나온 일반법규범과 먼저 나온 특별법규범이 서로 다를 경우에는 내각이 어느 것을 적용할 것인가에 대한 결정을 한다(법제정법 제54조). 그리고 최고인민회의의 상임위원회는 "헌법, 조선민주주의인민공화국 국무위원회 위원장 명령, 최고인민회의 법령, 결정, 국무위원회 정령, 결정, 지시, 최고인민회의 상임위원회 정령, 결정, 지시에 어긋나는 국가기관의 결정, 지시를 폐지하며 지방인민회의의 그릇된 결정집행을 정지"할 수 있는 권한을 가진 것으로 되어 있다(헌법 제116조 제6항). 이는 북한의 법체계가 엄격히 성립되어 있고 최고인민회의 상임위원회가 이를 교정하고 지도하고 결정한 권한을 가지고 있음을 보여주고 있다.

북한의 법체계상, 헌법에 규정된 내용들을 부문법이나 규정은 정확하게 반영하여 하위법 체계를 형성해야 한다. 그리고 규정이나 세칙은 부문법을 정확히 반영하여야 한다. 그리고 헌법과 부문법은 당규약과 '10대 원칙'의 지배를 받게 되어 있다. 따라서 '10대 원칙'과 당규약에서 유일적 영도체제에 대한 확고한 규정이 있고 이에 근거하여 헌법과 부문법에 유일적 영도체제와 주체의 법이론을 반영함으로써 유일적 영도제에 대한 법적 체계에서의 성당성은 유지된다.

5) 공포 형식의 정당성

북한의 헌법 제120조에 따르면 최고인민회의 상임위원회는 정령과 결정과 지시를 낼 수 있다. 법제정법 제11조는 "법령과 정령의 전속관할사항"이라는 제명으로 "1. 국가형태, 국적, 국가령역, 국가상징같은 국가주권 사항, 2. 각급 주권기관, 행정적 집행기관, 사법검찰기관의 조직과 권한, 3. 범죄와 형벌, 4. 공민에 대한 정치권리의 박탈, 인신의 자유를 제한하는 강제조치와 처벌, 5. 민사기본제도, 6. 소송과 중재제도, 7. 경제관리 및 특수경제지대의 기본제도, 8. 교육, 보건 등 문화의 기본제도, 9. 국방, 국가안전 및 외교의 기본제도, 10. 조국통일 및 북남관계, 11. 그밖에 반드시 최고인민회의 및 최고인민회의 상임위원회가 법령이나 정령으로 규정하여야 할 사항은 반드시 법령이나 정령으로만 규정할 수 있다고 명시했다. 따라서 법령, 명령, 정령, 결정, 규정, 지시 등은 그 자체가 법의 내용이 아니라 법의 공포 형식을 나타내고 있다. 먼저 최고인민회의에서 채택된 헌법과 부문법은 최고인민회의 '법령'으로 공포하고, 최고인민회의 상임위원회에서 채택된 부문법은 최고인민회의 상임위원회 '정령'으로 공포되는 것이다. 규정은 최고인민회의 상임위원회의 '결정'으로 공포되며 내각이 제정한 규정은 내각의 '결정'으로, 내각 위원회와 성이 제정한 세칙은 해당 내각 위원회와 성의 '지시'로 공포된다. 그리고 도(직할시) 인민회의와 인민위원회에

서 채택된 세칙은 도(직할시) 인민회의 또는 인민위원회의 '결정'으로 각각 공포된다.[32]

다시 말해서 북한의 법은 법위 위계에 따라 제정기관과 공포기관이 구분되고 또 그 법령의 위상과 제정 및 공포기관에 따라 법령, 정령, 결정, 지시의 여부가 결정된다.[33] 따라서 북한의 법체계에 있어서 법의 위계와 제정기관과 공포 형식은 각각 상이하고 북한에서의 법령, 정령, 결정, 지시 등은 어떤 형태의 규범이 아니고 부문법 혹은 규정의 채택, 공포 방식이다.[34]

표 5-1. 북한법의 체계와 공포 형식

북한의 규범체계(명칭)	제정기관(공포 형식)
헌법	- 최고인민회의(법령)
부문법(조선민주주의인민공화국법)	- 최고인민회의(법령) - 최고인민회의 상임위원회(정령)
규정(법시행규정 또는 규정)	- 최고인민회의 상임위원회(결정) - 내각(결정)
세칙(법시행세칙 또는 규정시행세칙 또는 세칙)	- 내각 위원회, 성(지시) - 도(직할시) 인민회의(결정) - 인민위원회(결정)

출처: 이은영, "북한의 법이론 및 법체계 고찰",『통일법제』, 한국법제연구원, 2018, p. 39.[35]

따라서 북한법의 공포 형식에 따르면 최고의 법인 헌법은 법령으로 공포되어야 하며 이는 헌법이 최고의 위치에 있음을 의미한다. 물론 최고인민회의에서 부문법을 공포할 때에도 '법령'의 형식으로 공포하기도 하지만 부문법은 상임위원회에서도 공포할 수 있고 이때의 공포 형식은 '정령'이 된다. 즉 '법령'의 공포 형식은 최고인민회의에서만 가능하고 헌법과 법률

---

[32] 이은영, "북한의 법이론 및 법체계 고찰",『통일법제』, 한국법제연구원, 2018, pp. 38~39.

[33] 유욱, "북한의 법체계와 북한법 이해방법",『통일과 법률』, 2011, pp. 64~65.

[34] 이효원, 앞의 글, p. 67.

[35] 이은영, 앞의 글, p. 39.

의 제정과 개정이 이에 해당이 된다. 그리고 최고인민회의에서만 제정과 개정, 공포가 가능한 것은 헌법이 유일하다. 따라서 법체계 내에서 북한의 헌법에 규정된 유일적 영도체제는 법의 위계뿐만 아니라 공포의 방식과 형태에 있어서도 최고의 권위로서 정당성을 갖게 된다.

3. 법제정 절차와 유일지배체제

1) 법 제정 개요

'사회주의법제사업'은 국가가 인민대중의 의사를 행위준칙으로 규범화하는 것으로 인민대중의 의사와 요구를 국가적인 의사로 전환하여 전 사회적인 생활규범 내지 행위 규범으로 만드는 사업으로 정의한다.[36] 따라서 법제정, 다시 말해서 사회주의법제사업을 잘 하는 것은 특히 사회주의법무생활을 강화하기 위한 필연적 요청 사항이다. 법제정사업을 잘 해야 사회주의법무생활을 강화해 나갈 수 있다고 보기 때문이다. 이를 뒷받침하기 위해 1992년 헌법개정을 통해 사회주의 준법성을 강조하는 조항(제18조)에서 국가는 사회주의법률제도를 완비하고 사회주의법무생활을 강화한다는 내용을 신설하였다. 이어서 사회주의법률제도 완비와 사회주의법무생활 강화를 목표로 1990년 이후 이른바 사회주의법제사업을 강력히 추진해 왔다.[37] 그로부터 시작하여 1992년에 20년 만에 헌법개정을 했고 1998년에 다시 개정을 하게 되는 등 2019년까지 계속해서 개정을 했다. 법률의 제정 및 개정도 활발하게 진행되어 법률의 숫자도 괄목할 만큼 늘어났고 경제와

---

[36] 진유현, "사회주의법제사업의 본질과 기본내용", 『력사, 법학』 제43권 제3호, 평양: 김일성종합대학출판사, 1997, p. 49.

[37] 장명봉, "북한의 '법치' 강조와 최근 법제동향", 『북한법연구』 14호, 2012. 북한법연구회, pp. 267~268.

대외 교류 관련 법률들은 최근까지도 제정과 개정을 거듭하고 있다.

북한이 법제사업을 본격적으로 정비하고 새롭게 시도한 것은 1990년대 초이지만 법을 일반에게 본격적으로 공개한 것은 2004년에 대중용 법전을 발간한 이후이다. 2004년 8월 25일, 북한의 법률출판사가 발간한 「조선민주주의인민공화국 법전」(대중용)에는 2004년 6월 말까지 현재 시행되고 있는 법률 112개가 수록되었고 1,095쪽이었다. 이 법전에 수록된 법은 1990년대 이후 제정 또는 개정된 법률들이었으므로 최신 개정까지를 수용한 것이다.[38] 특히 2000년대 들어서서는 동구권의 몰락, 남북관계 변화 등 대내외적 환경변화에 따른 입법과 개정의 소요를 반영하였다. 북한은 그 후 계속해서 대중용 법전을 공개하였는데 2006년에 47개 법률을 담은 증보판을 발간하였다. 그리고 2년 뒤 다시 증보판을 발간하여 총 53개 법률을 공개했다.

표 5-2. 북한의 법제정 사항 공개 현황

연도	법전명	수록된 법률			분량
		제정	개정(수정)	합	
2004년	조선민주주의 인민공화국법전 (대중용)			112	1,095면
2006년		15	32	47	525면
2008년		19	34	53	633면

출처: 박정원, "북한의 '사회주의 법치국가 건설론'과 법제 정비 동향", pp. 7~10을 참조하여 필자가 작성.

이러한 연속적인 대중용 법전의 발간은 공민들이 법을 알도록 하고 준법기풍을 세우기 위한 것일 뿐 아니라 북한의 변화된 현실과 이를 반영한 정책적 입장을 보여주고 있는 것이다.[39] 북한 헌법 또한 1990년 이후 9차례

---

38 박정원, "북한의 '사회주의 법치국가 건설론'과 법제 정비 동향", 『동북아법연구』 제5권 제1호, 2011, pp. 7~8.

39 박정원, 앞의 글, pp. 10~11.

나[1992, 1998, 2009, 2010, 2012, 2013, 2016, 2019(4.11), 2019(8.29)] 개정을 거듭하였는데 이는 1972년의 사회주의헌법 제정 이후 전혀 손을 대지 않고 있었지만 국내외의 변화된 상황을 반영하지 않을 수 없었고 사회주의법치를 확고히 함으로써 김일성-김정일-김정은으로 이어지는 세습체제를 합법제화하고 안정화하기 위한 일련의 조치로 보인다.

2) 법률과 법제정 기관

북한의 법제정에 관해서는 최근에 제정된 법제정법에 규정된 바와 같이 법의 서열에 따라 제정 및 개정 기관이 각각 구별되어 있다.[40] 이 법에 따르면 법제정을 "권한 있는 국가기관이 부문법과 규정, 세칙을 비롯한 일반의 무적인 법 문건을 만들거나 수정, 보충하는 활동"(법제정법 제2조 1항)으로 정의하고 있다. 따라서 입법과정을 살펴보는 것은 북한법을 이해하는 지표일 뿐 아니라 법제를 통해 북한을 파악하는 방법 중 하나이다.[41] 북한은 법을 개정할 때 개정과 수정보충이라는 용어를 사용하는데 개정이라 함은 본래의 법전에 전반적인 구성체계의 변경을 가져오는 데 반해 수정보충은 법전의 구성체계의 변경을 가져오지 않는다는 점으로 구분한다. 여기서 다시 수정과 보충으로 구분이 되는데 수정은 개별 법규범이나 법문구를 삭제 또는 변경하는 것이라면 보충은 새로운 법조문이나 법문구를 첨부하는 경우를 말한다.[42]

법제정에 있어서 법제정법상 제시된 가장 중요한 원칙은 당 노선 구현의 원칙인데 이는 "국가는 법제정사업에서 조선노동당의 노선과 정책을 정확히 구현하도록 한다"(제3조)에 반영되어 있다. 모든 법의 제정은 당의

---

40   조선민주주의인민공화국 법제정법, 2012.

41   박정원, "북한의 입법이론과 체계분석", 『법학논총』 제26권 제2호, 2013, p. 214.

42   박정원, 위의 글, p. 222.

노선과 정책의 구현이다. 그 다음에 요구되는 것이 인민의 의사를 반영(제 4조)한다는 것이고, 이어서 준법성 보장과 명확성의 원칙 등이 나오는데 전체적으로 보면 유일적 영도를 구현하기 위한 당의 노선과 정책을 우선 반영하는 것에 비하면 중요도에서 밀려 있다.[43]

표 5-3. 북한의 법제·개정 기관과 제정 및 공포 과정

구분	기관(회의)	의결정족수	공포 방법	비고
당규약	당대회/당대표자회 (수정보충)			
헌법	최고인민회의	전체대의원의 2/3	'법령'	
법률 (부문법)	- '최고인민회의 - '최고인민회의 상 임위원회	참석한 대의원의 반 수 이상	- "법령'(최고인민회 의 채택 시) - '정령'(상임위 채택 시)	최고인민회의가 휴 회 중일 때 최고인민 회의 상임위원회가 개정할 수 있지만 최 고인민회의의 승인 을 받아야 함
규정 (법시행규정)	- '최고인민회의 상 임위원회 - '내각		'결정'	
세칙 (법시행세칙 규정시행세칙)	- '내각 위원회 - '성(省) - '도(직할시) 인민 회의 - '도(직할시) 인민 위원회		'지시'	도(직할시) 인민회의 휴회시도(직할시) 인 민위원회가 시행
법의 효력: 헌법은 최고의 효력을 가지고 부문법의 효력은 규정, 세칙보다 높으며 최고인민회의 상임 위원회가 낸 규정의 효력은 내각이 낸 규정보다 높다. 내각이 낸 규정의 효력은 내각 위원 회, 성도 도(직할시) 인민회의 및 인민위원회가 낸 세칙보다 높다. 내각 위원회, 성이 낸 세 칙은 동등한 효력을 가지지만 내각 위원회, 성이 낸 세칙은 도(직할시) 인민위원회가 낸 세 칙보다 높다. 도(직할시) 인민회의가 낸 세칙의 효력은 해당 인민위원회가 낸 세칙보다 높 다. 신법이 구법보다 우선하며 특별법이 일반 법규범보다 효력이 우선한다(법제정법 제 45~51조)				

출처: 저자가 작성.

---

43   김병기, 앞의 글, p. 88.

제2절 당규약과 유일지배체제

1. 당규약

1) 당규약의 규범적 의미

북한의 당규약은 당의 성격과 당의 조직, 당원들이 지켜야 할 규범 및 활동원칙을 규정하고 있다. 당국가인 북한에서 당은 국가에 우선하므로, 법체계상으로나 실질적으로나 당규약이 헌법보다 우위에 있다. 당규약은 1946년 8월 28일 최초로 채택된 이래 당대회와 당대표자회를 통해 북한 체제의 요구와 체제의 합리화를 위해 계속해 수정·보완되어 오고 있다. 당규약 전문에 나오는 당의 성격 규정에 대한 내용을 개정 시기별로 보면, "노동계급과 전체 근로대중의 선봉적·조직적 부대"(1956, 1961)에서 "노동계급과 노동대중의 선봉적 조직부대이며 우리나라 노동대중의 모든 조직 중에서 최고형태의 혁명조직"(1970)으로 바뀌었다. 김일성과 당의 관계에 대해서는 "위대한 수령 김일성 동지에 의해 창건된 주체형의 혁명적 마르크스–레닌주의당"(1980)에서 "조선노동당은 위대한 수령 김일성 동지의 당"(2010), "조선노동당은 위대한 김일성–김정일주의당"(2016, 2021)으로 개정되어 왔다.[44] 당규약 서문의 변천과정에 반영된 주요 내용을 종합하면 현재의 조선노동

---

[44] 통일부 북한정보포털, https://nkinfo.unikorea.go.kr/nkp/term/viewNkKnwldgDicary.do?pageIndex=1&dicaryId=51(검색일: 2023.1.11).

당은 북한 내에서 선봉적이며 최고의 혁명조직이고 김일성과 김정일의 당이다. 더 나아가 조선노동당은 통치자를 위한, 통치자에 의해 통제되는 통치자의 권력집행도구이다. 외형은 민주적인 형태를 띠나 실제로는 상의하달 체계로 운영된다.[45] 레닌도 자본주의에서 공산주의로 전환되는 과도기인 사회주의 단계에서는 '오직 하나의 프롤레타리아 체제'인 공산당만이 통치하는 프롤레타리아 독재가 필수적이라고 하였는데 프롤레타리아 독재를 실행할 정치구조는 일당 독재인 것이다.[46] 따라서 당규약은 프롤레타리아 독재를 실행할 최고 규범으로서의 의미를 갖게 된다.

2) 당규약의 변천과정

북한의 당규약은 1945년 10월 10일, 제1차 당대회에서 당규약 초안을 마련했고 1946년 8월 28일 북조선노동당 창립대회에서 당규약을 제정한 바 있다. 그 후 1948년 3월에 열린 제2차 당대회부터 2021년 1월의 제8차 당대회까지 7차례, 제3차(2010), 4차(2012) 당대표자대회에서 각각 1차례씩 총 9차에 걸쳐 개정되었다.[47] 당규약의 변천과정은 당의 존재 목적과 기능을 충실히 담아냄과 아울러, 유일 세습의 통치 체제를 합리화하는 과정을 내포하고 있다. 북한은 2010년, 30년 만에 당규약을 개정하면서 북한의 현실을 반영함으로써 현실과 규범을 일치시키려는 노력을 하였다. 우선 국가영도로서의 당의 기능은 더 강화함과 동시에 군사, 경제, 사회, 문화 등 모든 국가 부문에 대한 당의 지배력을 조문에 담았다. 노동당의 목적도 "공화국 북

---

[45]   이상우, 앞의 책, p. 129.

[46]   Vladimir Lenin, *State and Revolution*, New York: International Publishers, 1974, p. 71.

[47]   이승열, "조선노동당 규약 개정의 주요 내영과 시사점", 국회입법조사처 연구보고서 제1852호, 2021. p. 1; 당규약은 당대회에서 개정 하도록 되어 있었으나 김정은의 후계자 지명이 확정된 이후인 2010년의 제3차 당대표자대회부터 대표자대회에서도 당규약 개정이 가능하도록 관련 규정을 수정하였다.

반부에서 사회주의 완전승리"에서 "공화국 북반부에서 사회주의 강성대국 건설"로 바뀌었고 최종 목적도 "온 사회의 주체사상화와 공산주의사회건 설"에서 "온 사회를 주체사상화하여 인민대중의 자주성을 완전히 실현 하 는 것"으로 고쳤다. 특별히 관심을 끄는 것은 당 차원에서 권력세습의 제도 화를 합리화하기 위해 당의 사상, 영도의 유일성 및 계승성 보장을 규정화 하였다는 것이다. 북한의 당규약 제정 이후 가장 중요한 개정은 김정일이 공식 후계자로 결정된 1980년 제6차 당대회에서의 개정이었다. 이 대회에 서 북한은 당 지도이념에서 마르크스–레닌주의를 삭제하고 김일성의 주 체사상을 당의 유일적 지도지침으로 확정하였다. 김일성은 당의 유일한 지도자로서 뿐만 아니라 김정일로 그 권력이 세습되도록 하는 단초를 당 규약 개정을 통해 심어 놓았다. 2010년 개정된 당규약은 북한의 현실과 규 범을 일치시키기 위한 다양한 시도가 발견된다. 당의 위상과 관련하여 국 가영도조직으로서의 노동당의 위상을 강화하였고, 국가 최고 정치조직, 혁 명의 참모부인 노동당의 국가 영도기능을 세부적으로 명확히 규정함으로 써, 군사·경제·사회·문화 등 모든 국가 부문에 대한 당의 지배력을 명문화 하였다. 이후 2012년 제4차 당대표자대회와 2016년 제7차 당대회에서 그때 까지의 유일적 지도이념인 김일성 주체사상을 넘어서 김일성–김정일주의 를 당의 유일적 지도사상으로 규정하여 김정은 정권의 정통성이 김일성– 김정일주의에 있음을 대외적으로 공표하였다.[48] 북한은 2016년에 당규약 을 개정하면서 노동당 위원장 직위와 정무국을 신설하고 제1비서직과 비 서국은 폐지하였다. 그러나 5년 뒤인 2021년 1월 제8차 당대회에서 총비서 직 직위와 비서국을 복원하고 당중앙위원회를 강화하는 등 조직 개편을 단 행했다. 그리고 종전의 '경제건설과 핵무력건설 병진노선'과 '선군정치'를

---

48   이승열, 앞의 글, p. 2.

삭제하고 '자력갱생'과 '인민대중제일주의정치'를 강조한 국가발전 노선을 명시했는데,[49] 이는 김일성–김정일 체제와 차별을 둔 김정은 체제의 성격을 담은 것으로 보인다. 특히 제8차 당대회에서 개정한 당규약은 사회주의 보편성과 제도화를 통해 사회주의 정상국가화를 도모하여 김일성, 김정일, 김정은에 대한 개인 우상화보다는 당의 유일적 영도체제를 제도적으로 강화하는 김정은의 독립적 지도자상을 부각한 것으로 평가되고 있다. 2016년의 당규약에서는 조선노동당 '위원장'이 '당의 최고령도자'였는데 2021년의 개정 당규약에서는 조선노동당 '총비서'가 '당의 수반이자, 당대표이고 전당을 조직하고 영도하는 지도자'로 명시하였다.[50] 게다가 총비서는 당중앙군사위원회 위원장이 되고 당중앙군사위원회가 당의 군사노선과 정책 관철을 결정하고 공화국무력을 지휘하고 국방사업 전반을 당적으로 지도한다고 명시함으로써 조선노동당의 혁명적 무장력인 군이 당의 영도를 앞장서 받들어나가도록 제도화했다.[51]

2. 당규약상 당국가체제와 당적 영도

1) 당과 국가의 관계

조선노동당은 국가기구와 군대와 일반 주민을 지도하는 유일적 영도기관이고 국가는 당과 인민 즉 일반 주민을 연결하는 인전대 역할을 한다. 노동당 안에는 수령의 유일사상과 유일적 영도만이 존재한다.[52] 당규약에 나

---

49 통일부 북한정보포털, https://nkinfo.unikorea.go.kr/nkp/term/viewNkKnwldgDicary. do?pageIndex=1&dicaryId=51(검색일: 2023.1.11).

50 조선노동당 규약, 제24조.

51 조선노동당 규약, 제30조, 제47조.

52 안희창, 앞의 책, p. 65.

타난 김일성, 김정일, 김정은의 통치 토대는 당이다. 최고지도자는 당의 중앙, 즉 핵심 수뇌로서 당을 대표하고 지배한다. 북한은 당이 지배하는 국가이므로 당 국가체제를 가지고 있다. 북한의 국가권력구조는 당을 중심으로 구성되기 때문에 정부기관들은 당에 의해 결정된 정책을 입법화하고 집행한다.

당규약 제53조는 "인민정권은 당의 노선과 정책의 집행자"이며 "인민정권은 당의 영도 밑에 활동한다"라고 규정하고 있다. 이어서 "당은 인민정권 안에 당중앙의 유일적 령도체계를 튼튼히 세우고 당의 로선과 정책을 철저히 관철하도록 지도한다"(당규약 제54조)고 되어 있어 당과 국가의 관계는 당이 선도하고 국가가 당의 지시와 정책과 지도를 받는 하부 조직으로 설정되어 있다. 당–국가 체제인 북한의 국가 성격은 김정은 시대에도 지속되고 있는데 당의 집행자 성격이 큰 북한의 국가 기구는 성격과 기능에 따라 주권기관과 행정기관, 사법기관으로 나뉘고 관할 지역에 따라 중앙과 지방의 기관으로 구분된다.[53]

북한 헌법 제11조에 따라서 당규약은 물론 헌법상에도 국가를 당의 지도를 받는 하부기관으로 설정하고 있고 당은 국가 최고 권력을 가진 헌법기관으로 나타나 있다. 특정한 정당을 헌법기관으로 그것도 국가의 최고 권력기관으로 명시한 것은 전례를 찾기 어렵다.[54]

2) 당과 군의 관계

북한은 당의 지배를 군과 국가와 근로단체를 통해 시행한다. 국가가 당

---

[53] 박영자 외, 앞의 책, p. 32.
[54] 이상우, 앞의 책, p. 130.

의 국가라면 군대도 당의 군대인 것이다.[55] 당이 주요 간부에 대한 인사권을 장악하고 군에 대한 정치적 권력적 통제를 시행하는 구조이다.[56] 북한에서 군대는 매우 중요한 기둥(main pillar)과도 같다. 북한에서 가장 강력한 힘은 군대이다. 국가안보의 기능은 물론 국내적으로는 정치적 기능이 더 중요하다.[57]

북한은 당을 통해 군을 통제하는 기구로 총정치국을 두고 있다. 북한 군대는 중대부터 군단까지 각각 당위원회와 이를 관장하는 정치기관들이 구성되어 있다. 중대급에는 세포위원회, 대대에는 초급당위원회, 연대와 사단과 군단 및 인민군 전체로는 당위원회로 불리운다. 각급 부대에 설치된 당 조직인 당위원회를 총괄하는 직책이 총정치국장이다. 엄밀히 말하면 총정치국장은 당직이며 조선노동당 조직지도부의 지도를 받게 되어 있다(제50조).[58] 심지어 조선인민군을 조선노동당의 혁명적 무장력이라고 선언하여(당규약 47조) 군이 당의 군대임을 분명히 하고 있다. 조선인민군의 각 제대마다 당 조직이 있고 군의 모든 사업은 당의 군사노선과 정책에 입각하도록 되어 있다(제48조, 제49조). 인민군의 경우도 노선과 정책, 그리고 정치적 결정은 모두 당조직이 관장하도록 되어 있는 것이다.

당규약 제6장은 '조선인민군안의 당조직'인데 제47조는 "조선인민군은 국가방위의 기본력량, 혁명의 주력군으로서 사회주의조국과 당의 혁명을 무장으로 옹호 보위하고 당의 령도를 앞장에서 받들어나가는 조선로동당의 혁명적 무장력"이라고 규정하고 있다. 조선인민군은 조선노동당의 혁명적 무장력, 즉 당의 군대임을 확고히 했다. 따라서 조선인민군 안에는 당

---

55 안희창, 위의 책, pp. 67~68.
56 이성구·연명모, 『21세기 북한 정치학』, 대전: 대경, 2011, p. 174.
57 Alexander Zhebin, "The Army as a Main Pillar of Revolution", Han S. Park, *North Korea Demystified*, Amherst: Cambria Press, 2012, pp. 125~126.
58 안희창, 앞의 책, p. 114.

조직이 있으며 조선인민군 당위원회가 당정치사업을 조직집행하며 관장하도록 되어있다(당규약 제48조, 제50조). 김일성도 "사단에는 사단 당위원회가 최고 조직이요, 군단에서는 군단 당위원회가 최고 조직입니다. 사단장의 사단이나 군단장의 군단이란 있을 수 없습니다. 군사문제나 정치문제를 불문하고 모든 문제를 당위원회를 통해서 결정해야 합니다"[59]라고 말함으로써 부대 내의 모든 문제는 각급 당위원회의 집체토의를 통해 결정되어야 함을 강조한 것으로 풀이된다.

결론적으로 "조선인민군은 당중앙의 유일적 령도체계를 철저히 세우고 당의 명령 지시하에 하나와 같이 움직이는 혁명적 군풍을 확립하며 모든 사업을 당의 군사로선과 정책에 립각하여 조직 진행하도록" 규정했다(당규약 제49조). 따라서 당규약에 따르면 조선인민군은 북한의 권력구조에 있어서 조선노동당 총비서이자 당중앙군사위원회 위원장인 무력핵심이며 최고지도자의 무력행사권의 대상이 된다. 이 같은 권력구조는 최고사령관인 김정은의 군령권을 실제 집행하는 총참모부, 군 관련 대외업무와 군수 및 재정업무를 담당하는 국방성과 함께 당의 집행기구인 총정치국이 군 조직의 핵심을 구성하고 있는 것에서 더욱 분명해진다.[60] 한편 북한은 최근에 당 내에 전문 부서중 하나인 군정지도부를 신설하여 군에 대한 당의 통제를 더욱 강화하고 있다.[61]

3) 최고지도자의 당 직책

당국가인 북한은 당과 정부의 직책이 구분되어 있는데 이것이 서로 보

---

59 김일성, "인민군대내에서 정치사업을 강화할데 대하여", 『김일성 저작집 14』, 평양: 조선노동당출판사, 1992, pp. 415~421.
60 통일부, 『2022 북한이해』, p. 136.
61 통일부, 위의 책, p. 137.

완하고 협력하며 독자적인 기능 수행을 위한 것이기보다는 오히려 당의 영도권을 확고히 하며 지배력을 높이기 위한 기능을 수행하고 있다. 북한은 당이 국가와 행정기관, 그리고 사회단체에 대한 영도권이 약해지면 결국 전 사회에 대한 영도권을 포기해야 하고 마침내 사회주의체제가 붕괴될 것이기 때문에 정경분리는 수용할 수 없다.[62]

따라서 최고지도자들은 지금까지 당의 직책과 정부의 직책을 함께 가지고 있었지만 먼저 획득하거나 우선권을 가지는 것이 당의 직책인데 대표적인 예로 김정일은 1973년에 당직인 당중앙위원회 조직비서에 먼저 임명된 후 서서히 정부직책인 국방위원장직과 최고사령관직을 차지하게 되었다. 남한은 국가의 최고 직책이 가장 우선하는 직책이지만 북한은 당의 최고직책이 더 중요하다.[63]

당규약 서문에 "조선노동당은 위대한 김일성-김정일주의를 유일한 지도사상으로 하는 주체형의 혁명적 당이다"라고 명시하고 있다.[64] 이어서 조선노동당을 "근로인민대중의 모든 정치조직들 가운데서 가장 높은 형태의 정치조직이며 정치, 경제, 군사, 문화를 비롯한 모든 분야를 통일적으로 이끌어 나가는 령도적 정치조직, 혁명의 참모부이며 조선인민의 모든 승리의 조직자 향도자"로 정의하고 있다. 그리고 헌법 11조에 명시된 바와 같이 당이 국가를 영도하는 체제이기에 결국 국가를 김일성-김정일-김정은이 지배하는 국가로 권력구조가 형성되어 있음을 나타내고 있다. 현재 김정은의 당직책은 조선노동당 총비서이자 당중앙군사위원회 위원장이고 정부직책은 국무위원회 위원장이자 조선인민군 최고사령관이다. 당의 총비서직은 당대회에서 선출되는 형식이고 국무위원회 위원장은 조선민주주

62   정성장, 앞의 책, p. 51.
63   정성장, 위의 책, p. 53.
64   조선노동당 규약, 2021, 서문.

의인민공화국의 최고주권기관인 최고인민회의에서 선출되는 형식을 갖추었다. 김일성, 김정일, 김정은은 각각 수상–주석–국방위원장–국무위원장 등 정부 직책의 변동이 있었지만, 당적 위상은 '총비서'의 지위를 동일하게 유지하면서 당을 통한 국가 통제 시스템을 작동시켜 왔다.

3. 당규약과 유일지배체제의 제도화를 위한 당 기구

1) 개요

당규약에 따르면 조선노동당은 모든 정치조직 가운데서 가장 높은 형태의 조직이다. 당은 영도적 정치조직이자 혁명의 참모부이며 조선인민의 모든 승리의 향도자로 명시하고 있다.[65] 그리고 조선노동당의 최고 강령은 온 사회의 김일성–김정일주의화이다. 조선노동당은 위대한 김일성–김정일주의를 유일한 지도사상으로 삼도록 명시되어 있다. 뿐만 아니라 김일성–김정일주의를 당건설과 당 활동의 출발점으로, 당의 조직사상적 공고화의 기초로 하며 혁명과 건설의 영원한 기치로 높이 들고 나갈 것을 강조하고 있다.[66] 당원의 의무 중 첫 번째는 수령에 대한 충실성, 당중앙에 대한 견결한 옹위, 당의 노선과 정책에 대한 무조건적 접수와 관철이 제시되어 있다(제4조 제1항). 게다가 당원은 위대한 김일성–김정일주의로 튼튼히 무장하여야 하고 수령의 혁명사항과 이론, 주체의 혁명전통을 깊이 연구체득하고 모든 사고와 행동의 기준으로 삼도록 되어 있다(제4조 제2항).

이상과 같이 당원의 의무와 당의 강령의 중심에는 김일성–김정일이 있고 이들의 사상과 유훈은 절대적 가치를 가지며 모든 사고와 행동의 기준

---

65   조선노동당 규약, 2021, 서문.
66   조선노동당 규약, 2021, 서문.

으로 제시되어 있다. 당규약상 수령의 영도는 유일하며 비교 불가능하고 영속적이다. 최고지도자를 의미하는 당중앙은 유일적 영도체제의 중핵이며 당중앙의 영도 밑에 엄격한 혁명적 제도와 질서를 세우도록 하였다(서문). 만일 당중앙의 유일적 영도를 거부하거나 당의 노선과 정책을 반대하고 종파(從派)행위를 하는 것은 출당의 사유가 된다(제7조 제1항).

계속해서 당규약은 총비서가 조선노동당의 수반이며 당을 대표할 뿐 아니라 전 당을 조직영도 하도록 규정하고 있다(제24조). 그리고 당총비서는 당중앙군사위원회 위원장이 되고(제30조), 조선인민군 내에 당정치조직을 두어 전군의 김일성-김정일주의화를 군 건설의 총적 과업으로 삼도록 했다(제49조). 이를 통해 당의 유일적 영군체계를 철저히 세우도록 하였다(제49조). 당의 지방조직인 도, 시, 군당위원회는 우선적으로 당의 유일적영도체계를 세우는 사업을 중핵으로 내세우고 당중앙의 영도 밑에 하나와 같이 움직이도록 당원들과 근로자들을 지도하도록 했다(제35조). 당 중앙검사위원회(제31조)와 도, 시, 군당검사위원회(제40조)는 당중앙의 유일적 영도실현을 저해하는 당규 위반행위들을 감독 조사하고 당규율 문제를 심의하도록 하여 중앙과 지방에서 모든 당 조직이 유일적 영도체계를 준수하도록 강제하고 있음을 알 수 있다.

북한은 소비에트 체제의 붕괴와 동구권의 몰락은 그들 나라들이 당의 유일적 영도를 거부했기 때문이라고 분석하고 있다. 여러 정당이 활동하면서 선거를 통해 대표가 선출되는 경쟁을 벌여 승리한 당이 정권을 잡고 정치를 하는 제도에 대해 비판한다. "다당제는 반동적 본질로서 부르주아 독재를 민주주의로 위장한 것이며 교활하고 기만적인 현대제국주의자들의 전형적인 정당제도"라고 선전하고 있다. 다시 말해서 사회정치생활에서 다당제를 받아들인다는 것은 노동계급의 당인 공산당과 당의 국가기관, 사회단체들에 대한 영도를 포기한다는 것을 의미하는 것이므로 받아들일

수 없다고 가르친다.[67] 북한은 동구권에서 다당제가 나온 지 1년도 안 되어 루마니아에서는 80여 개, 유고슬라비아에서는 130여 개의 당들이 난립하여 자유선거를 통해 반동들이 정권을 잡았다고 비판하고 있다. 그리고 사회주의가 좌절되고 자본주의가 복귀된 나라들에서는 정치적 혼란과 경제적 파산, 실업자의 증가, 민족분쟁, 사회적 범죄의 만연으로 인해 커다란 불행과 고통을 겪고 있다고 가르치고 있다.[68]

2) 당대회

노동당 규약에 따르면 당의 최고지도기관은 당대회이다(제14조, 제22조). 당대회는 5년에 한 번씩 당중앙위원회가 소집하며 소집 공고는 수개월 전에 하도록 되어 있다(제22조). 당대회가 하게 되는 사업으로는 당중앙위원회의 사업총화, 당의 강령과 규약의 수정보충, 당의 노선과 정책, 전략전술의 기본문제에 대한 토의 결정, 당중앙위원 선거, 조선노동당 총비서 선거가 있다(제23조). 2016년의 당대회에서 채택된 당규약에서는 총비서가 아닌 조선노동당 위원장을 추대하는 것으로 되어 있었고 조선노동당 위원장이 당의 최고 령도로서 당중앙군사위원장을 겸하도록 되어 있었다.[69]

그러나 2021년의 당규약 개정을 통해 최고의 당직책이 조선노동당 위원장에서 조선노동당 총비서로 바뀌었다. 당규약에 의하면 "조선노동당 총비서는 당을 대표하며 전당을 조직령도한다"(제24조)고 되어 있어 당규약 여

---

67   박성일, 『중학교 세계력사』, 평양: 교육도서출판사, 2012, pp. 11~12.

68   박성일, 『중학교 세계력사』, 평양: 교육도서출판사, 2012, p. 13; 손원태, 『내가 만난 김성주—김일성』, 서울: 동연, 2020, p. 227; 김일성은 1994년 손정도 목사와의 대담에서 동구라파가 소련에 대한 사대주의를 하다가 다 망했는데 어떻게 조선은 버티고 있는가라는 질문에 "우리가 버티고 있는 것은 사대주의를 하지 않고 주체를 세우고 자기 식으로 혁명하기 때문이지요. 우리가 자주적으로 혁명을 한 것이 옳았다는 것이 동구라파가 망한 다음에 더 뚜렷이 드러나게 되었소"라고 말했다.

69   조선노동당 규약, 2016.5.9, 제23조, 24조.

러 곳에 명시되어 있는 "계승"의 핵심으로 인식되도록 하여 세습체제에 대한 규범적 명분으로 삼고 있다.

3) 당대표자회

당대표자회는 당대회와 당대회 사이에 열리는 임시 당대회 성격의 대회로서 소집의 주체는 당중앙위원회이다(당규약 제32조). 다시 말하면 당대표자회는 5년마다 열리도록 되어 있는 당대회가 폐회된 후 다음 당대회가 열리기 전까지 당의 노선과 정책, 전략전술의 중요한 문제들을 토의 결정하고 당중앙지도기관 성원들을 소환하고 보선하기 위해 소집되는 회의이다. 당대표자회는 당중앙지도기관을 선거하거나 당규약을 수정보충할 수 있다(당규약 제32조). 그러나 당대회와 달리 당대표자회의는 매회기마다 소집되지는 않았다.

북한은 2010년 제3차 당대표자회의를 통해 당중앙군사위원회 부위원장 직제를 신설하고 김정은을 부위원장에 임명하였을 뿐 아니라 김정일을 당 총비서로 재추대하며 당규약도 개정하였다. 당시의 당대표자회의를 통해 김정은으로의 3대 세습 공식화를 비롯한 당중앙위원회 위원, 정치국, 비서국, 당중앙군사위원회 등 당지도체제 재편 등이 이루어졌다. 김정일 시대의 당대표자회의는 주로 김정은으로의 권력승계 절차에 한정되어 열렸다는 특징이 있다. 이 같은 맥락에서 2012년의 제4차 당대표자회의에서 제1비서직을 신설, 김정은을 제1비서, 정치국 위원, 정치국 상무위원회 위원, 당중앙군사위원회 위원장에 추대하는 등 세습을 위한 권력구조의 토대를 마련했다.[70] 지금까지 북한의 당대회는 1946년에 처음 열린 이후로 8차(2021)까지 열렸고, 당대표자회는 1958년, 1966년, 2010년, 2012년 등 총 4차

---

[70] 통일부, 『2022 북한이해』, p. 53.

례 소집되었다.

표 5-4. 당대표자회 개최 현황

차수	개최일	주요의제
제1차	1958.3.3	• 인민경제발전 1차 5개년 계획(1957~1961) • 당의 통일과 단결을 더욱 강화하는 문제 • 당조직 문제
제2차	1966.10.5	• 현정세와 당의 과업(국방경제 병진정책) • 사회주의 경제건설의 당면 과업(인민경제발전 7개년 계획 3년 연장) • 월남문제에 관한 당대표자회 성명 채택 • 당조직문제(당중앙위원장제 폐지 및 총비서직제로 개편, 선거)
제3차	2010.9.28	• **김정일을 당 총비서로 재추대** • 김정은을 당 중앙군사위원회 부위원장에 임명 • 당규약을 개정(당대표자회에도 당규약 개정 권한을 부여) • 당 중앙지도기관, 당중앙위원회 선거
제4차	2012.4.11	• **김일성과 김정일을 영원한 수령, 영원한 총비서로 추대** • 김일성·김정일주의를 유일지도사상으로 명문화 • 제1비서직을 신설 • 김정은을 제1비서, 정치국 위원, 정치국 상무위원회 위원, 당 중앙군사위원회 위원장에 추대

출처: 통일부 『2022 북한이해』, p. 53.

4) 당중앙위원회

북한에서 당중앙위원회는 가장 중요한 권력기관으로 간주되고 대한민국의 대통령실과 유사한 역할을 하는 것으로 보인다. 여기서 당, 국가기구, 군대, 근로단체와 이들 조직 소속 엘리트들을 일상적으로 통제하고 대내외 정책, 특히 국방, 경제, 문화, 대중, 대남정책 등을 결정하고 홍보하는 모든 전문 부서는 물론, 중앙정부의 핵심기능까지 모두 갖고 있다고 볼 수 있을 정도이다.[71] 당중앙위원회 위원은 대략 120명에서 150명 정도로 보이고 후보위원이 100명 내외로 추정되어 위원과 후보위원을 합해서 총 220에서

---

[71] 손원태, 『내가 만난 김성주—김일성』, 서울: 동연, 2020, p. 227, p. 268.

250명 선일 것으로 보인다.[72] 이들은 당, 국가기구, 군대, 근로단체 등의 핵심간부들로 구성되어 있고 현재 북한을 이끌어 가는 파워 엘리트 집단으로 볼 수 있다. 북한 헌법 제6장 '국가기구'의 제1절이 '최고인민회의'이다. 그러나 사회주의 국가는 당이 주도하는 당 국가이고 최고인민회의라는 국가의 최고주권기관도 헌법 제11조에 의하면 당의 영도 밑에 있다. 위에서 언급한 바와 같이 당중앙위원회는 당의 살림이 아닌, 국가의 살림을 관장한다. 당의 직책, 즉 당직뿐 아니라 국가의 주요 직책도 당중앙위원회에서 임명한다. 대표적으로 당중앙위원회 정치국 상무위원회는 당과 국가의 중요 간부들을 임명할 권한이 있다(제28조).

당중앙위원회는 실질적으로 당중앙위원회 정치국에서 소집하는 전원회의를 통해 당무와 국가사무를 관장한다고 보아야 한다. 당중앙위원회는 정치국의 결정에 의해 전원회의를 1년에 1회 이상 소집하도록 되어 있다(제26조). 1993년 제6기 제21차 회의를 끝으로 전원회의가 열리지 않았는데 김일성, 김정일이 사실상 당중앙위원회를 통치의 수단으로 활용하지 않았다는 것을 의미한다. 그러다가 2010년 9월 제3차 당대표자회의 및 당중앙위원회 전원회의가 개최되었는데 당대표자회에서 전원위원 124명을 선출하여 김정일–김정은으로서의 세습체제 구축을 위한 법적 기구인 당중앙위원회 전원회의를 정비하였다.

김정은 집권 이후에 열린 주요 당중앙위원회 전원회의로는 2013년 3월 31에 열린 회의로서 '경제건설 및 핵무력 건설 병진노선'을 채택하였고 2016년 5월 9일 제7기 제1차 전원회의에서는 정치국과 당중앙군사위원회 등을 조직하였다. 가장 최근에 열린 전원회의는 2022년 12월 26일에 소집되어 12월 31일에 폐회되었는데 2022년도 주요 당 및 국가정책들의 평가와

---

[72] 손원태, 위의 책, p. 269.

2023년도 사업계획, 조직문제, 2022년도 국가 예산집행 평가와 2023년도 국가예산안, 혁명학원들에 대한 당적 지도 강화, 새 시대 당건설 5대 노선 등이 안건으로 상정되었고 결정서로 채택되었다. 특히 눈에 띄는 것은 전술핵을 대남 대적 행동의 수단으로 제시한 점과 남한을 '명백한 적'으로 규정함으로써 향후 전술핵의 대량 생산 및 배치를 가시화할 것으로 전망되었다. 박정천 총참모장의 해임과 리영길의 당중앙군사위원회 부위원장 발탁 등의 군사, 사상·선전, 도당 운영 부분에서 전문성을 보강하는 인사도 있었다.[73]

표 5-5. 북한의 당중앙위원회 전원회의 개최와 주요 결정 사항

시기	차수	주요 내용	비고
1993년	제6기 제21차		
2010. 9	제6기	당중앙위원회 정치국 상무위원회와 정치국원 선거, 당중앙위원회 비서국과 당중군사위원회 등 조직	제3차 당대표자회에서 중앙위원 보선을 거쳐 총 124명을 선출
2012. 3.		경제건설 및 핵무력 건설 병진노선 채택	
2016. 5.	제7기 제1차	정치국과 정치국 상무위원회, 당중앙위원회 부위원장(현 비서) 선거 및 정무국(현 비서국) 조직, 당중앙군사위원회 조직	김정은 체제 안정 도모
2017. 10.	제7기 제2차	경제건설 및 핵무력 건설 병진노선의 지속적인 추진과 자력갱생으로 대북제재극복 강조	
2018. 4.	제7기 제3차	'새로운 전략 노선': 경제건설 및 핵무력 건설 병진노선승리 선언 후 경제 건설에 집중	
2019. 4	제7기 제4차	2020년 '5개년 전략' 목표 달성 주력, 당-국가 일체화 방향에서 국가 기구의 역할 강화	
2019. 12	제7기 제5차	자력갱생, 정치외교 군사적 담보, 당의 통제 등을 핵심 요소로 하는 '새로운 길' 제시, 당정치국 소위원, 당 조직 인사, 내각을 포함한 국가지관 인사 등 총 77명을 선출	12월 28일부터 31간 개최.

---

73   통일연구원, "제8기 제6차 당 중앙위원회 전원회의 분석 및 향후 정세 전망" Online Series, 2023, pp. 4~9.

시기	차수	주요 내용	비고
2020. 8.	제7기 제6차	경제성과 미흡 인정, 제8차 당대회를 2021년 1월에 소집하기로 결정	
2021. 1.10~11	제8기 제1차	당중앙위원회 정치국, 정치국 상무위원회 선거, 비서국 중앙군사위, 중앙검사위 등 인선단행	제8차 당대회 기간(1.5~12) 중에 개최
2021. 2. 8~11	제8기 제2차	제8차 당대회가 제시한 국가경제발전 5개년 계획의 첫 해 사업계획 심의, 코로나-19 방역 과제 제시	
2021. 6. 15~18	제8기 제3차	당과 국가의 주요정책 집행 정형 중간 총화	
2021. 12. 27~31	제8기 제4차	'21년 집행정형 총화 및 22년 사업계획, 사회주의 농촌문제의 올바른 해결을 위한 당면 과업	
2022. 6. 8	제8기 제5차	당중앙위원회 및 무력기관 전면 개편, 조용원이 당조직지도부장 겸 비서로 임명, 대남 대미라인 정리 등	전원회의 확대회의
2022. 12. 25~31	제8기 제6차	전술핵을 대남 대적 행동의 핵심수단으로 제시, 한국을 '명백한 적'으로 규정. 군사분야, 사상·선전 분야에서 전문성 인사 보완,	

출처: 저자가 작성.

이렇듯 전원회의는 당중앙위원회의 기능을 수행하는 실질적인 회의체이며 김일성-김정일은 물론, 김정일-김정은으로 이어지는 세습통치 체제구축의 토대로서 그 역할을 다하고 있다.

당중앙위원회와 함께 총비서 산하에는 두 개의 위원회가 존재하는데 당중앙군사위원회와 당중앙검사위원회이다. 당중앙군사위원회는 당대회와 당대회 사이의 당의 최고군사지도기관이고 노동당 총비서가 위원장이 된다. 결국 총비서가 공화국 무력을 지휘하고 군수공업을 발전시키는 등 국방사업 전반을 당적으로 지도하도록 되어 있다. 특이한 것은 안건에 따라서 정족수와 상관없이 필요한 성원만 참석시킬 수 있도록 되어 있어 군사비밀이나 대남, 대미 군사 작전 등 대외 군사 상황에 대해 논의할 때에는 특정한 담당자만으로도 회의소집이 가능하도록 하였다(제30조). 당중앙검사위원회는 당중앙의 유일적 영도실현에 저해를 주는 당규 위반 행위들을 감독 조사하고 당규율 문제를 심의하며 신소청원을 처리하고 당의 재정관리사업을 검사하는 기능을 하도록 되어 있다(제31조).

한편 당중앙위원회 내에는 두 개의 국이 있는데 정치국과 비서국이다. 정치국은 전원회의와 전원회의 사이에 당중앙위원회의 이름으로 당의 모든 사업을 조직 지도한다. 그리고 당중앙위원회 전원회의의 소집권도 갖고 있다(제27조). 정치국은 정치국 상무위원회를 두게 되는데 여기서 정치, 경제, 군사적으로 시급히 제기되는 중대한 문제들을 토의 결정하며 당과 국가의 중요간부들을 임면하게 된다(제28조). 비서국은 실무적 문제들을 토의 결정하고 그 집행을 조직 지도한다고 되어 있는데(제29조) 과거 정무국의 역할을 하는 것으로 보인다.

당중앙위원회의 조직과 기능을 간단히 정리하면, 당중앙위원회는 당대회 다음의 권력기구이다. 당중앙위원회는 당대회의 소집 권한도 있고(제22조), 임시 당대회 성격의 당대표자회도 소집할 수 있다(제32조). 당중앙위원회는 전원회의의 형식으로 전체가 모이게 되는데 전원회의는 당중앙위원회 정치국에게 소집 권한이 있다. 당중앙위원회의 이름으로 모든 사업을 조직 지도하는 권한도 정치국에 있다(제27조).

표 5-6. 당중앙위원회 권력구조

구분	전원회의	정치국	정치국 상무회의
권한	- 당대회 및 당대표자회 소집 - 당규약 개정 - 정치국과 정치국 상무위원 선거	- 전원회의 소집 - '전원회의와 전원회의 사이에 당중앙위원회의 이름으로 당의 모든 사업 조직지도	정치, 경제, 군사적으로 시급히 제기되는 중대한 문제 결정, 총비서의 위임에 따라 상무위원은 정치국회의 사회권 가짐
당중앙위원회는 평소에는 정치국 상무회의와 정치국 회의를 통해 당과 국가의 주요 현안을 통의 결정하는 구조를 가지고 있음			

출처: 저자가 작성.

제3절　헌법을 통한 유일지배체제의 제도화

1. 북한 헌법의 연혁과 유일지배체제 확립

1) 북한 헌법의 특징

북한에서 헌법은 국가사회제도의 기본 원칙, 국가기관의 조직과 활동원칙, 공민의 기본권리와 의무를 규제한 법으로 정의되고 있다. 따라서 헌법은 모든 법규범과 규정 작성의 방향과 기준이 되는 국가의 기본법이다.[74] 일반적으로 국가권력은 헌법에 의해 조직되고 수권(授權)된다. 그리고 헌법은 국가의 조직 및 작용에 관한 기본법의 기능을 한다. 따라서 국가 권력은 헌법제정권력에 의해 만들어지고 헌법제정권력은 국가권력보다 우월하다.[75] 그러나 사회주의헌법에는 사회주의 이론으로부터 연역되어 하나의 논리적 체계를 이루기 위해 주요 기본원리를 공통적으로 내포하고 있다. 그 기본원리로는 인민주권의 원리, 사회주의적 민주주의 원리, 사회주의 계획경제의 원리, 평등과 사회권, 권리와 의무의 불가분성, 사회주의적 합법성, 사회주의적 국제주의, 인간 중심의 원리 등이다.[76] 북한의 헌법에도 이러한 기본원리가 반영되어 있다고 보아야 한다. 북한에서의 헌법은

---

[74]　김희성·허성근 외, 『법개론』, 평양: 김일성종합대학 출판사, 2006, p. 22.

[75]　서울대학교 법학연구소 편, 『법학통론』, 서울: 서울대학교, 2005, pp. 143~144,

[76]　헌법재판연구원, 『사회주의 이론을 통해 본 북한 헌법』, 통일헌법연구, 2017, pp. 40~48.

프롤레타리아 독재의 무기이며 사회주의 건설을 다그치고 온 사회를 혁명화, 노동계급화하는 수단으로 보고 있기 때문이다.[77]

북한에서 헌법은 헌법상에 그 최고규범성을 직접 규정하지는 않지만 최고인민회의에서만 그것도 대의원 전원의 2/3 이상의 찬성이 있어야 개정이 가능하도록 되어 있다. 부문법 등의 개정 요건이 최고인민회의 대의원의 과반수 이상의 찬성이라는 것과 비교할 때 헌법이 최고의 규범임을 간접적으로 인정하고 있다고 할 수 있다. 그러므로 헌법은 법형식상 최고법의 효력을 갖고 있다고 보아야 한다.[78]

북한의 법제정법(제45조)에 따르면 "헌법은 최고의 법적 효력을 가지며 모든 법문건은 헌법과 저촉되지 말아야 한다"라고 명시하고 있다. 따라서 모든 법령들은 헌법에 기초하여야 하며 헌법상의 요구와 원칙을 벗어나서는 안 된다.[79] 하지만, 북한의 헌법은 이데올로기와의 결합이 불가피 하고 사회주의 법계(法系)를 충실히 따른다는 측면에서 특성과 한계가 분명하다.[80] 따라서 북한의 헌법에는 계급성, 집단성, 교육성이 충실히 반영되어 있다.[81] 더 나아가 당규약, 당 결정, 당 중앙으로서의 김일성, 김정일, 김정은의 이른바 교시와 말씀 등에 비하면 하위 개념에 속한다는 법체계상의 한계도 있다. 그러나 이러한 장식적 혹은 형식적 체계라 하더라도 북한의 헌법은 사실적 권력관계를 규정하고 있는 국가 내 최고 규범이고,[82] 북한의 정치 사회 경제 문화의 변화를 반영하는 가장 중요한 문서임은 간과할 수

77   사회과학원 법학연구소, 『법학사전』, 평양: 사회과학출판사, 1971, p. 681.
78   이효원, "북한의 법률체계와 헌법의 특징", 현대사광장, 2015, p. 66.
79   박정원, "북한의 법제정(입법) 체계의 분석 및 전망", 『법제연구』, 53호, 2017, p. 22.
80   민경배, "체제전환국 법제의 특징과 구조", 『사회주의 체제전환에 대한 법제도적 비교연구』, 서울: 한울아카데미, 2008, p. 38.
81   김학성, "남북한 헌법 비교", 『남북한 법제비교』, 춘천: 강원대학교 출판부, 2003, pp. 15~16.
82   심형일, 『주체의 사회주의 헌법리론』, 평양: 사회과학출판사, 1991, p. 13.

없다.[83]

북한의 주장에 따르면 헌법은 김일성–김정일의 존함으로 빛나는 위대한 수령님의 작품이다.[84] 김정일도 사회주의헌법은 정치 경제 문화 등 국가사회 생활의 원칙들을 전면적으로 다루고 있고 다른 모든 법규범과 규정 작성의 방향과 기준을 주는 국가의 기본법이라고 한 바 있다.[85] 법의 위상과 법의 위계와 관련된 북한의 주장들은 사실상 장식적 의미가 더 크고 실제 '당규약'이나 '10대 원칙'이 헌법 위의 상위 개념으로 작동하고 있다. 그러나 법체계상 헌법은 여전히 정치, 경제, 문화 등 국가사회의 원칙들을 전면적으로 규제하고 있다. 헌법은 최고의 법률적 효력을 가지고 있는데 헌법 이외의 모든 부문법과 규정들은 헌법에 의하여 제약된 기준과 한계 안에서 효과를 가지며 헌법에 부합되게 채택된다.[86]

2) 제정 과정

북한의 헌법은 1948년 9월 8일 북조선 최고인민회의에서 제정되었고 이를 기반으로 9월 9일 정권이 출범하면서 법적 토대를 갖추려 하였다. 헌법 제정은 충분한 연구나 검토의 여유도 없는 상황에서 당시의 소련 헌법, 즉 스탈린 헌법을 그대로 모방하다시피 한 초안을 조금 다듬어 최고인민회의의 결의라는 제정의 절차를 거친 것이다.[87] 즉, 북한은 1947년 11월 18일, 제3차 북조선인민회의에서 헌법 제정을 결의하였고 곧바로 조선임시헌법

---

83 조재현, "북한헌법 개정의 배경과 특징에 관한 헌법사 연구", 『미국헌법연구』 제29권 제3호, 미국헌법학회, 2018. p. 275.
84 백성일, "우리 공화국 사회주의헌법의 특징", 『김일성종합대학학보 법률학』 제67권 제1호, 2021. p. 2.
85 김정일, "사회주의법무생활을 강화할데 대하여", p. 21.
86 심형일, 『주체의 사회주의 헌법리론』, pp. 13~15.
87 김철수, 『한국통일의 정치와 헌법』, 서울: 시와 생각, 2017, p. 373.

제정위원회를 조직하게 되었다. 위원장에는 김두봉이 선출되었고 위원회는 30명의 위원으로 구성되었는데 위원 중의 서열 1위가 김일성이었다.[88] 이 헌법은 서문과 10장 104조로 구성되어 있었는데 소련 헌법을 그대로 가져오다 보니 상황에 전혀 맞지 않는 부분도 있었다. 이 헌법이 한반도 전역에 적용되어야 한다는 이유로 수도를 서울로 표기한 것이 그 예이다.[89]

김일성은 헌법 초안부터 사회주의나 공산주의 이념이 너무 노골적으로 드러나는 것을 우려하여 공산주의 냄새를 덜 피우도록 조치하였다.[90] 따라서 이때 제정된 헌법의 틀을 인민민주주의헌법으로 규정하고 1972년의 헌법에는 아예 사회주의헌법이라는 타이틀을 올리게 되어 북한의 사회주의적 정체성을 확고히 하였다는 평가이다.[91]

2. 헌법의 개정과 유일지배체제의 고착

북한 헌법은 1948년 9월 8일에 제정된 이후 1954년에 1차, 2차 개정, 이듬해인 1955년에 3차 개정, 1956년에 4차 개정, 1962년에 5차 개정을 하였다. 그 이후 10년간 개정이 없다가 1972년 12월 27일, 최고인민회의 제5기 1차회의에서 '조선민주주의인민공화국 사회주의헌법'을 제정공포 하였다. 이는

---

88   김광운, 『북한 정치사 연구 I』, 서울: 선인, 2003, pp. 616~617.

89   박정원, "북한의 법제정(입법) 체계의 분석 및 전망", pp. 190~191; 헌법제정을 위한 초안 작성을 소련파인 김택영 북조선인민위원회 상임위원회 법정부장과 조선역사편찬위원회 위원장 리청원 및 북조선 최고재판소 재판원 김윤동에게 맡겼다. 이들 중 김택영은 소련에서 법과대학을 졸업한 후 검사로 활동하던 자였다. 그리고 7명의 작성위원 중에는 남한에서 월북한 헌법학자도 포함되어 있었다. 위원회 내에서는 소련식의 헌법을 주장하는 파와 이를 반대하는 파의 갈등이 적지 않았다. 종교의 자유 문제도 소련파는 반대하였으나 국내파 일부가 반대하여 초안에는 종교의 자유도 보장되는 쪽으로 정리되었다.

90   박병엽 구술, 『조선민주주의인민공화국의 탄생』, 유영구, 정창현 엮음, 서울: 선인, 2019. pp. 234~238.

91   안석호, "남북경협 활성화에 따른 북한법제의 변화 연구", 국민대학교 박사학위논, 2018, pp. 159~161.

북한법의 변천과정 중에서 가장 중요한 시점으로서 북한식 사회주의 주체사상에 기초한 자체적인 법체계가 성립된 시기였다. 이는 과거의 헌법을 인민민주주의시대의 헌법으로 단정하고 1946년의 민주개혁과 1950년대 후반의 강력한 사회주의적 개혁을 통해 사회주의체제가 확립되었다고 본 결과였다. 동시에 이 시기부터 함께 진행된 주체화와 유일사상 강화를 통해 수령인 김일성이 영도하는 주체사회주의체제를 알리는 의미를 갖게 되었다.[92]

1) 김일성 주석 시기

(1) 1972년의 사회주의헌법

북한은 몇 번의 헌법개정을 통해서 큰 전환점 내지는 체제 유지 계승을 위한 발판을 마련했다. 1972년의 '사회주의헌법'은 개정이냐, 제정이냐를 놓고 혼란이 있을 정도로 내용과 형식에 있어서 큰 폭의 개정이었다. 북한 헌법 서문 상단에 표시된 개정 연혁에는 1972년 12월 27일, 최고인민회의 제5기 제1차 회의에서 채택된 것으로 표시되어 있고 그 이전의 제정헌법은 표시하지 않은 것으로 보아 현재 헌법의 근원을 1972년에 채택된 사회주의헌법으로 보는 것이 타당하다고 보는 견해가 있다.

이 견해에 따르면 1972년 이전의 헌법은 폐기된 것이고 사회주의 사회 이행으로 들어선 북한에게 이전의 헌법은 맞지 않았다고 판단하여 다시 만든 것이기에 1972년의 헌법은 제정헌법으로 보아야 한다는 것이다.[93] 1972년 이후에는 북한 헌법을 사회주의헌법이라고 표시하는 것으로 보아 이 주장은 타당성이 있다. 그러나 1948년의 헌법이 인민민주주의헌법이고 사회주의적인 개혁이 채 시행되지 못한 상태에서 제정된 헌법이라고는 하더라

---

92   체제통합연구회 편, 『북한의 체제와 정책』, 서울: 명인출판사, 2018, p. 5.
93   이종석, 『북한의 역사 2』, 서울: 역사와 비평사, 2018, p. 74.

도 스탈린 헌법을 모방했다는 측면과 사회주의 법계를 충실히 따르고자 한 측면을 감안하여 1972년의 헌법은 1948년의 제정헌법의 개정이라고 보는 견해도 있는 것이 사실이다.[94]

본서에서는 이런 논란을 감안하여 북한 헌법상에 표시된 대로 헌법의 연혁 상으로는 개정으로 보는 것이 타당하고 헌법의 틀과 사회변화를 반영한 측면 에서는 제정헌법이라고 보는 것이 타당하여 혼용하는 것으로 한다.

표 5-7. 제정헌법과 1972년 헌법의 비교

구분		제정헌법	1972년 헌법
형식		10장 104조	11장 149조
내용	1장	근본 원칙	정치
	2장	공민의 기본적 권리 및 의무	경제
	3장	최고주권기관	문화
	4장	국가중앙집행기관	공민의 기본권리와 의무
	5장	지방주권기관	최고인민회의
	6장	재판소 및 검찰소	조선민주주의인민공화국 주석
	7장	국가예산	중앙인민위원회
	8장	민족보위(국방)	정무원
	9장	국장, 국기 및 수부(수도)	지방인민회의, 인민위원회 및 행정위원회
	10장	헌법수정의 절차	재판소 및 검찰소
	11장		국장, 국기 및 수도

출처: 저자가 작성.

이렇듯 북한은 1972년에 비로소 본격적인 사회주의 국가건설과 사회주의 혁명이념을 담은 헌법을 제정 공포함으로써 1948년의 제정헌법과 달리 북 한 스스로를 "자주적인 사회주의 국가"(제1조)로 규정하게 되었다.[95] 1972년

---

94 헌법재판연구원, 『사회주의 이론을 통해 본 북한 헌법』, pp. 85~86.
95 조재현, 앞의 글, pp. 285~286. 제정헌법에는 사회주의, 민주집중제, 프롤레타리아 독재 등의 표현이 나오지 않으나 1972년 헌법에는 이러한 내용들이 등장하기 시작했다. 공민의 기본권 과 권력의 형태가 유일지배체제로 진행해 가는 과도적 성격의 내용들이 삽입되기 시작했다.

헌법은 이 외에도 국가 주석제를 신설하여 1인 지배체제의 규범화를 통해 신격화된 수령체제의 기틀을 마련했다.[96] 게다가 "모든 국가기관들을 민주주의 중앙집권제 원칙에 의하여 조직되며 운영된다"(제9조)고 명시한 것이나 신앙 및 종교의식의 거행에 대한 자유(제14조)와 언론, 출판, 결사, 집회, 군중대회 및 시위의 자유(제13조)가 제정헌법에는 존재했으나 1972년 헌법에는 삭제되었다. 그 밖에도 프롤레타리아 독재(제10조), 사회주의분배원칙 적용(제27조) 등의 지배체제와 경제체제에 대한 규정도 이때 처음 등장하게 된다.

이는 유일지배체제의 구축을 위한 방편으로 강력한 사상통제와 당의 지배를 공고히 하게 위한 과정으로 보인다. 북한은 이 같은 법체계의 정비를 통해 유일지배체제의 세습 기반을 구축하게 되었다.[97] 사회주의헌법 제정 이듬해인 1973년부터 김정일은 후계자로서의 공식적인 직위를 갖게 되었고, 얼마 후 김일성 다음의 지위를 사실상 확보하게 되었다.

표 5-8. 유일지배체제와 관련한 제정헌법과 1972년 헌법의 비교

구분	제정헌법	1972년 헌법
국가 정체성	조선민주주의인민공화국(제1조)	자주적인사회주의국가(제1조)
최고지도자	수상(제58조)	주석(무력총사령관·국방위원장 겸직), 국가주권의 대표(6장)
당의 지배	표현 없음	조선노동당의 주체사상을 자기 활동의 지침으로 삼는다(제4조)
지도 사상		마르크스—레닌주의를 창조적으로 적용한 주체사상(제4조)
지배체제		민주주의 중앙집권제(제9조), 프롤레타리아 독재(제10조), 사회주의 분배원칙 적용(제27조).
최고주권기관	최고인민회의(제32조)	최고인민회의(제73조)
최고집행기관	내각(제4장 제1절)	정무원(제8장)(내각 폐지)

출처: 저자가 작성.

[96] 이효원, "북한의 입법조직과 작용에 관한 법체계", p. 71.
[97] 조재현, 앞의 글, p. 286.

(2) 1992년의 개정

1980년 말부터 시작된 동구권의 체제 전환 조짐과 이어지는 몰락은 북한으로 하여금 근본적 체제 고민에 빠지게 하기에 충분했다. 이로 인해 북한은 동구권 몰락의 원인을 확고한 군대와 탁월한 영도자의 부재라고 선전하면서 북한의 체제유지에 힘쓰게 된다.[98] 그런 와중에 헌법개정을 통해 마르크스-레닌주의와 프롤레타리아 국제주의라는 사회주의헌법의 원칙을 삭제하게 되었다. 대신에 주체사상과 우리식사회주의를 내세움으로써 사실상 마르크스-레닌주의를 더 이상 국가 최고 이념으로 삼지 않기 시작했다. 이미 김정일은 1990년 5월 30일에 조선노동당 중앙위원회 책임일군들 앞에서 한 연설에서 다음과 같이 주장하였다.

> "지금까지 우리는 맑스(마르크스)-레닌주의의 제한성에 대하여 많이 이야기 하지 않았습니다. 그러나 맑스-레닌주의의 제한성이 더욱 드러난 오늘 우리 일군들에게 그것을 똑똑이 인식시키는 것이 필요합니다. 맑스-레닌주의의 제한성을 알아야 수령님의 혁명사상, 주체사상의 독창성과 우월성을 똑똑이 인식할 수 있으며 주체사상에 기초하고 있는 우리식 사회주의에 대한 신념을 더욱 굳게 할 수 있습니다"[99]

당시는 소비에트 체제가 붕괴되고 동구권 국가들이 속속 체제전환을 위해 정국이 긴박하게 돌아가던 때였다. 더 이상 마르크스-레닌주의에 기댈 경우 소비에트의 해체와 동구 사회주의 국가들의 체제전환을 설명하고 비판할 길이 없는 상태에서 마르크스-레닌주의의 한계를 인정하고 그보다 완벽한 이데올로기인 주체사상을 내세울 필요가 있었던 것이다.

---

[98]   박영철 외, 『력사 고급중학교』, 평양: 교육도서출판사, 2015, pp. 144~148.

[99]   김정일, 『주체철학에 대하여』, 평양: 조선노동당출판사, 2000, p. 93.

이런 역사적 배경 속에서 북한은 1992년 개정헌법 3조에 "국가는 사람 중심의 세계관이며 인민대중의 자주성을 실현하기 위한 혁명사상인 주체 사상을 자기활동의 지도적 지침으로 삼는다"고 규정했다. 이 조항은 이때 신설되어 현재까지 수령 중심의 당국가 체제의 핵심 근거가 되고 있다. 당 규약에서도 조선공산당을 마르크스–레닌주의의 당이라고 규정한 표현을 2010년부터는 "위대한 수령 김일성 동지의 당"으로 바꾸었다.[100] 이는 마르 크스–레닌주의의 종주국이며 사회주의체제의 본산이었던 소련을 중심으 로 동구권이 몰락한 이상 마르크스–레닌을 내세우기에는 명분이 약해졌 다는 분석하에 김일성 주체사상을 전면에 내세우며 유일영도 체제의 계승 을 지속하기 위한 것으로 보인다. 북한은 1992년의 헌법개정을 통해 김정 일로의 권력 승계를 구체화하였는데 그 대표적인 경우가 주석제와 정무원 을 존치하고 국방위원회와 국방위원장의 권한을 강화한 것이었다.[101]

표 5-9. 1992년 헌법상의 주석과 국방위원회 위원장[102]의 위상과 권한

구분	주석	국방위원회 위원장
위상	국가의 수반, 공화국의 대표(제105조)	국가주권의 최고군사지도기관의 책임자
권한	1. 중앙인민위원회사업을 지도, 정무위원회 소집·지도, 3. 최고인민회의 법령, 최고인민회의 상설회의 결정, 중앙인민위원회 중요 정령과 결정의 공포, 4. 특사권의 행사, 5. 타국과 맺은 조약의 비준 또는 폐기 공포, 6. 타국에 주재하는 외교대표의 임명 또는 소환, 7. 다른 나라 사신의 신임장, 소환장 접수(제107조)	일체 무력을 지휘 통솔(제113조) 1. 국가의 전반적 무력과 국방건설사업을 지도, 2. 주요군사 간부 임명, 해임, 3. 군사칭호를 제정, 장령 이상의 군사칭호 수여, 4. 유사시 전시상태와 동원령 선포(제114조)

출처: 저자가 작성.

100 조재현, 앞의 글, p. 284.

101 안희창, 『북한의 통치체제, 지배구조와 사회통제』, 서울: 명인문화사, 2016, p. 144.

102 '국방위원회'라는 명칭은 1972년 헌법 제6장 '주석'의 제93조에 주석이 국방위원회 위원장을 겸하는 것으로 규정되어 있지만 국방위원회에 대한 별도의 조항은 없음. 1992년에 헌법 제6 장 국가기구의 제2절 '주석'에 이어 제3절 '국방위원회'를 신설하여 권한을 명시하고 상세히 규정하고 있으므로 김일성에서 김정일로의 권력 세습을 위한 전초적 기구로 국방위원회를 삼고 있음을 알 수 있음.

2) 김정일 국방위원장 시기

(1) 1998년, '김일성헌법'으로의 개정

'김일성헌법'이라고도 하는 1998년의 헌법개정은 김일성 사후에 이루어진 것으로서 김일성–김정일로 이어지는 권력 세습체제를 확고히 하고자 하는 의도가 분명히 나타난 개정이다. 1994년 김일성 사망의 충격으로 최고인민회의 선거가 실시되지 못한 상태에서 8년 만에 최고인민회의 선거가 실시되었다. 최고인민회의 선거가 끝난 후인 1998년 9월 5일 최고인민회의 제10기 제1차 회의가 소집되었다. 이 회의의 주요 안건은 헌법의 개정과 이 헌법에 반영된 새로운 권력구조의 출범이었다.[103] 1998년 헌법의 가장 특이한 것은 서문(序文)이 처음 등장했다는 것이다.

이 헌법 서문을 통해 사망한 김일성을 찬양하고 김정일 권력의 정당성을 김일성으로부터 연결시키려 하였다.[104] 북한은 개정헌법 서문에서 김일성을 조선민주주의인민공화국의 창건자이자 사회주의 조국의 사상과 영도를 구현한 인물로 찬양했고 더 나아가 사회주의 조선의 시조라고 명시했다.[105] 그리고 이 헌법을 김일성헌법이라고 규정하였다. 1998년 헌법개정은 제정 수준의 폭넓은 개정이 이루어졌는데 그 대표적인 것이 권력구조에 관한 것이었다. 국가주석제를 폐지하고 국가주석의 권한을 이미 1992년 헌법부터 그 권한이 막강해진 국방위원회와 내각, 최고인민회의 상임위원회로 분산하였다.[106] 국가기구 항목의 제2절은 '국방위원회'에 관한 것이었는데 '국방위원회'를 "국가주권의 최고 군사지도기관이며 전반적 국방관리

---

103 와다 하루끼, 앞의 책, pp. 257~258.
104 권재열 등, 『북한의 법체계』, 서울: 집문당, 2004, p. 32.
105 조선민주주의인민공화국헌법 서문.
106 안희창, 앞의 책, p. 145.

기관"[107]이라고 명시했을 뿐 아니라 '국방위원장'을 "일체 무력을 지휘통솔하여 국방사업 전반을 지도"하는 자[108]로 규정했다. 헌법의 개정을 통해 새로운 권력구조를 탄생시킨 최고인민회의는 이어서 그 다음 날 김정일을 국방위원회 위원장으로 추대하여 국방위원장이 주석직을 대체하였고 국방위원회가 중앙인민위원회[109]를 대체한 것과 같았다.[110]

'국방위원장'은 2009년의 헌법개정을 기해 '조선민주주의인민공화국의 최고령도자'로 규정되었고 조선민주주의인민공화국이 자기 활동의 지침으로 삼는 지도사상에 주체사상과 함께 '선군사상'이 추가되었으며(제3조) 주권의 소유 주체에 군인을 포함시켰다(제4조).[111] 한편, 1972년에 폐지된 내각이 부활하여 행정적 집행기관으로서, 전반적 국가관리기관으로서 위상을 되찾았고 그동안 최고 주권의 행정적 집행기관 역할을 했던 정무원은 폐지되었다.[112]

(2) 2009년의 개정

사회주의헌법의 제정 이후 3차 개정인 2009년의 헌법개정에서 가장 두드러진 것은 김정은으로의 세습체제를 구축하기 위한 의도가 반영된 것이라는 점과 선군사상을 주체사상과 함께 지도적 이념으로 명시했다는 것이다. "조선민주주의인민공화국은 주체사상, 선군사상을 자기활동의 지도적 지침으로 삼는다"(헌법 제3조)고 규정함으로써 김정일의 선군정치가 하나

---

107   1998년 개정헌법 제100조.
108   1998년 개정헌법 제102조.
109   중앙인민위원회는 1972년의 헌법과 1992년의 개정헌법에 "국가주권의 최고지도기관"으로 존속했으나 1998년 헌법에서 삭제되었다. 그러나 지방주권기관으로서의 지방인민위원회는 지방주권기관이며 해당 지방주권의 행정적 집행기관으로 유지되고 있다.
110   와다 하루끼, 앞의 책, pp. 258~259.
111   안희창, 앞의 책, p. 145.
112   권재열 등, 앞의 책, p. 36.

의 이념의 반열에 오르며 헌법에 명시되어 김일성의 주체사상과 함께 향후 북한의 정치이념으로 자리 잡도록 했다.[113] 헌법에서 공산주의라는 표현이 삭제된 것도 특이한 사항이다. 아무래도 이미 세계사적 평가를 받고 몰락한 공산주의, 사회주의보다는 주체사상, 선군사상으로 지도이념을 표현하는 것이 더 합리적이라고 판단한 결과로 보인다. 권력구조에서 국방위원회를 '국가 주권의 최고군사지도기관이며 전반적 국방관리기관이라고 규정했던 것을 국가 주권의 최고국방지도기관으로 수정하여 군사 사안뿐 아니라 국가와 국방 전반의 지도 기관으로 위상을 높혔다.

2009년의 헌법개정은 김정은으로의 후계 구도 이행과 김정일의 선군정치를 지도이념인 선군사상으로 표현을 바꾸어 주체사상과 같은 위상으로 올려 놓았다는 것이 핵심 사안이다. 이로 인해 김정일의 위상도 높이고 향후 김정은으로의 권력 이양이 완성될 때 주체사상의 창시자 김일성의 후계자로서의 김정일과 주체사상과 같은 반열의 선군사상의 창시자 김정일의 후계자로서의 김정은의 위상에 흔들림이 없도록 했다고 볼 수 있다.

표 5-10. 김정일 시기 헌법개정과 유일지배체제의 세습 관련 주요 내용

구분	1998년 개정헌법	2009년의 개정헌법
형식	7장 163조	7장 172조
헌법 서문	- '서문' 신설(김일성–사회주의조선의 시조, "김일성헌법"으로 명명) - 김일성 동지의 사상과 업적의 계승발전 → 김정일로의 세습 정당화 - "조선노동당의 령도 밑에" → 당의 지배 명시	유지
당의 지배	당의 영도 밑에 모든 활동 진행(제11조): 92년에 신설	유지
최고지도자 관련	주석직 폐지	국방위원회 위원장이 실질적 최고지도자

113 조재현, 앞의 글, p. 285.

구분	1998년 개정헌법	2009년의 개정헌법
국방위/위원장	- 국방위는 국가주권의 최고군사지도 기관이며 전반적 국방관리기관(제100조) - 국방위원장이 일체 무력 지휘통솔, 국 방사업 전반지도(제102조)함으로 실질 적 최고지도자(최고인민회의 상임위원 장은 형식적 국가대표로 유지(제111조)	- 국방위원회는 국가주권의 최 고국방지 도기관(제106조) - **국방위원장의 명령, 국방위의 결정, 지 시**에 어긋나는 국가기관의 결정, 지시 를 폐지(제109조 제4항) → 국가 최고지 도자의 위상 명시
지도이념	주체사상(제3조)	주체사상·**선군사상**(제3조)

출처: 저자가 작성.

3) 김정은 국무위원장 시기

(1) 2012년, 김일성–김정일헌법으로의 개정

2012년의 헌법개정에는 2011년에 사망한 김정일의 업적을 높이고 북한 이 핵보유국이 되었음을 선언하는 내용을 헌법 서문에 추가했다. 북한은 이번에도 1998년의 헌법개정의 경우처럼 김정일 사후 김정은의 후계 체제 를 확고히 하고자 하는 의도로 개정 작업을 단행했다.[114] 김정은은 집권 이 후 군대식 머리모양이나 모택동 복장 등을 통해 김일성과 유사한 이미지를 연출하는 것에 그치지 않고 그의 집권을 법적으로 정당화하는 작업도 병행 했다.[115] 새로운 헌법에는 국방위원장을 국방위원회 제1위원장으로 수정 하고 기존에 있던 국방위원회 제1부위원장 직제를 폐지했다. 이는 김정은 이 국방위원회 제1위원장이 됨으로써 오는 혼란을 피하기 위한 것으로 보 인다.[116]

아울러 국방위원회 제1위원장을 "조선민주주의인민공화국의 최고령도 자"로 명시하여 김정은 국방위원장이 김일성 수령과 김정일 국방위원장에

---

[114] 한명섭, "북한 '반동사상문화배격법'에 관한 고찰", 『북한법 연구』 Vol. 27, 2022, p. 138.

[115] Blaine Harden, *The Great Leader and The Fighter Pilot*, London: Mantle, 2015, p. 235.

[116] 안희창, p. 146.

이어 북한의 최고지도자임을 확고히 했다(제100조). 이어서 국방위원회 제1 위원장의 명령, 국방위원회 결정, 지시에 어긋나는 국가 기관의 결정, 지시 를 폐지한다고 수정하여(제109조 제4항) 2010년의 헌법에서 국가 최고지도자 인 국방위원회 위원장의 위상과 권한을 제1위원장인 김정은이 이어 받았 음을 반영했다. 북한은 1998년 헌법의 서문에 '김일성헌법'이라고 한 반면 2012년의 헌법은 '김일성−김정일헌법'이라고 명시하여 그 성격의 변화를 나타냈고 핵보유국 지위의 확보를 김정일의 업적으로 삽입했다.

더 나아가 김일성은 '영원한 주석'으로, 김정일을 '영원한 국방위원장'으 로 추대하여 김일성−김정일 유훈통치의 시대를 열었다.[117] 이는 1972년의 헌법개정을 통해 주석직을 신설한 후 김일성의 신격화의 길에 법적인 토대 를 제공하였고, 1992년의 개정에서는 국방위원회를 신설하여 김정일이 후 계자로서 법적, 제도적으로 정권을 승계하는 토대를 마련한 것처럼, 이번 에는 선대의 뒤를 이어 백두혈통의 가계도가 헌법이라는 국가 내 최고규범 을 통해 안착하였음을 보여주었다.[118]

(2) 2016년의 개정

1998년 헌법은 김일성헌법으로, 2012년 헌법은 김일성−김정일헌법으로 각각 명명하여 세습과 권력 계승의 합법성을 담보하고자 한 북한은 2016년 의 헌법개정을 통해서는 김정은이 김정일의 그늘에서 완전히 벗어나고자 하였다.[119] 국방위원회의 기능에 변화를 주어 헌법에서 국방위원회 제1위

---

[117] 한명섭, 위의 글, pp. 138~139; 김정일의 생전에 국방위원회는 위원장외에도 제1부위원장 1 명, 부위원장 4명, 위원 5명 등 총 11명으로 구성되어 있었다. 2015년 당시의 국방위원회는 김정은이 제1위원장이고, 부위원장에는 황병서(총정치국장), 리용무(정치국 위원), 오극렬 (정치국 후보위원), 위원: 리병철(당 제1부부장), 김원홍(국가안정보위부장), 최부일(인민보 안부장), 조춘룡(제2경제위원장), 김춘섭(당 비서) 등이었다.

[118] 조재현, 앞의 글, pp. 278~279.

[119] 한명섭, 앞의 글, pp. 138~139.

원장 직제를 폐지하고 국무위원장이 국가를 통치하도록 함으로써 김정일의 선군정치의 후신이어서라기보다는 정상국가로 발돋움하는 새로운 시대의 지도자로서의 김정은을 부각하려 하였다. 이러한 개정은 김정일 시대 '군 중심의 비상관리체제'가 공식적으로 종료되고 사회주의 당국가체제가 정상화 국면에 돌입했다는 평가를 받고 있다.[120] 2016년의 개정을 통해 국무위원장이 된 김정은은 기존의 국방위원회의 위원장이나 국방위원회 제1위원장보다 강화된 권력을 가지게 되었다. 국무위원회의 성격도 최고국방지도기관이었던 국방위원회와는 달리 '최고정책적지도기관'으로 변경하고 권한도 강화하였다.

표 5-11. 김정은 시기 헌법개정과 유일지배체제의 세습 관련 주요 내용

구분	내용	비고
2013년 개정	- 서문에 "조선혁명의 명맥을 이어 놓으셨다"로 명시하여 세습의 정당성을 표현 - 서문에 "김일성 동지의 유업"으로 '핵보유국' 명시 - 서문에 "금수산태양궁전은 수령영생의 대 기념비" - 국방위원회 제1위원장은 최고령도자·무력의 최고사령관(제100조, 102조)	"김일성–김정일헌법"으로 명시
2019년 개정	- 서문에 김정일이 **역사상 처음으로** 수령영생위업 개척, 주체의 혁명전통을 순결하게 계승, 조선혁명의 명맥을 이음"(세습의 정당화) - 위대한 김일성–김정일주의를 국가건설과 활동의 유일한 지도적 지침으로 삼는다(제3조) - 공화국의 무장력은 위대한 **김정은 동지를 수반으로 하는 당중앙위원회를 결사 옹위**하고 근로 인민의 리익을 보호하며…(제159조) - 국무위원장은 국가를 대표하는 최고령도자이다(제100조) - 국무위원장은 무력 총사령관이자 국가의 일체 무력을 지휘통솔한다(제103조) - 국무위원회는 국가주권의 최고정책적지도기관이다(제107조)	수정(김정은 결사 옹위)
2016년에 헌법개정안을 통해 '국무위원회'가 '국방위원회'를 대체하기 시작했고 이는 군사주도의 국가에서 정상국가적 면모의 외양을 갖추려는 의도로 보임		

출처: 저자가 작성.

120 통일부 북한정보포털, https://nkinfo.unikorea.go.kr/nkp/term/viewNkKnwldgDicary.do?pageIndex=1&dicaryId=103(검색일: 2023.5.5).

(3) 2019년의 개정(4월 11일, 8월 29일)

북한은 개정 3년도 되지 않아서 2019년 4월 11일 최고인민회의 제14기 제1차 회의에서 또 다시 헌법을 개정하였다. 김정은 정권 출범 이후 네 번째인 이번 개정에서는 국무위원장의 지위를 국가를 대표하는 것으로 명문화한 것이 큰 특징이다. 헌법 제100조에 "조선민주주의인민공화국 국무위원회 위원장은 국가를 대표하는 조선민주주의인민공화국의 최고영도자이다"라고 명시하여 '국가를 대표하는'이라는 표현을 삽입하여 국무위원장이 국가수반임을 분명히 했다. 기존 헌법 116조 제2항의 "최고인민회의 상임위원장은 국가를 대표하며 다른 나라 사신의 신임장, 소환장을 접수한다"고 되어 있었다. 그런데 이 조항은 개정헌법 제115조 제2항에 그대로 유지가 되어 있다.

그러나 전체 헌법체계로 보면 상임위원장의 국가대표로서의 역할은 외교관의 신임장 및 소환장 접수라고 하는 외교 업무에서의 상징적인 국가대표 역할을 하는 것으로 해석된다. 더구나 기존 헌법에서는 국무위원회 위원장이 "전반적 무력의 최고사령관"이라고 되어 있었는데 개정헌법에서는 이를 "무력 총사령관"으로 변경하였다.[121] 제115조 제6호에는 헌법 다음으로 국무위원장의 명령을 위치시킴으로 그 이하에 나오는 최고인민회의의 법령, 결정, 국무위원회 결정, 지시, 최고인민회의의 상임위원회의 정령, 결정, 지시보다 국무위원장의 명령이 우위에 있어 최고인민회의의 법령이나 결정보다 우선 하도록 바꾸었다.[122]

북한은 2019년 4월에 이어 8월의 최고인민회의 제14기 제2차 회의에서 또 다시 헌법을 개정하였는데 제14조 제5항에 다른 나라 주재의 외국대표

---

[121] 한명섭, 앞의 글, p. 140.
[122] 한명섭, 앞의 글, p. 11.

의 임명 또는 소환권도 국무위원장이 가지는 것으로 추가하여 국무위원장이 내치는 물론 외교에서도 실질적인 국가대표로서의 위상을 확립하였다. 이에 따라 개정헌법 제117조에는 상임위원장이 다른 나라 사신의 신임장, 소환장을 접수한다라고 되어 있는데 개정 전의 헌법에는 "국가를 대표하며"라고 표시되어 있던 것을 "국가를 대표하여"로 개정하여 신임장, 소환장을 접수할 때의 역할이 국가를 대표하여 업무를 수행하는 것이라고 하는 제한적이며 단회적인 의미로 축소되었다.

표 5-12. 북한의 헌법제정·개정 과정

구분	연도	주요 사항
헌법 제정	1948. 9. 8 제1기 1차	- 총 10장 104조 - 스탈린 헌법 모방한 사회주의 법계(法系)의 인민민주주의헌법
1차개정	1954. 4. 23 제1기 제7차	- 제37조 제8항 '도·시·군·면·리·구역의 신설 및 변경'을 '도·시·군·리(읍 및 로동자)구역의 신설 및 변경'으로 개정, 면을 폐지 - 제58조, 내각 구성 조항의 일부를 개정
2차개정	1954. 10. 30 제1기 제8차	- 제5장과 관련된 전 조항을 수정 - 제36조에서 최고인민회의 대의원의 임기를 3년에서 4년으로 개정
3차개정	1955. 3. 11 제1기 제9차	- 제2차 헌법개정에 따른 각급 지방정권기관의 권한 변경 등
4차개정	1956. 11. 7 제1기 제12차	- 제12조 제1항의 선거권·피선거권의 연령을 만 20세에서 만 18세로 변경
5차개정	1962. 10. 18 제3기 제1차	- 제35조 수정, 대의원의 선출을 인구 5만에 1명 비율에서 인구 3만에 1명으로 개정 - 제58조 내각 구성원 수정 보완
'사회주의헌법' 제정	1972. 12. 17 제5기 제1차	- 11장 149조, 국방위원회 신설, 내각 → **정무원**으로, **주석직** 신설, 수상제 폐지 - 김일성의 유일적 영도 합법화 - 국가최고기관으로 **중앙인민위원회** 신설하여 권력구조 수직화 - 주체사상을 헌법상의 규범으로 명문 제도화 국가수반, 국가주권대표로 주석직 신설, 당총비서 국가주석직의 보장
1차 개정	1992. 4. 9 제9기 제3차	- 7장 171조, 국방위원회가 주석과 분리, "막스—레닌 주의" 삭제 - 주체사상 강조 - 1993. 4. 김정일이 국방위원장에 취임함으로써 위상이 달라짐 - **"자주, 평화, 친선"**을 대외정책의 기본이념으로 명시

구분	연도	주요 사항
2차 개정	1998. 9. 5 제10기 제1차	- 서문신설 대폭 개정, 서문에 **김일성헌법** 명시. 김정일 시대 반영, 헌법상 **국방위** 위상 강화"국가주권의 최고군사지도기관이며 전반적 국방관리기관"(100조), ☞ 군부중심의 독재체제 강화 - **정무원 → 내각**으로 부활(내각 총리는 정부 대표 권한) - "**주체사상**만을 지도념으로!" - 80년대 후빈부터 시작된 경제개혁조치들의 추인 내용 빈영(독립채산제, 원가, 가격, 수익성 같은 용서 신설) ※12월에 신 농업법 제정
3차 개정	2009. 4. 9 제12기 제1차	- 김정은으로의 세습체계 구축 - **주체사상과 선군사상**을 지도적 이념으로 명시 - "**공산주의**"단어 삭제, **국방위**를 '**국가주권의 최고국방지도기관**'(106조)으로 규정
4차 개정	2010. 4. 9 제12기 제2차	- '중앙검찰소', '중앙재판소'를 '최고검찰소', '최고재판소'로 명칭 변경(2016년 개정시에 다시 중앙재판소, 중앙검찰소로 변경)
5차 개정	2012. 4. 13 제12기 제5차	- "**김일성-김정일헌법**"(서문에 명시) - "김일성-영원한 수령, 김정일-영원한 국방위원장, 김정은-**제1국방위원장**" - 핵보유국 명시
6차 개정	2013. 4. 1 제12기 제7차	- 서문에 금수산태양궁전 관련 내용 삽입(금수산태양궁전법 제정/수령영생의 대 기념비) - 11년제 → 12년제 의무교육반영. **제1국방위원장을 국방위원회 제1위원장**으로 수정
7차 개정	2016. 6. 29 제13기 4차	- 서문 "김일성, 김정일은 주체조선의 영원한 수령". - **국방위 폐지, 국방위제1위원장 폐지 → 국무위원회 신설**(위원장 김정은-최고영도자) - 국방위에 비해 외교 경제 등 전분야 인재 망라, 비서국을 정무원으로 개편
8차 개정	2019. 4. 11 제14기 1차	- 국무위원장은 국가를 대표한다
9차 개정	2019. 8. 29 제14기 2차	다른 나라 주재 외국대표 임명 또는 소환권도 국무위원장에게로 이관

▲ 제정헌법의 개정 포함 총 14차 개정, 16개의 헌법, 2019년 9차 개정 이후에는 개정 소식 없음
▲ 현재의 헌법은 '**김일성-김정일헌법**'으로 정식화한 서문과 △정치 △경제 △문화 △국방 △공민의 기본권리와 의무 △국가기구 △국장·국기·국가·수도에 대한 **7개 장 172개 조**로 구성

출처: 저자가 작성.

3. 헌법에 반영된 유일지배체제

1) 유일지배체제의 헌법적 제도화

헌법은 한 나라의 사실적 권력관계이다. 따라서 헌법 혹은 기본법에서는 권력구조에, 대한 규정이 필수적이다.[123] 북한은 유일지배체제에 대한 정치적 결정을 헌법과 법률을 통해 법제화하여 합법성의 틀을 갖추어 나갔다.

북한은 2019년에 김정은 집권 이후 네 번째 헌법개정을 통해 국방위원회와 국방위 제1위원장제도를 폐지하고 국방위원회의 기능을 당 중앙군사위로 상당 부분을 이관하는 조치를 단행했다. 그리고 국무위원회 체제를 도입하여 국무위원장이 국가를 대표하고 최고영도자의 권한을 행사하도록 했다(2019년 개정헌법 제100조). 북한은 1972년의 사회주의헌법 제정을 필두로 계속된 헌법개정을 통해 유일지배체제를 다져왔고 헌법적 정당성과 제도화를 지속해 왔다. 헌법은 유일지배체제와 세습을 정확히 반영하고 이를 뒷받침하며 다른 법령과 제도의 정렬을 선도하는 역할을 충실히 해 왔다.

표 5-13. 헌법의 개정 과정에 반영된 최고지도자의 호칭과 권한의 변화

구분	최고지도자 호칭			현직의 권한
지도자	김일성	김정일	김정은	
제정헌법	수상			정부의 수석(제59조)
1974년 개정	주석			국가의 수반, 국가주권대표, 무력의 최고사령관
1992년 개정	주석			국가의 수반, 공화국의 대표
1998년 개정	위대한 수령,	국방위원장		조선의 시조(김일성), 최고군사지도자, 전반적국방관리자
2012년 개정	위대한 수령, 영원한 주석,	영원한 국방위원장	국방위 제1위원장	최고령도자

---

[123] 권영성, 『헌법학원론』, 서울: 법문사, 1981, pp. 3~4.

구분	최고지도자 호칭			현직의 권한
2016년 개정	위대한 수령, 영원한 주석	영원한 국방위 원장	국무위원장	최고령도자
2019년 개정	위대한 수령	위대한 령도자	국무위원장	국가를 대표하는 최고령도자

출처: 저자가 작성.

　　그런데 북한은 헌법의 제정권한이 국민에게 없다. 수령의 저작물에 헌법이 포함되어 있고 국민의 자기 보장권이 아니라 당의 정책이 반영된 것이 헌법이고 법률이다. 따라서 위헌심사를 위한 기구도 존재하지 않는다. 헌법상에 김일성–김정일주의를 국가건설과 활동의 유일한 지도적 지침으로 삼는다(헌법 제3조)고 명시하였을 뿐 아니라 서문에 김일성을 사회주의 조선의 시조(始祖)이며 위대한 수령으로, 김정일을 위대한 영도자로 규정하고 있다.

　　그러나 북한은 헌법의 제정과 개정 과정을 통해 변화된 사회상은 물론 권력구조의 변경을 헌법에 반영하고 헌법에 반영된 권력구조의 변화를 근거로 이를 집행하는 형태를 유지해 오고 있다. 이런 면에서 북한의 법은 장식 혹은 형식적 의미만을 가지지 않는다. 따라서 권력관계를 반영한 북한 헌법은 북한의 정체성과 법제도적으로 구축된 유일지배체제의 권력구조와 그 제도의 정체성을 보여주는 근거이다.

2) 유일지배체제를 위한 헌법상 국가 기구

(1) 최고의 권력 기구, 김일성–김정일

　　헌법은 서문에서 "조선민주주의인민공화국은 위대한 수령 김일성 동지와 위대한 령도자 김정일 동지의 국가건설 사상과 업적이 구현된 주체의 사회주의 국가이다"라고 명시하고 있다. 이어서 '위대한 수령 김일성 동지는 영생불멸의 주체사상을 창시하였고 항일 혁명 투쟁을 조직, 영도했을 뿐 아니라 혁명전통의 마련, 조국 광복의 역사력 위업 달성, 자주독립국가 건설의 튼튼한 토대를 닦은데 기초하여 조선민주주의인민공화국을 창건 하였다'고 기록하고 있다. 덧붙여서 헌법 서문에 의하면 김일성은 사회주의 조국의 부강번영과 주체혁명위업의 계승완성을 위한 확고한 토대를 마련했고 공화국을 김일성 동지의 국가로 강화 발전시키고 민족의 존엄과 국력을 최상의 경지에 올려 세우신 절세의 애국자, 사회주의 조선의 수호자이다. 김정일에 대해서는 "위대한 수령 김일성 동지께서 창시하신 영생불멸의 주체사상을 전면적으로 심화 발전시키시고 온 사회의 김일성주의화의 기치 높이 사회주의 건설의 모든 분야에서 기적과 변혁의 새 역사를 창조하시었으며 역사상 처음으로 수령영생위업을 개척하시고 주체의 혁명전통을 순결하게 계승 발전시키시어 조선혁명의 명맥을 굳건히 이어놓으시였다"고 높이고 있다.

여기서 김일성은 '공화국의 창건자'이자 '사회주의 조선의 수호자' 공화국을 '김일성의 동지의 국가'로 명시했다. 김정일은 '수령영생위업의 개척자', '순결한 계승자', '명맥을 이어 놓으신 자'로 묘사함으로써 김일성은 창건자, 김정일은 순결한 계승자로 확정해 놓았다. 그리고 헌법 제3조는 "조선민주주의인민공화국은 김일성–김정일주의를 국가건설과 활동의 유일한 지도적 지침으로 삼는다"고 규정했다. 이로써 헌법상 국가 최고의 권력자, 최상의 지도자, 유일최고의 사상은 김일성과 김정일, 그리고 그들의 사상이다. 국가의 최고 권력을 김일성–김정일이 유훈의 형태로 행사하고 있음을 알 수 있다. 북한의 어떤 공간에서도 김일성–김정일을 거역하거나 그들의 교시와 사상과 지시를 우회하거나 변경할 여지는 없다.[124]

---

[124] 권재열 등, 『북한의 법체계』, p. 27.

(2) 조선노동당과 당중앙위원회

일반적인 헌법과 달리 북한의 헌법은 특정한 당과 특정인의 이름을 명시함으로써 헌법의 사유화적 측면을 보여주고 있다. 현행 헌법 서문에 "조선노동당의 영도 밑에 위대한 수령 김일성 동지와 위대한 령도자 김정일 동지의 사상과 업적을 옹호고수하고"라고 명시되어 있어 조선노동당의 위상과 권한을 규정했다. 헌법 제59조는 조선민주주의인민공화국 무장력의 사명을 "위대한 김정은 동지를 수반으로 하는 당중앙위원회를 결사옹위하고"라고 되어 있어 이 또한 김정은과 당중앙위원회의 보존과 안위가 국가 무장력의 제일의 사명임을 명시했다. 즉 조선노동당과 당중앙위원회를 국가기구와 별개로 보지 않고 국가 헌법에 그 위상과 권한을 명시하여 사실상 조선노동당과 당중앙위원회가 헌법기구 혹은 그 이상임을 분명히 했다.

(3) 최고인민회의

"최고인민회의는 조선민주주의인민공화국의 최고주권기관이다"(제87조)라는 규정을 분석하면 '공화국', 즉 국가기구로서 최고의 주권기관이라는 것이다. 우리의 국회격인 최고인민회의는 헌법과 법률을 제정, 개정할 권한이 있고(제88조, 제91조) 중앙검찰소장을 임명 해임할 권한과 중앙재판소장을 선거 및 소환할 권한이 있다(제92조). 무엇보다도 국가 최고 지도자인 국무위원장을 선거 및 소환할 권한도 있다(제5조). 그 외에도 국가예산과 인민경제발전계획에 대한 실행정형 보고를 받고 이를 심의, 승인한다(제92조 제14항, 제15항). 최고인민회의는 1년에 1~2차례 최고인민회의 상임위원회의 소집에 따라 개최되고 2021년 현재 687명의 대의원으로 구성[125]되어 있는

---

125 리명일, "인민회의는 국회의 가장 훌륭한 형태", 『김일성종합대학학보 법률학』 제65권 제2호, 평양, 2019, p. 31; 제14기 대의원선거에서는 687명 중 노동자가 16.2%, 협동농장원이 9.6%,

것으로 알려져 있다.

　김일성은 최고인민회의는 가장 훌륭한 국회의 형태라는 사실이 실천을 통하여 확증되었다고 주장했다.[126] 북한에서도 최고인민회의를 국회와 같은 구조와 기능을 가진 것이라고 하지만 세습체제 구축과 관련하여 중요한 분기점 마다 법적 행정적 정당성을 확고히 하는 역할을 하였다. 2012년 4월 13일 최고인민회의는 제12기 제5차 회의에서 김정은을 당시 헌법체계상 국가 최고 수위인 국방위원회 제1위원장으로 그 직제를 신설하여 추대하였고 헌법을 개정하면서 서문에 김일성을 '영원한 주석'으로 김정은을 '영원한 국방위원장'으로 명문화하였다. 2016년 6월 29일, 최고인민회의 제13기 제4차 회의에서는 사회주의헌법 개정, 김정은 최고수위 추대 등의 의제를 다루면서 국방위원회를 국무위원회로 확대 개편하고(제107조) 김정은을 국무위원장으로 추대하였다. 국가의 최고 수위가 국방위원회 제1위원장에서 국무위원장으로 변경된 것이다. 2019년 4월 11일 개최된 최고인민회의 제14기 제1차 회의에서는 헌법개정을 통해 국무위원회 위원장이 '조선민주주의인민공화국무력 최고사령관'(제103조)이 된다는 내용을 삽입하였고 김정은이 국무위원장으로 재추대 되면서 '전체 조선인민의 최고 대표자'라는 호칭도 갖게 되었다.[127]

　헌법상 최고인민회의는 국가주권의 최고 상급 기관이지만 북한 전체로 보아서는 조선노동당의 하위 실행 기구로서의 기능을 하고 있다. 하지만 노동당의 정책이나 노선을 집행하기 위한 정당성을 부여하고 김정은 체제

군인이 17.2%, 김일성 훈장과 김정일 훈장, 김일성상과 김정일상을 수여받은 성원이 20.7%, 공화국영웅, 로력영웅칭호를 수여받은 성원이 13.5%로 구성되어 있는 것으로 알려졌다. 전체 의원 중에서 교수, 박사를 비롯한 학위학직 소유자들과 기술자, 전문가 자격 소유자들이 92%이며 대의원의 94.8%가 대학졸업과 동등한 자격의 소유자이고 여성은 17.6%이다.

[126] 『김일성 전집』 제6권, p. 40.
[127] 통일부, 『2022 북한이해』, pp. 67~70.

의 안정적 유지를 위한 합법적 통로 역할을 함으로써 최고인민회의가 가진 권력 행사의 의미를 확인할 수 있다. 법체계상 최고인민회의는 혁명의 고귀한 전취물이며 인민의 진정한 대표기관으로 표시되어 있다.[128]

(4) 국무위원장과 국무위원회

북한 헌법에서 국무위원장은 국가기구 중 최고인민회의에 이어서 두 번째로 기술되어 있다. 헌법 제100조에 "조선민주주의인민공화국 국무위원회 위원장은 국가를 대표하는 조선민주주의인민공화국의 최고령도자이다"라고 명시하여 국무위원장이 국가 원수의 자리에 있음을 나타내 주고 있다. 제103조에는 국무위원장이 "조선민주주의인민공화국무력 총사령관으로 되며 국가의 일체 무력을 지휘통솔한다"고 되어 있어 국방위원장이나 국방위원회 제1위원장이 가졌던 군에 대한 통수권을 현행 헌법에서는 국무위원장이 행사한다. 다만, 국무위원장의 임기가 최고인민회의 대의원과 같이 5년으로 규정되어 있다는 것과(제102조) 자기 사업에 대하여 최고인민회의 앞에 책임지도록 한 조항(제106조)은 김정일의 국방위원장직에 대한 조항과 동일하게 유지되고 있어 형식상 민주적 질서하에 있음을 표현했다.

한편 국무위원회는 국가 주권의 최고정책적 지도기관이고(제107조) 구성은 위원장, 제1부위원장, 부위원장, 위원들로 구성되어 있다. 국무위원회는 국가의 중요정책을 토의 결정하고 국무위원장의 명령, 국무위원회 정령, 결정, 지시집행정형을 감독하고 대책을 세운다. 또한 국무위원장의 명령, 국무위원회의 정령과 결정, 지시에 어긋나는 국가기관의 결정이나 지시를 폐지하는 권한도 가지고 있다. 최고인민회의 휴회 중에는 최고인민

---

[128] 리명일, "인민회의는 국회의 가장 훌륭한 형태", 『김일성종합대학학보 법률학』 제65권 제2호, 평양, 2019, pp. 29~35.

회의가 가진 국가의 주요 간부를 임명, 또는 해임할 권한(제104조 제4항)을 내각 총리의 제의에 의하여 부총리, 위원장, 상, 그 밖의 내각 성원들을 임명 또는 해임하기도 한다(제110조). 따라서 최고인민회의가 1년에 1~2회 소집되고 휴회 중에 주요 업무는 최고인민회의 상임위원회에 처리한다고 하지만, 주요 행정이나 인사에 관한 업무는 국무위원회에서 집행의 권한을 가지고 있다.

(5) 최고인민회의 상임위원회

최고인민회의가 최고주권기관이라면 최고인민회의 휴회 중에는 상임위원회가 최고주권기관의 역할을 하도록 헌법에 규정되어 있다(제113조). 최고인민회의 상임위원회는 1992년 헌법에서의 최고인민회의 상설회의의 기능을 거의 그대로 이어 받으면서(1992년 헌법 제6장 제1절) 1998년 헌법개정을 통해 제6장 제3절 '최고인민회의 상임위원회'를 신설하여 기능과 권한을 조정하였다. 최고인민회의 상임위원회는 최고인민회의가 가진 주요 권한 중 헌법의 제정 및 개정에 관한 권한과 국무위원장의 선거, 최고인민회의 상임위원장의 선거 및 소환 등을 제외하면 거의 모든 권한을 대행하도록 되어 있다.

주요 권한을 보면 법령과 규정의 개정, 헌법과 현행 부문법(법령), 규정의 해석, 국가의 인민경제발전계획, 국가 예산과 그 조절안에 대한 심의 및 승인의 권한을 행사한다(제116조). 그 밖에도 중앙재판소 판사, 인민참심원에 대한 선거와 소환, 다른 나라와 맺은 조약의 비준 및 폐기, 정령과 결정, 지시를 낼 권한도 가지고 있다(제116조, 제120조).

(6) 조선인민군 무장력의 헌법적 제도화

북한에서 군은 당의 통제를 받고 당 총정치국의 감시와 지시를 받는 당

군대이다. 북한은 헌법개정 과정에서 군대에 대한 당의 통제를 분명히 했다. 제정헌법은 군을 내각이 통제하도록 했다(제55조 제11항). 그리고 조선민주주의인민공화국을 보위하기 위하여 조선인민군을 조직한다고 되어 있다(제100조). 같은 조항에서 조선인민군의 사명을 조국의 자주권 및 인민의 자유를 옹호함에 있다고 명시했다. 헌법 제정 당시인 1948년 2월 8일에 창건된 조선인민군은 남북을 포함한 유일의 군대였고 사명도 조국, 자주권, 인민의 자유 옹호 등으로 규정되어 있었다.[129] 그리고 당시 헌법에는 군대와 무장력에 대한 어떤 명문조항도 없었고 지휘권에 대한 명시도 없었다. 조선인민군의 편성에 관한 지도와 고급장관의 임면권을 내각이 행사하였고 내각의 민족보위상이 군을 통제하는 것으로 국가중앙집행기관이 나열되어 있었다(제58조4항).

그러나 1974년의 사회주의헌법 제14조에 "조선민주주의인민공화국 무장력의 사명은 로동자, 농민을 비롯한 근로인민의 리익을 옹호하며 사회주의 제도와 혁명의 전취물을 보위하며 조국의 자유와 독립과 평화를 지키는데 있다"로 확대 되었다. 여기서 로동자, 농민, 근로인민의 리익 옹호는 기본적으로 사회적인 사안임에도 불구하고 당시 헌법은 무장력 즉 군을 포함한 무력기관의 사명에 이들 계급에 대한 보호를 포함하였다. 이는 사회주의체제에서 로동자, 농민, 근로인민이라고 하는 계급성을 띤 성원들의 이익을 보호하여 무장력이 계급혁명을 선도하는 기능을 하도록 하기 위한 것으로 보인다.

1992년 헌법은 '제4장 국방'을 신설하고 조선민주주의인민공화국의 무장력의 사명을 "근로인민의 이익을 옹호하며 외래 침략으로부터 사회주의 제도와 혁명의 전취물을 보위하고 조국의 자유와 독립과 평화를 지키는 데

---

129 김선호, 『조선인민군』, 서울: 한양대학교출판사, 2020, p. 424~425.

있다"고 수정했다(제59조). 1972년 헌법에서 이익 옹호의 대상에서 '로동자', '농민'이 삭제되고 그 대상이 근로인민으로 단일화되었다. 그리고 "외래 침략으로부터"라는 표현이 삽입됨으로 동구권의 몰락으로부터 체제를 유지하지 못한 책임이 군대에 있음을 지적하면서 군의 사명이 체제의 유지에 있음을 명시한 것으로 보인다. 1992년 헌법에서 무장력과 관련한 특징은 국가기구의 하나로 신설된 '국방위원회'의 등장이다. 이전에는 주석–당이 통제하던 군을 국방위원회라고 하는 기구를 통해서 지휘통제 하도록 한 것이다. 이는 김정일로의 권력 세습에 대한 포석이자 막강한 무장력에 대한 믿음직한 통제를 통해 체제를 견고하게 지키려는 의도로 분석된다.

1998년 헌법 제59조의 '조선민주주의인민공화국 무장력의 사명'은 1992년의 헌법과 동일하게 유지되었다. 다만, 국방위원장의 권한에서 '일체의 무력을 지휘 통솔하는' 것에서(1992년 헌법 제113조) '일체의 무력을 지휘통솔하며 국방사업 전반을 지도한다'로 확대되었다. 2009년의 개정헌법은 무장력의 사명에서 '선군혁명노선을 관철하는' 것과 '혁명의 수뇌를 보위하는 것'이 추가되었다(제58조). 이는 군대의 사명이 체제의 보호에서 혁명의 수뇌부를 보위하는 것으로 점점 사유화되고 소수를 위한 무장력으로 특화되고 있음을 알 수 있다. 이 조항은 2013년의 개정안에도 그대로 유지되었다. 그리고 국방위원회 제1위원장을 조선민주주의인민공화국의 최고영도자로 규정하였다(제100조).

표 5-14. 헌법개정 과정에 나타난 무장력의 사명에 대한 변화

개정과정	무장력의 사명에 대한 조문	비고
제정헌법	조국의 자주권 및 **인민의 자유**를 옹호함	제100조
1974년 헌법	**로동자, 농민**을 비롯한 근로인민의 **리익**을 옹호하며 **사회주의 제도와 혁명의 전취물**을 보위하며 조국의 자유와 독립과 평화를 지키는 데 있다	제14조

개정과정	무장력의 사명에 대한 조문	비고
1992년 헌법	**근로인민의 이익**을 옹호하며 **외래 침략으로부터** 사회주의제도와 혁명의 전취물을 보위하고 조국의 자유와 독립과 평화를 지키는 데 있다	제59조 국방위원회 신설
1998년 헌법	상동	제59조 국방위원장 권한 강화
2009년 헌법	**'선군혁명노선을 관철하는'** 것과 **'혁명의 수뇌를 보위하는 것'** 이 추가	제59조
2019년 헌법	조선민주주의인민공화국 무장력의 사명은 위대한 **김정은 동지**를 수반으로 하는 당중앙위원회를 결사옹위하고	제59조
▲ 1998년 개정부터 국방위원장의 권한 강화, 2012년 헌법개정안에는 국방위원회 제1위원장이 공화국 최고 영도자로 규정(제100조)		

출처: 저자가 작성.

2019년의 헌법개정에 나타난 군과 유일지배체제와의 관계는 보다 명확하게 드러나게 되었다. 헌법 제4장 국방 제59조는 "조선민주주의인민공화국 무장력의 사명은 위대한 김정은 동지를 수반으로 하는 당중앙위원회를 결사옹위하고…"가 추가되었다. 결국, 북한의 군대는 조국, 자주권, 인민을 보호하는 것에서 사회주의체제와 혁명의 수뇌부 그리고 종국에는 김정은을 결사옹위하는 것으로 법제화되었다.

(7) 내각

북한 헌법에 의하면 내각은 국가 주권의 행정적 집행기관이며 전반적 국가관리기관으로 규정되어 있다(헌법 제123조). 내각은 결정과 지시를 내며 (헌법 제129조) "내각 총리는 조선민주주의인민공화국 정부를 대표한다"라고 명시되어 있어(헌법 제126조) 정부 수반 역할을 총리가 하도록 되어 있다. 그러나 국방성, 국가보위성, 사회안전성 등이 내각이 아닌 국무위원회 직속으로 편제되어 있어 국무위원장이나 국무위원회의 직접 지휘를 받는 것으로 되어 있다. 중앙검찰소도 내각이 아닌 최고인민회의의 통제를 받도록 되어 있어 우리로 말하면 군과 검찰과 경찰이 국무총리 산하 정부부처 장관의 지휘를 받지 않고 직접 대통령실과 국회의 통제를 받는 것과 같다. 따라서 북한의 내각은 권력기관 대부분이 빠져있어 권력기구로서의 기능이 현저히 떨어진다고 보아야 한다. 역사적으로 내각의 기능에 변천이 있어 왔으나 현재 김정은 체제의 내각은 행정부기능으로서의 역할을 통한 정상국가의 면모를 갖추는 일환으로 기능하고 있다. 1998년 헌법개정에서 중앙인민위원회와 정무원이 폐지되고 그 대신에 '내각' 조항이 신설되었다. 내각의 기능은 "최고 주권의 행정적 집행기관이며 전반적 국가관리기관"(제117조)으로 규정하고 있는데 현재의 헌법에서도 동일하다. 1992년 헌법에서는 중앙인민위원회가 국가 주권의 최고지도기관으로 되어 있었고 정무원이 최고주권기관의 행정적 집행기관이라고 해서 정무원 총리를 중심으로 내각의 역할을 하도록 했다. 당시에는 정무원 산하에 공업, 농업, 건설, 운수, 체신, 상업, 무역, 국토관리, 도시경영, 교육, 과학, 문화, 보건, 환경보호, 관광, 그 밖의 여러 사업을 조직집행하도록 했다.[130] 중앙인민위원회와 정무원은 모두 주석이 수위(首位)를 차지하도록 되어 있고, 주석은 국가의 수반이자 국가를 대표한다고 명시되어 있었다(제15조, 제118조, 제124조). 2022년 현재의 내각은 국가가격위원회, 교육위원회, 경공업성, 문화성, 철도성, 재정성, 국가과학원, 중앙은행 등 43개의 부처로 구성되어 있다.[131]

(8) 지방 권력 기관

북한 헌법은 도(직할시), 시(구역), 군(郡) 인민회의를 지방 주권기관으로 규정하고 있다. 여기서 해당 인민위원회 위원장, 부위원장, 사무장 및 위원들

---

130   조선민주주의인민공화국 헌법(1992년), 제6장 제5절(정무원).
131   통일부, 『2022 북한이해』, p. 73.

을 선거 및 소환하여 주권기관으로서의 권력을 행사하도록 했다(헌법 제137조, 제140조). 해당 지방 재판소의 판사, 인민참심원을 선거 또는 소환하여 민주집중제의 원칙을 담고 있다. 최고인민회의의 임기가 5년인 반면 지방인민회의의 임기는 4년이어서(제139조) 중앙과 지방의 임기 및 선거가 겹치지 않도록 했다. 최고인민회의와 마찬가지로 불가피한 경우 선거를 하지 못할 경우에는 새로운 선거가 시행될 때까지 임기를 연장하는 조항은 최고인민회의와 동일하다. 지방인민회의의 주권한은 지방의 인민경제발전계획과 그 실행정형에 대한 보고를 심의하고 승인하는 것, 해당 인민위원회의 위원장, 부위원장, 사무장, 위원들을 선거 혹은 소환하는 일, 해당 지역의 재판소의 판사, 인민참심원을 선거 혹은 소환하는 일 등이 있고 인민회의 자체로 결정을 낼 수 있도록 되어 있다(제140조).

도(직할시), 시(구역), 군(郡) 인민위원회는 해당 인민회의의 선거를 통해 구성되고 해당 지역의 인민회의를 소집한다(헌법 제147조 1항). 해당 지방의 모든 행정사업을 조직집행하여 사실상의 지방정부의 역할을 하고 있는 것으로 분석된다. 지방의 예산을 편성하고 집행대책을 세우는 것도 인민위원회의 역할이다. 그리고 해당 지방에의 사회질서유지는 물론 국가 및 사회협동단체의 소유와 이익의 보호, 공민의 권리 보장 등을 위한 대책을 세울 의무도 있다. 해당 지방에서 국가관리질서를 세우기 위한 검열과 통제사업을 하기도 하고 하급 인민위원회 사업을 지도하여 중앙과 지방 간의 행정 서열과 지휘체계를 유지하는 역할도 하고 있다(헌법 제147조 제1-11항). 무엇보다 중요한 것은 지방인민회의가 휴회 중일 때에는 지방인민위원회가 지방주권기관의 역할을 하며 해당 지방주권의 행정적집행기관의 역할을 하도록 함으로써 행정이나 사회통제의 공백이 없도록 제도화했다(헌법 제145조). 지방인민위원회는 자체적으로 결정과 지시도 낼 수 있도록 되어 있어 표면적으로는 지방자치의 기능도 갖고 있는 것으로 보인다(헌법 제150조). 그러나 주로 상급 기관의 결정과 지시를 집행하는 것과 해당 지방의 모든 행정사업을 조직 집행하는 것이 주업무로 되어 있다(헌법 제147조 제4항).

제4절 유일지배체제를 위한 부문법제 정비

1. 체제 수호를 위한 분야

1) 각급 인민회의 대의원선거법

북한에서 최고인민회의는 헌법상 국가최고주권기관으로 명시되어 있고 지방은 각 지방의 인민회의가 그 지방의 최고주권기관의 역할을 하도록 되어 있다. 따라서 각급 인민회의 대의원은 인민을 대신하여 인민의 주권을 행사하도록 위임하는 선거를 통해 세워지는 구조를 가지고 있다. 「조선민주주의인민공화국 각급 인민회의 대의원선거법」(이하 선거법)은 1992년에 법제화되었고, 1998년과 2010년에 개정되어 현재에 이르고 있는 것으로 보인다. 그러나 이 법이 법제화되기 이전에는 규정의 형태로 선거의 규범 역할을 하였는데 1945년에 '북조선 5도행정국'이 구성된 후 그 이듬해인 1946년부터 지방행정 단위별로 선거를 위한 규정을 만들기 시작했다. 같은 해 북한 최초의 선거법에 해당되는 '면·군·시·도 인민위원회 위원의 선거에 관한 규정(임시인민위원회 결정 제77호)이 채책되었다. 11월에는 이 규정에 근거하여 북한 최초의 선거인 '면·군·시·도 인민위원회 위원의 선거'가 실시되었다. 이 선거의 결과로 북한의 최고 입법기구인 '북조선인민회의'의 구성이 가능하게 되었다.[132] 이어서 1947년에는 '북조선 면·리(동) 인민위원회 위원

---

[132] 민태은, "3. 정치적 권리: 선거제도를 중심으로", 임예준·박영자·민예은, 『북한인권 제도 및 실태 변화추이 연구』, 서울: 통일연구원, 2016, p. 82.

의 선거에 관한 규정'이 제정되었다.[133]

북한은 1962년에 들어와 「최고인민회의 대의원선거에 관한 규정」(1962년 8월 8일 최고인민회의 상임위원회 정령)과 「도(직할시)·시(구역)·군·리(읍 노동지구) 인민회의 대의원선거에 관한 규정」(1963. 10. 16)을 제정하여 그 이후의 각각의 선거에 적용하였다.[134] 1992년에 들어와 부문법으로 법제화된 북한의 선거 관련 법조항은 우선 남한의 국회의원에 해당하는 최고인민회의 대의원을 비롯한 지방인민회의 대의원을 선출하기 위한 절차와 기준을 정한 법이다. 선거법[135] 제1조를 보면 "각급 대의원선거에서 사회주의적 민주주의를 높이 발양시키며 각급 주권기관을 인민의 충복으로 꾸려 인민정권을 강화하는데 이바지하는 것"을 이 법의 사명으로 제시하고 있다. 즉 선거법의 사명이 인민정권을 강화할 대의원을 잘 선출하도록 하는 데 있다는 것이다.

따라서 이 법의 사명으로 보았을 때 각급 인민회의 대의원은 국가와 인민정권에 충성할 일군들이어야 할 것이 분명하다. 일반적인 국가와 달리 북한은 최고인민회의 대의원 중에 군인이 2019년 현재 17.2%나 존재하는 것으로 알려져 있다.[136] 이를 위해 조선인민군, 조선인민군내무군 안에 대의원 선거를 위한 선거구를 해당 군부대가 조직하도록 되어 있고(선거법 제14조) 선거인 명부도 해당 군부대가 작성한다(선거법 제28조). 공화국 영웅이나 김일성·김정일 훈장을 받은 자들이 대거 대의원으로 선출된 것으로 보아 결국 정권과 지도자에 충성할 일군들로 인민회의가 구성되었음을 알 수 있다.

대의원 선거 관리를 위한 '선거위원회'는 상설기관이 아닌 선거 때마다

133　성기중·윤여상, "북한의 선거제도와 투표 행태 분석", 『한국동북아논총』 제26집, 2003, p. 162; 이밖에도 1947년에는 '도·시·군 인민위원회대회 대표선거에 대한 규정', '북조선 인민위원회의 대의원 선거절차에 관한 규정'도 마련되었는데 이 당시의 후보자들은 민주주의 정당단체와 제 집단이 가짐으로 민주적인 선거의 기본 틀을 갖추고 있었다.

134　박정원, "북한의 각급 인민회의대의원선거법에 관한 연구", 법제처, 2008, p. 80.

135　조선민주주의인민공화국 각급 인민회의 대의원선거법(1992제정, 2010 개정).

136　리명일, 앞의 글, p. 31.

정당, 사회단체에서 추천한 각계 각층의 성원들로 조직하고 선거결과 발표 3일 후에 해산하는 것으로 되어 있다(선거법 제21조, 제23조). 선거는 무기명 투표를 하도록 되어 있으나 통상의 경우와 달리 찬성하면 표식을 하지 않고 바로 투표지를 투표함에 넣고 반대하면 후보자의 이름을 가로 긋도록 되어 있다(선거법 제64조). 이는 찬성하는 자는 투표용지를 받아 바로 투표함에 넣는 반면에 기표소로 들어가는 자는 반대의 표시를 하는 것이 되기 때문에 사실상의 비밀투표와 무기명투표의 원칙이 훼손된다고 보아야 한다. 물론 선거법 제65조에 투표실, 즉 기표실에는 누구도 들어가 볼 수 없다고 하는 조항이 있기는 하지만, 대부분의 투표과정에서 기표실에 들어가는 경우는 없다고 알려져 있는 것으로 보아 기표실에 들어가는 사람은 곧 반대표를 던지는 사람으로 낙인될 것은 분명하다.

그러므로 북한이 1948년 이후 1998년까지 실시한 최고인민회의 대의원 선거의 투표율과 찬성율은 1948년(투표율 99.97%, 찬성율 98.49%), 1957년(투표율 99.99%, 찬성율 99.92%) 두 차례를 제외하고는 모두 100% 투표, 100% 찬성율을 보이고 있는데 지방 인민회의 대의원 선거에서도 양상은 비슷하다.[137] 이는 북한의 선거가 선거위원회를 통해 세워진 후보들을 민주적 방식의 선거가 아닌 당이 추천한 인물에 대한 형식적 추인의 의미를 갖는 선거임을 보여주고 있다.[138] 더 나아가 100% 투표, 100% 찬성의 통계는 질병, 해외 출타 등의 사유로 실제로 투표에 참여하는 자가 제한 될 수 있다는 추정에 따라 실제적인 수치이기보다는 북한 사회를 보여주는 상징적인 수치로 이해해야 한다는 주장도 있는 것이 사실이다.[139]

---

[137] 성기중·윤여상, "북한의 선거제도와 투표 행태 분석", 『한국동북아논총』 제26집, 2003, pp. 160~161.
[138] 성기중·윤여상, 위의 글, p. 160.
[139] 성기중·윤여상, 위의 글, p. 170.

2) 형사법제 분야

북한은 형법과 형사소송법, 그리고 사회안전단속법, 기밀법, 형민사감
정법 등으로 형사법제가 구성되어 있다.[140] 이 중 형법과 형사소송법을 중
심으로 북한의 형사법제정비를 통한 유일지배체제의 강화 노력을 살펴보
고자 한다. 북한형법은 1950년 5월 3일 최고인민회의 제2기 제5차 회의에
서 상임위원회의 정령으로 제정되었다. 이후 1987년에 2차 개정을 통해 '사
회주의형법'의 틀을 북한의 상황에 맞게 '주체형법'으로 바꾸었다.[141] 이후
1990년에 다시 개정되었고 2015년 7월 22일 최고인민회의 상임위원회 정
령 제578호로 수정보충되어 현재에 이르고 있다. 특이한 것은 김정은 집권
이후에 8차례[142]의 개정이 있었는데 이는 형법체계를 통한 김정은 정권의
안정적인 정착을 시도하려 한 의도가 반영된 것으로 보인다.

북한형법은 개정 작업을 통해 주민들에 대한 사상통제를 위한 조항을
신설하거나 강화하였다.[143] 형법 제58조는 반국가 및 반민족 범죄와 고의
적 중살인죄에 대하여는 형사소추시효기간 즉 공소시효를 없애 언제든 형
사책임을 묻는 것이 가능하게 했다.[144] 제3장의 '반국가 및 반민족범죄', 제
4장의 '사회주의경제를 침해한 범죄', 제5장 '사회주의 문화를 침해한 범죄',
제7장 '사회주의공동생활질서를 침해한 범죄' 등은 김정은 체제의 권력구
조 유지를 위한 조항들이 포함된 정치적 규범이다. 특히 조국반역죄(제63조)

---

[140] 임예준, "2. 시민적 권리: 형사법을 중심으로", 임예준·박영자·민태은, 『북한인권 제도 및 실
태변화 추이연구』, 서울: 통일연구원, 2016, p. 22.

[141] 임예준, 앞의 글, p. 23.

[142] 김정은 시기에만 2012년 4, 5월, 2013년 6, 9, 11월, 2014년, 2015년 1, 7월 등 8차례의 개정을
단행 했다.

[143] 정광진, "북한 형법의 특징에 관한 연구", 한양대학교 박사학위논문, 2010, p. 57.

[144] 공소시효는 없애는 대신 1987년의 개정안부터는 유추제한이론을 적용하였고 2004년 이후
현재의 형법에는 유추폐지에 이르게 되어 법치국가형법으로의 변화를 보인 것으로 분석
된다.

의 경우 2010년 이전에는 5년 이상 10년 이하의 노동교화형이었던 징벌을 5년 이상의 노동교화형으로 개정하여 상한선을 없앴고 최근에는 "정상이 특히 무거운 경우에는 무기노동교화형 또는 사형 및 재산몰수형"에 처하도록 강화했다. 간첩죄(제64조)의 경우도 최고 7년 이상에서 10년 이상의 노동교화형으로 상향 조정됐다.[145]

한편, 반민족 등의 표현이 들어간 법이 대한민국형법에는 존재하지 않는 것과 달리 북한형법은 반민족범죄에 관련한 조항을 3장 2절에 그 내용을 대폭 유지하고 있다. 이는 항일 빨치산 유격대 정신을 현행법에 반영한 것으로 보인다. 형법 제68조는 민족반역죄를 "조선민족으로서 제국주의의 지배 밑에서 우리 인민의 민족해방운동과 조국 통일을 위한 투쟁을 탄압하거나 제국주의자들에게 조선민족의 리익을 팔아먹은 민족반역행위를 한" 것으로 규정하였다. 이는 김일성의 항일 유격대 정신과 미·일 제국주의와 자본주의 세력과 계급투쟁의 구도를 유지해야 하는 체제와 이념이 법제화된 것으로 분석된다. 특히 민족반역죄의 최고형은 사형인데 이와 유사한 조국반역죄의 형량과 동일하다.

특별히 강조되고 있는 조항중의 하나가 김일성-김정일-김정은 체제의 지배구조에 대한 내용인데 형법 제74조, '명령, 결정, 지시집행 태만죄'의 경우이다. 이 조항은 "조선민주주의인민공화국 주석, 국방위원회 위원장, 국방위원회 제1위원장 명령, 최고사령관 명령, 당중앙군사위원회 명령, 결정, 지시, 국방위원회 결정, 지시를 제때에 정확히 집행하지 않은 자는 1년 이하의 노동단련형에 처하도록" 되어 있고 "정상이 무거운 경우에는 최고 5년 이상 10년 이상의 노동교화형에 처하도록" 되어 있다. 2015년의 개정 형법 조항에 당대에 존재하지 않는 '주석'과, '국방위원회 위원장'의 직함이

정광진, 위의 글, p. 58.

적시되어 있는 것에 대한 법적 효력의 다툼이 있을 수 있다.

그러나 헌법 서문에 김일성을 '위대한 수령', 김정일을 '위대한 영도자'로 명시하였고 헌법 제3조에 "조선민주주의인민공화국은 위대한 김일성-김정일주의를 국가건설과 활동의 유일한 지도적 지침으로 삼는다"고 규정한 것에 근거한 것에 따르면 이러한 다툼은 불가능하다. 게다가 당규약에 "조선노동당은 위대한 김일성-김정일주의를 유일한 지도사상으로 하는 주체형의 혁명정당이다"라고 했을 뿐 아니라 '10대 원칙'에도 "위대한 김일성 동지를 우리 혁명의 영원한 수령으로 공화국의 영원한 주석으로, 김정일 동지를 영원한 총비서로, 우리공화국의 영원한 국방위원장으로 높이 받들어 모셔야 한다"고 강조하고 있다. 따라서 형법에 적시된 최고 권력자 혹은 최고 권력기구에 이미 없어진 주석과 국방위원장이 표시되는 것은 유훈통치를 정당시 하는 북한의 체제특성상 당연한 것으로 여겨진다. 이로써 북한 형법은 사회주의체제를 공고히 하기 위한 정치적 수단이며 김정은 체제가 형성한 권력구조를 유지 관철하기 위한 도구의 역할을 충실히 하고 있음이 드러났다.

북한에서는 검사의 기능과 권한이 재판소의 판사를 감독하는 위치에 있으므로 검찰의 사명인 체제를 유지하는 데 있어서 효과적인 측면을 유지하고 있다. 형사소송법 제14조는 수사, 예심, 재판에 대한 감시를 검사가 하도록 되어 있다. 또한 인민참심원에 대한 명시(제20조)를 이 법에 둠으로써 재판제도를 통한 체제유지와 유일지배체제가 와해될 여지를 차단하고 있다. 반국가 및 반민족범죄사건의 수사는 안전보위기관의 수사원이 하도록 되어 있다(제46조). 반국가 및 반민족범죄사건의 예심도 안전보위기관의 예심원이 하도록 하고 있다(제48조). 이는 체제에 위협이 되는 사건에 대해서는 형사소송절차에서 검찰이나 인민보안기관이 아닌 안전보위기관 즉, 국가보위성이나 사회안전성 등에서 하도록 함으로써 전문성과 적시성을 높이고자 했다.

북한 형사법제의 또 다른 특징은 형법조항 중에 군과 관련된 내용이 있다는 것이다. 제3장 반국가 및 반민족범죄의 제4절이 국방관리질서를 침해한 범죄로 되어 있는데 제74조부터 제90조까지 27개 조항으로 구성되어 있나. 이 조항들 중에는 무기 탄약의 관리에 관한 규정, 군수품분실죄, 군사복무동원기피죄, 국방비밀누설죄 등이 있다. 남한의 군형법체계와 유사한 규범들로 군 관련 법적 체계가 구성되어 있을 것으로 보이나 일반 형법에 군 관련 조항이 삽입되어 있는 것은 북한 형법의 특징 중의 하나로 볼 수 있다.

3) 검찰 관련 법제

검찰감시법[146]은 1985년에 제정되었고 5차례 개정을 거친 것으로 보인다. 검찰감시법 제1조는 검찰감시의 본질을 "모든 기관, 기업소, 단체와 공민이 조선민주주의인민공화국 법을 정확히 지키고 집행하는가를 감시하는 국가의 권력적 활동"으로 규정하고 있다. 검찰감시의 목적은 "모든 분야에서 혁명적제도와 질서를 세워 조선노동당의 정책관철을 법적으로 보장"하는 것이다(제2조). 중앙검찰소는 검사의 검찰감시에 대한 지휘권을 갖게 되고 도(직할시), 시(구역), 군검찰소와 특별검찰소는 상급검찰소와 중앙검찰소에 복종함으로써 일원화된 지휘체계를 유지한다(제6조). 중앙검찰소는 검찰감시를 통일적으로 지도하게 되어 있고 검찰감시활동은 조선노동당의 정책관철을 보장하는 것이 목적인 중앙검찰소장은 최고인민회의에서 임명하도록 되어 있다. 즉 중앙검찰소장을 국가최고권력기구인 최고인민회의에서 임명을 하지만, 활동의 목적을 조선노동당의 정책관철로 설정하여

---

146   조선민주주의인민공화국 검찰감시법(1985 제정, 2012 개정).

결국 당의 국가 지배의 전위 역할을 하고 있음을 규범화한 것이다. 형사소송법상에도 기소는 검찰만이 하도록 되어 있고(형소법 제12조), 재판에 대한 감시도 검찰의 권한으로 두고 있어(형소법 제14조) 검찰의 체제유지사명을 법으로 뒷받침하고 있다.

검찰감시의 대상은 각급 기관, 기업소, 단체와 공민인데 업무상으로는 수사와 예심은 물론 재판과 중재, 검열, 단속, 준법교양 의무에 이르기까지 폭넓게 두고 있다(제8조~제16조). 이를 통해 볼 때 검찰감시법은 북한의 체제유지를 위한 활동에 있어서 근간이 되는 법이다. 검찰이 재판소의 재판과 판결과 판정, 그리고 결정의 집행까지 감시하게 하도록 되어 있기 때문이다.

4) 국가보안 관련 법제

북한에 국가보안 혹은 주민통제를 위한 법으로 대표적인 것이 인민보안단속법[147]과 인민보안법이다. 인민보안단속법은 1992년에 제정되었고 2007년까지 다섯 차례의 개정을 거친 것으로 알려져 있다. 이 법은 인민보안기관 및 인민보안원은 법질서를 어기는 행위를 엄격히 단속함과 아울러 국가의 정치적 안전에 위협을 주는 행위를 단속하도록 되어 있다(인민보안단속법 제8조, 제9조). 인민보안법은 법질서, 특히 공민의 치안이나 재산권 보호 등이 중심조항으로 이루어져 있는데 제8조에 정치적 안전을 담보하는 역할을 인민보안기관에 부여함으로써 이 법 역시 체제의 안정적인 유지와 반체제세력의 발생을 차단하는 역할을 하고 있다.

인민보안법[148]은 인민보안단속법이 "제도와 질서를 엄격히 세워 법질서를 어기는 행위를 저지시키고 정확히 조사, 처리하는 데 이바지하는 것"을

---

147 조선민주주의인민공화국 인민보안단속법(1992년 개정, 2007년 개정).
148 조선민주주의인민공화국 인민보안법(2007 제정).

사명으로 하는 것과는 달리 "인민보안사업에서 제도와 질서를 엄격히 세워 국가의 안전과 인민의 생명재산을 옹호 보위하는 데 이바지하는 것"을 사명(제1조)으로 하고 있어 법의 적용대상과 범위에서 두 법은 차이가 있다. 인민보안법은 국가의 안전이 인민의 생명재산보다 앞서 기술되어 있어 이 법이 국가의 안전과 체제의 안정을 위한 법임을 알 수 있다. 인민보안법은 인민보안기관을 중앙은 물론 지방에도 두도록 되어 있고 전체적으로는 중앙인민보안기관이 인민보안사업을 조직 관리하도록 되어 있는데 말단 보안기관이 인민보안소이다(인민보안법 제7조~제10조). 중앙에서 지방 인민보안소까지의 전 인민보안기관이 수행하는 임무가 총 14가지로 명시되어 있는데 그중 첫 번째가 국가의 정치적 안전에 위험을 주는 행위를 진압하는 것이다. 네 번째는 국가의 경제정책집행과 경제관리에서 사회주의원칙을 지키는가를 감독통제하는 것이며, 열 번째가 출생, 거주, 퇴거 같은 공민등록 사업이다. 인민보안소와 인민보안기관이 공민의 등록부터 국가의 안전까지를 책임지는 역할을 하는 것으로 되어 있다.

인민보안단속법과 인민보안법은 공공의 질서는 물론 기관, 기업소, 단체 및 공민 개개인의 치안과 재산권 보호를 담보하는 법률임은 분명하나 일반 공민들 사이에서 정치적 안전과 사회주의체제를 위해하는 행위들이 발생했을 때 가장 말단 단계에서부터 이를 제압하고 통제하며 방지하는 기능을 보장하는 법률로 보인다. 즉 이 두 법은 일상의 치안유지를 통한 유일지배체제유지의 수단으로 폭넓게 활용되고 있다.

2. 유훈통치의 정당화와 금수산태양궁전법 제정

김일성과 김정일이 안장되어 있는 금수산태양궁전은 2013년 4월 1일에 수정보충을 통해 헌법 서문에 명시되기 시작한 이래 현재까지 유지되고 있다. 북한은 2013년, 헌법의 수정과 동시에 금수산태양궁전법을 제정하였는데 최고인민회의 상임위원회의 정령 제10호로 채택된 신법이다. 김일성과 김정일의 사후 유훈 관리와 업적 홍보를 통해 김정은 체제의 조기 정착과 유지를 위해 만든 법으로 평가되고 있다.[149] 금수산태양궁전은 본래 평양시 대성구역 미암동 금수산모란봉 기슭에 있는 석조건물로 1977년 김일성의 65세 생일을 맞아 준공되어 1994년 7월 김일성의 사망 전까지 금수산의사당 혹은 주석궁으로 불렸던 것이다. 금수산태양궁전은 생전에 지도자가 사용했던 집무실을 묘지화한 곳으로 세계정치사에 찾아보기 어려운 사례이다. 북한은 이곳을 유훈통치의 상징이며 수령영생의 선전장으로 활용하고 있다.[150] 김일성 사망 후 그의 시신을 여기에 안치하고 이름을 금수산기념궁전으로 바꾸었는데 2011년 12월 김정일 사망 후 최고인민위원회 상임위원회는 2012년 2월 16일에 금수산기념궁전을 금수산태양궁전으로 명명하도록 했다.[151] 금수산태양궁전법은 이곳을 주체의 최고성지로 명시하고 금수산태양궁전을 전체 조선민족의 태양의 성지로 영원히 보존하고 길이 빛 내이는 데 이바지하는 것을 이 법의 사명으로 선언하고 있다.[152] 이외에도 금수산태양궁전을 수령영생의 대 기념비(제2조), 조선민족의 존엄의 상징(제3조), 민족번영의 만년유산(제4조), 민족과 더불어 영원할 태양의 성지(제5조), 신성불가침(제6조) 등으로 묘사하고 있다. 또한 이 법은 김일성, 김정일이 생전에 받은 메달과 훈장, 이용하던 열차, 승용차, 배와 전동차 등도 원상대로 보존해야 한다고 규정하고 있다(제11조~제14조). 또한 국가적 명절

[149] 최경희, "북한 '수령권력'체제의 생성과 매커니즘", 『한국과 국제정치』 제32권 제4호 통권 95호, 2016, pp. 162~163.
[150] 김광수, 『수령국가』, 서울: 선인, 2015, p. 267.
[151] 자유아시아방송, 2020.8.12, fa.org/korean/weekly _ program/ae40c528c77cac00c758-c228aca8c9c4-c9c4c2e4/co-su-08122020071705.html(검색일: 2023.1.30).
[152] 조선민주주의인민공화국 금수산태양궁전법(2013년 제정), 제1조.

과 기념일, 중요 계기를 맞아 국가 경의식을 이곳에서 진행하도록 되어 있고 참석자들의 옷차림과 몸단장도 정중히 해야 함을 명시하고 있다(제17조~제22조). 금수산태양궁전을 위해 국가는 필요한 모든 조건을 최우선 무조건 보장하며 운영에 필요한 전력, 설비, 자재, 물자도 최우선 대상으로 따로 계획한다고 되어 있다(제34조, 제36조). 궁선의 엉구보전과 관리운영을 위해 김일성, 김정일 기금을 운영하도록 해서 재정적 지원 장치도 만들어 두었다(제39조).

금수산태양궁전법은 김일성–김정일–김정은으로 이어지는 3대 세습통치체제의 구축과 이의 정당성과 합법성 그리고 김일성, 김정일은 물론 김정은을 유일신격화하기 위한 정치적 의도에서 제정·운영되고 있는 것으로 분석된다.[153] 금수산태양궁전법과 금수산태양궁전은 '10대 원칙'에 명시된 백두혈통으로의 순혈주의에 근거한 유일영도체제의 상징이자 현실을 보여주고 있다.

3. 김정은 시기 사회통제 분야 법제 정비

1) 반동사상문화배격법

북한은 2020년 12월 4일, 최고인민회의 상임위원회 제14기 제12차 전원회의에서 '반동사상문화배격법'[154]을 채택했다. 이 법은 한류 등 모든 외부문화는 물론, 종교와 자본주의적 생활방식 등 사회주의체제와 북한당국의 지시나 규범에 맞지 않는 행동에 대해 통제하려는 법인데 사실상 김정은의 유일영도체제에 방해가 되는 요소를 차단하려는 의도가 있는 것으로 분석

---

153 https://www.youtube.com/watch?v=lY9W5YXzDEU(검색일: 2023.1.30).
154 반동사상문화배격법의 전문은 아직 국내에 입수되지 않아 분석과 연구의 제한이 있다.

된다.

현재까지 알려진 바에 따르면 이 법의 제27조는 남조선의 영화나 녹화물, 편집물, 도서, 노래, 그림, 사진 등을 보았거나 들었거나 보관시 5년부터 15년까지의 노동교화형에 처하고 남조선 영화나 녹화물, 편집물, 도서를 유입, 유포한 경우는 그보다 더한 무기노동교화형(무기징역) 또는 사형에 처하도록 되어 있다. 게다가 집단적으로 위의 콘텐츠들을 시청, 열람하도록 조직하였거나 조장한 경우에는 사형에 처하도록 했다. 제28조는 미국과 일본 같은 적대국의 콘텐츠는 열람, 시청시 최대 10년의 노동교화형이나 많은 양의 적대국 문화, 공화국 반대 콘텐츠를 들여 오면 사형에 처한다고 되어 있다. 제32조는 남조선식으로 말하거나 글을 쓰거나 남조선 창법으로 노래를 부르거나 남조선 서체로 인쇄물을 만들면 노동단련형 혹은 2년까지 노동교화형에 처할 수 있도록 했다.[155] 이 법과 관련한 노동신문의 보도[156]에 의하면 반사회주의사상문화의 유입, 유포행위를 철저히 막고 우리의 사상, 우리의 정신, 우리의 문화를 굳건히 수호함으로써 사상진지, 혁명진지, 계급진지를 더욱 강화하는데서 모든 기관, 기업소, 단체와 공민들이 반드시 지켜야 할 준칙들을 규정한 법으로 소개되어 있다. 반동문화배격법에 적시된 조항들 중 주요 부분은 이미 형법에 반영되어[157] 적용하고 있음에도 불구하고 새로운 법을 제정한 것에는 그만큼 사회적 이완과 체제에 대한 결속이 예전만 못하다는 현실 인식이 반영된 것으로 보인다.

한편, 국제인권단체 전환기 정의 워킹그룹(TJWG)이 2021년 12월 15일에

---

155 나무위키, https://namu.wiki/w/%EB%B0%98%EB%8F%99%EC%82%AC%EC%83%81%EB%AC%B8%ED%99%94%EB%B0%B0%EA%B2%A9%EB%B2%95(검색일: 2023.2.20).

156 『노동신문』, 2020년 12월 5일자.

157 북한형법 제183조(퇴폐적인 문화반입 류포죄), 185조(적대방송청취, 적지물 수집, 보관, 류포죄) 등에 구체적으로 적시되어 있으나 김정은 최근 사회통제의 필요성에 근거하여 새로운 법을 제정한 것으로 보인다.

공개한 보고서에 따르면 김정은 집권 후 집행된 처형 장소 관련 기록 27건 중 남한 영상을 시청하거나 배포한 혐의로 공개 처형된 사례가 7건으로 가장 많았다고 한다. 이외에도 음란물 시청으로 인한 처벌, 한국 드라마를 시청한 3군단 후방부장의 공개처형, 한국영상물을 유포한 원산시 주민 공개처형 등 외에도 한국영화를 시청한 중학생에 대한 노동교화형 14년 형 선고, 넷플릭스에 소개되었던 오징어 게임 복제본 유포자에 대한 사형 선고 등이 있다.[158]

북한 당국이 반동문화배격법과 같은 법령의 제정을 하게 된 배경은 김정은이 2020년 6월 19일에 냈다고 하는 "경애하는 최고령도자 김정은 동지의 2020년 6월 19일 비준방침"에서 찾아볼 수 있다. 이 비준을 근거로 당 선전선동부가 "괴뢰들의 말투를 본 따거나 흉내 내는 쓰레기들을 철저히 소탕해버리기 위한 대책과 관련한 제의서"를 작성하였다고 한다. 북한은 특별히 청년들을 중심으로 남한의 문화나 언어 등이 퍼지는 것을 극도로 경계하고 있고 널리 보급된 휴대폰(손전화)으로 주고받는 대화나 문자 등에도 이러한 표현들이 확산되는 것에 대해 심각한 우려를 가지고 있다고 본다. 게다가 시장화 현상을 통해 확산되고 있는 시장경제와 더불어 발달한 개인소유와 개인 권리에 대한 의식의 변화, 문화와 사상의 이완은 유일영도체제의 이완으로 이어질 수 있다고 보고 이를 단속하기 위한 법령의 제정에 힘을 쏟고 있다.[159]

2) 청년교양보장법

북한은 2021년 9월 28일, 최고인민회의 제14기 제5차 회의를 열고 청년

---

158 한명섭, 앞의 글, pp. 117~120.
159 한명섭, 앞의 글, pp. 130~135.

교양보장법을 채택했다. 이 법은 김정은 시기에 주민통제를 목적으로 제정된 법 중 하나로 특별히 청년들에 그 초점이 맞추어져 있다는 측면에서 주목을 받고 있다. 총 45개조로 구성된 이 법은 "국가의 청년중시정책을 철저히 관철하여 청년들을 주체혁명위업의 믿음직한 계승자로 튼튼히 준비시키고 청년강국의 지위를 더욱 공고히 해나가는 데 이바지한다"(제1조)라는 사명을 가진 것으로 되어 있다. 제2조는 청년중시의 원칙을 기술하고 있는데 그 내용을 보면 "청년중시는 국사 중의 국사이며 우리 당과 혁명의 영원한 전략적 로선이다. 국가는 조선로동당의 청년중시사상과 로선을 일관하게 틀어쥐고 언제나 청년들을 아끼고 사랑하며 내세워주어 그들이 자기의 본태와 피줄을 똑바로 알고 혁명의 대를 꿋꿋이 이어나가도록 한다"라고 되어 있다. 그러나 제4조의 "반동적인 사상문화의 침습으로부터 청년들을 보호하며"라는 조항은 이 법의 목적과 사명을 드러내고 있다. 결국 청년들로 하여금 백두산지구 혁명전적지를 비롯한 혁명전통교양거점들에 대한 답사와 참관, '항일 빨치산 참가자들의 회상기' 학습 등을 통해 주체혁명의 위업을 달성할 혁명가로 준비시키기 위한 목적을 담고 있음을 분명히 하고 있다. 그러기 위해 청년들은 인민군대에 적극 탄원하고 군사복무를 성실히 하며 민간군사훈련에 빠짐없이 참가하여야 함도 규정하고 있다(제12조).

반면에 청년들의 과학기술 학습보장(제14조, 제16조)과 청년문화생활을 보장 지원하는 내용들도 포함하고 있다. 더 나아가 청년들의 사업부문에 대한 보장(제3장)도 담고 있다. 제4장은 학교교양, 가정교양, 사회교양에 대한 내용으로 구성되어 있는데 학교와 가정과 사회에서 청년들의 준법생활을 강조하고 비도덕적인 생활통제를 강화하는 방안을 규정화하였다. 제5장은 사회의 생활양식의 확립을 다루고 있는데 공산주의기풍확립, 외모, 준법기풍, 청년금기사항 등을 명문화하여 규정하고 있다. 특히 제41조는 청년금

기사항 16가지를 나열하고 있는데 강력범죄와 성불량행위는 물론 종교와 미신행위도 금지하고 있다. 불순출판선전물의 유입, 제작, 복사, 유포, 시청, 마약의 제조, 밀매, 보관 사용, 군복무 기피, 외국노래나 춤 따라 하기, 우리식이 아닌 이색적인 말투 사용 등도 금지사항에 들어 있다. 그 외에도 퇴폐적이며 색정적인 추잡한 내용을 반영한 녹화물, 편집물, 인쇄물의 제작과 지원 행위도 금기사항에 포함되어 있다(제42조). 이렇게 되면 이는 유엔이 명시한 국제 인권규약을 위반할 가능성도 있을 것으로 평가되고 있다.[160] 반동사상문화배격법이 강력한 단속과 처벌을 통한 외국문화의 유입 차단이 목적이라면 청년교양보장법은 청년들에게 당과 수령에 대한 충성심을 강조하고 '반제계급의식'으로 튼튼히 무장해 사회주의 원칙을 철저히 지킬 것을 당부하고 있는 것으로 보인다.[161]

3) 평양문화어보호법

북한은 2023년 1월 17일에 열린 최고인민회의 제14기 제8차 회의에서 평양문화어보호법을 제정공포하고 시행에 들어갔다.[162] 이 법 제58조는 "괴뢰(남한) 말투로 말하거나 글을 쓰거나 통보문, 전자우편을 주고받거나 괴뢰말 또는 괴뢰서체로 표기된 인쇄물, 녹화물, 편집물, 그림, 사진, 족자 같은 것을 만든 자는 6년 이상의 노동교화형에 처한다"고 규정했다. 여기서 '괴뢰말'이란 "어휘, 문법, 억양 등이 서양화, 일본화, 한자화되어 조선어의 근본을 완전히 상실한 잡탕말로서 세상에 없는 너절하고 역스러운 쓰레기말"로 정의됐다. 또한 제59조는 "괴뢰 말투를 다른 사람에게 가르쳐주었거

160   자유아시아방송(RFA), https://www.rfa.org/korean/weekly_program/defector_view_hr/fejy-10132021104404.html(검색일: 2023.4.24).

161   『DAILY NK』, 2022.2.16, https://www.dailynk.com/20220216-1/(검색일: 2023.2.20).

162   『조선일보』, https://www.chosun.com/politics/north_korea/2023/03/04/(검색일: 2023.2.16).

나 괴뢰말 또는 괴뢰서체로 표기된 인쇄물, 녹화물, 편집물, 그림, 사진, 족자 같은 것을 다른 사람에게 유포한 자는 10년 이상의 노동교화형에 처한다"고 되어 있다. 심지어 "정상이 무거운 경우에는 무기노동교화형 또는 사형에 처한다"고 명시했다. 더 나아가 "괴뢰말 또는 괴뢰 서체로 표기된 물건짝들을 진열해놓고 팔거나 은닉시켰을 경우에는 영업을 폐업시킨다"(제63조)고 되어 있다. 계속해서 이 법 제62조에는 "망오락(네트워크 게임) 같은 것을 하면서 괴뢰 말투로 된 가명을 쓰는 행위가 나타나게 했을 경우 책임있는 자에게 3개월 이상의 무보수 노동 처벌을 준다"는 내용이 포함됐다. 법 제18조는 "국가적으로 지정된 괴뢰 말투 제거용 프로그램을 손전화기, 컴퓨터, 봉사기에 의무적으로 설치"하도록 규제하기도 했다. 노동신문은 지난달 2023년 2월 26일 기사에서 "민족어에 다른 나라 말이나 잡탕말이 흘러들면 민족어의 고유한 모습이 점차 사라지게 되고 나아가서는 사멸해 버리게 된다"[163]며 북한 표준어인 평양문화어 사용을 강조했다. 이를 두고 전문가들은 사회 전반에 대한 통제를 강화하려는 의도가 있다고 보았고 이에 대한 근거로는 평양문화어보호법에 사상과 제도, 문화를 수호한다는 등의 표현이 있는 것을 꼽았다. 북한은 최근 제정된 법을 통해서도 사회통제를 강화하고 1인 지배체제와 세습독재의 구도에 틈을 주지 않으려는 조치를 계속해서 벌리고 있는 것으로 보이고 그 강도 더 강해지고 범위도 전 방위적으로 확장되는 추세로 분석된다.

4) 비상방역법

북한은 2022년 5월, 최고인민회의 상임위원회 제14기 제20차 전원회의

---

[163] 『노동신문』, 2023년 2월 26일자.

를 열고 비상방역법[164]을 개정하였다. 총 5장 70개 조항으로 구성되어 있는 이 법은 코로나19 비상방역 상황에 대비하기 위해 개정한 것으로 분석되었다.[165] 집권 10년 차에 접어든 김정은 정권의 국정운영에 심각한 도전이 되고 있는 코로나19 상황에 대한 적극적인 대처가 필요한 만큼 법제정비를 통한 의지를 나타낸 것이다. 북한은 2020년 1월 30일, 세계보건기구가 코로나19 확산에 대응하여 '국제공중보건비상사태(PHEIC)'를 선포한 직후 북한 내의 '위생방역체계'를 '국가비상방역체계'로 전환하여 대응 수위를 높이는 한편 확진자 제로를 지속적으로 주장하면서 국제사회의 백신지원에 대한 거부입장도 고수한 바 있다. 그러나 2022년 5월 12일, 당중앙위원회가 코로나19 확진자 발생을 처음으로 인정한 후 '국가비상방역체계'를 '최대비상방역체계'로 전환하였다.[166] 북한은 코로나 초기단계부터 위기감을 부각시키는 가운데 당·정·군 관계자와 인민들에게 긴장의 끈을 놓지 말도록 강조하였다. 더 나아가 2020년 2월 29일, 정치국 확대회의를 통해 '방역 사업을 인민보위의 중대한 국가사업'으로 선언하고 7월 2일에는 "방역에 실패할 경우 상상할 수도 없는 만회할 수도 없는 치명적인 재앙을 초래할 것"이라고 경고하기도 하였다.[167] 이 법의 제3장은 국가비상방역체계수립을 위해 내각 총리를 책임자로 하는 중앙비상방역지휘부를 조직하고 군, 검찰, 국가기관 및 의료기관을 비롯한 다양한 일군들이 참여하도록 하였다 (제21조). 전염병 발생 시의 봉쇄, 제한 및 차단 관련 경비업무에는 조선인민

---

[164] 북한은 1946년 2월 북조선임시인민위원회 보건국을 설치, 보건 의료 사업을 시작하였고 1980년 4월에는 인민보건법을 제정하여 의료 보건 사업을 체계화하였다. 이어서 1988년에는 공중위생법과 식료품위생법을 코로나19가 대유행 하던 2020년 8월에는 비상방역법을 각각 채택하여 의료, 보건, 위생분야의 법제를 정비하였다.

[165] 『NK 경제』, http://www.nkeconomy.com/news/articleView.html?idxno=10427(검색일: 2013. 6.12).

[166] 김호홍·박보라, "코로나19 위기를 활용한 북한의 체제 강화 동향", 『INSS 전략보고』, No. 192, 2022, p. 9.

[167] 김호홍·박보라, 위의 글, p. 10.

군의 총참모부, 국가보위부, 사회안전기관이 국경과 지상, 해상 공중을 비롯한 지역을 봉쇄하거나 이동을 통제하는 등 강력히 대응하도록 했다. 이 법은 북한의 주민뿐 아니라 북한 지역에서 거주하는 모든 외국인에게도 동일하게 적용되도록 규정하고 있다(제55조). 법을 어긴자들에 대한 처벌조항은 제59조에서 제70조에 이르도록 그 내용이 상세히 기술되어 있다. 특히 개인과 단체의 처벌을 구분하고 처벌의 종류도 노동교양부터 해임, 철직, 교화형 및 사형에 이르기까지 법적제제의 단계와 처벌 수위를 비교적 구체적으로 적시하고 있다. 이것은 북한 당국이 코로나19에 대한 상당한 공포감을 가지고 있음을 보여주는 한편 코로나19에 대한 대처능력이 현저히 낮은 것에 대한 반영으로 평가되고 있다. 강력한 사회통제 및 법적제제를 통해서만 억제할 수밖에 없는 방역 능력과 정책의 결과로 보인다는 것이다.[168] 실제로 북한은 코로나19 방역 기간 중 국경을 봉쇄하고 교류를 전면 중단했으며 주민들의 이동에도 상당한 통제를 한 것으로 알려져 있다.[169] 특히 국경지역은 밤 8시부터 새벽 5시까지 주민들의 야간통행을 금지시켰는데 이는 야간 밀수를 차단하기 위한 것이었다.[170] 이를 통해 민심이반과 주민 소요를 근본적으로 차단하여 유일지배체제의 안정을 도모한 것으로 보인다.[171]

5) 허풍방지법

북한은 2022년 5월 31일, 최고인민회의 상임위원회 정령 972호로 허풍방

---

[168] 김수연·김지은, 「비상방역법」 제정을 통해 본 북한의 코로나19 대응과 향후 협력 방안", 『통일과 법률』 제48호, 2021, pp. 84~85.

[169] 임을출, "코로나19 상황에서의 북한인권 실태 및 개선방안" 2022년 인권상황 실태조사 연구용역보고서, 경남대학교, 2022, p. 8.

[170] 임을출, 위의 글, p. 124.

[171] 임을출, 위의 글, p. 130.

지법을 제정 공포하였다. 이 법은 2021년 조선노동당 제8차 대회 이후 김정은이 농업부문 식량생산에서의 허위보고가 만연되어 있음을 지적한 이후에 제정된 법이다.[172] 이 법 제1조는 허풍방지법의 사명을 "전 국가적, 전 사회적으로 허풍을 치는 현상과의 투쟁을 강하게 벌려 국가의 정책을 정확히 집행하고 인민의 리익을 보호하는 데 이바지한다"라고 명시하고 있다. 이어서 제2조에는 허풍의 정의를 "공명심과 리기심, 책임회피와 같은 낡은 사상에 물젖어 자기 부문, 자기 단위 실태를 허위로 보고하여 국가의 정책집행과 인민생활에 엄중한 해독적 후과를 끼치는 반국가적 반인민적 행위"로 규정하고 있다. 이 같은 허풍 행위에 대한 처벌원칙에 대해서는 국가는 허풍을 치거나 허풍을 치도록 암시, 묵인, 조장하여 국가의 정책집행에 해를 끼친 자들에 대해서는 그가 누구이든지 정상에 따라 엄한 법적제제를 가하도록 한다(허풍방지법 제4조)고 되어 있다. 구체적으로는 허풍방지법을 어긴 행위로 받은 학위, 저작, 발명, 창의고안, 자격, 급수, 국가 표창은 정지 및 강급 또는 박탈한다고 되어 있는 부분과(제46조), 허풍행위로 취득한 물품과 자금에 대한 몰수에 대한 조항(제47조)이 있다. 구체적으로는 여러 사안에 따라 경고, 엄중경고, 무보수로동, 로동교양, 해임, 철직처벌 등을 가하도록 되어 있다(제48조). 더 나아가 제49조에는 이 법을 어긴 행위가 범죄로 인정될 경우 형법의 직권람용죄(형법 제235조), 직무태만죄(형법 제237조), 계량, 계측 기구위조 및 불량계량, 계측기구사용죄, 민간군사훈련을 무책임하게 집행한 죄 등 해당 조문에 따라 형사책임을 지도록 명시하고 있다. 그렇다면 이 법에서 방지하고자 하는 주요 허풍의 내용을 보면 주로 경제 계산, 즉 계획의 작성과 계획의 수행, 품질관계, 통계, 평가에서의 허풍과 농업생산에서 발생하는 농업생산에서의 허풍, 영농작업수행

---

172 『노컷뉴스』, https://www.nocutnews.co.kr/news/5824937(검색일: 2022.9.29).

과 농작물예상수확고판정, 농업생산물수매계획수행 등에서의 허풍, 그리고 사회전반에서의 허풍의 방지를 목표로 하고 있다. 사회전반에서의 허풍방지의 내용을 보면 자격 및 급수사정에서의 허풍, 민방위사업에서의 허풍, 재해방지사업에서의 허풍, 기관 기업소, 단체의 사업보고에서의 허풍을 방지하는 것을 적시하고 있는데 이는 북한 사회가 경제, 농업, 사회전반에서 허풍, 즉 허위 혹은 사실과 다른 지도와 보고, 통계 등이 만연되어 있음을 알 수 있다. 이를 예방하기 위하여 이 법은 여러 가지 지도 대책과 감동 통제를 규정화하여 강조하고 있음을 알 수 있다. 예를 들면 '품질보장에서의 허풍방지'(제92조)에 대해서는 기관, 기업소, 단체는 재자원화를 한다고 하면서 제품의 질을 무시하거나 검사를 받지 않은 제품, 불합격품, 보관기일이 지난 제품, 나라의 경제발전에 지장을 주는 것과 같은 허풍행위를 금하도록 하고 있다. 이밖에도 통계장악과 보고에서의 허풍방지, 농업생산에서의 허풍방지 등을 강조한 것은 계획과 생산, 품질관리와 보고 등에서 전반적인 부실, 허위보고 등에 대한 강력한 통제장치가 필요하다는 판단하에 이 법이 마련된 것이다. 따라서 제38조에 명시된 대로 사상교양과 준법교양을 강화하는 것으로 허풍을 치지 않도록 하며 허풍을 쓸어버리기 위한 전 사회적, 전군중적투쟁에 적극 나서도록 했다. 이어서 제44조에는 허풍이 발견되면 검찰 및 사회안전기관을 비롯한 해당 감독통제기관에 제때에 신고하도록 명문규정화하여 강력한 사회통제의 도구로 활용하고 있다.

6) 금연법

2020년 11월 4일 최고인민회의 상임위원회 제11차 전원회의에서 정령 '조선민주주의인민공화국(북한) 금연법을 채택함에 대하여'가 전원일치로 채택됐다. 이번에 채택된 새 금연법은 기존의 담배통제법보다 더 강화된 흡연 금지 장소를 세부적으로 지정하고 흡연질서를 어겼을 때 처벌하는 내용이 포함되어 있다. 김정은 위원장 집권 후 내건 '사회주의 문명국 건설'의 일환으로 제정된 것으로 보인다.[173]

아직 금연법 전문에 대해서는 공개되거나 입수되지 않았지만 보도를 통해 알려진 내용을 종합하면 흡연에 대한 봉제를 강화하는 것은 인민(주민)들의 생명과 건강, 환경을 보호하는 데서 나서는 중요한 요구이며 금연운동을 힘있게 벌리는 것은 공화국정부의 일관한 정책이라는 것이 북한 당국의 설명으로 나타나 있다. 금연법에는 중앙보건지도기관이 국가금연전략을 세우며 해당 성, 중앙기관과 지방인민위원회가 국가금연전략에 따라 년차별로 금연계획을 과학성, 현실성 있게 세우고 어김없이 실행할 데 대한 문제, 금연과 관련한 과학연구사업을 강화하며 금연치료에 필요한 여러 가지 약품과 기능성식품 같은 것을 적극 개발할 데 대한 문제, 전 국가적, 전 사회적인 금연봉사체계를 세우고 금연봉사활동을 적극 벌여 금연률을 높일 데 대한 문제가 나열되어 있다. 금연법에 의하면 기존의 담배통제법보다 더 광범위하고 적극적인 금연지역이 표시되어 있는데 혁명전적지, 혁명사적지, 혁명박물관, 혁명사적관을 비롯한 정치사상교양장소들과 극장, 영화관, 회관, 도서관, 전람관, 체육관, 광장, 정류소, 대합실, 공동위생실 같은 공공장소, 탁아소, 유치원과 같은 어린이보육교양기관, 소학교, 중학교, 대학, 양성소 같은 교육기관, 병원, 진료소, 료양소 같은 의료보건시설, 려관, 호텔, 상점, 식당, 리발소, 목욕탕 같은 상업, 급양편의봉사시설, 려객기, 려객렬차, 려객선, 지하전동차, 궤도전차, 뻐스 같은 공공운수수단, 산림구역, 목재공장, 종이공장, 탈곡장 같은 화재위험이 있는 장소, 연유판매

---

173 『경향신문』, 2020.11.5, https://www.khan.co.kr/opinion/yeojeok/article/202011052041005(검색일: 2023.4.3).

소, 연유창고, 가스공급소 같은 폭발위험이 있는 장소와 그밖에 기관, 기업소, 단체가 자체로 정한 장소가 흡연 금지되는 곳으로 명시되어 있다.[174]

알려진 것과 달리 금연법은 '금연'을 강제하는 법이 아니라 이 법을 통해 인민의 건강을 증진시키고 유해한 환경으로부터 인민을 보호하는 측면이 강한 것으로 평가된다. 담배 판매처의 지정, 미성년과 학생에 대한 담배의 구입제한 등이 명시되어 있는 것에도 보아 법의 취지가 잘 드러나 있다고 보여진다. 그러나 이 법을 통한 사회통제의 강화도 목적 중의 하나라는 평가도 있다. 김정은은 이 법의 제정과 공포에도 불구하고 여전히 어린이 보육시설, 회의장, 열차, 비행기 등 금연장소로 지정된 곳에서의 흡연을 자유롭게 하는 것으로 보아[175] 건강권, 환경권을 위한 금연법 제정이라는 취지가 문자 그대로 받아 들여지기는 어려워 보인다.

---

174 『서울평양뉴스』, 2020.12.13, http://www.spnews.co.kr/news/articleView.html?idxno=35282 (검색일: 2023.4.3).

175 『연합뉴스』, 2020.12.1, https://www.youtube.com/watch?v=7BQ_OVt47V8(검색일: 2023.4.3).

제5절 유일지배체제와 사법제도

1. 검찰제도와 유일지배체제

1) 검찰소의 구성과 기능

북한의 사법조직은 북한의 법이론의 특징과 북한 헌법상 권력구조의 특징적인 면이 반영되어 있다. 북한의 사법조직은 조선노동당이 법에 우선한다는 북한의 법체계의 특징과 권력분립이 인정되지 않고 있고 법치주의가 국가작용에 대한 통제의 이념이 아닌 국가정책을 실현하는 도구로 기능한다는 점이 구체화되어 있다. 이는 조선노동당이 국가를 영도한다는 원칙과 민주적 중앙 집권제가 사법제도화된 것이다.[176]

김정은은 취임한 지 1년 가까이 되던 즈음인 2012년 11월 26일, 김정일의 '사법검찰사업을 개선강화할 데 대하여' 발표 30주년을 맞아 작성된 '전국사법검찰일군열성자대회 참가자들에게 보낸 서한'을 통해 검찰사업에 대한 자신의 견해를 전했다. 이 서신에서 김정은은 "사법검찰기관은 수령보위, 정책보위, 제도보위, 인민보위의 중요한 사명을 지닌 우리 당의 믿음직한 정치적보위대, 인민민주주의독재의 위력한 무기"이므로 사법검찰기관은 "나라의 법질서를 세우는 데서 커다란 역할"을 한다고 강조했다. 이는

---

[176] 한동훈, "북한의 사법조직 및 작용에 대한 법체계", 『Dankook Law Review』 Vol. 45 No. 1, 2021, pp. 164~165.

곧 사법검찰기관이 '당의 령도 밑에서 법집행을 감독통제하고 국가의 사법권을 행사하는 독자적인 권력기관'이며 '검찰기관과 재판기관의 법적통제 기능을 강화'해야만 '혁명적 법질서' 수립과 '우리 식의 사회주의법치국가' 건설이 가능하다는 것을 지침화한 것이었다.[177] 이 지침에서 강조한 것은 결국 사법검찰기관은 '수령보위'와 '당의 령도 밑에서의 법집행'을 통한 유일적 지배체제를 지키는 것이 핵심임을 나타낸 것이라고 볼 수 있다.

북한의 검찰조직은 재판소와 비슷한 층위로 구성되어 있다. 중앙검찰소는 중앙재판소와 같은 층위로, 도(직할시)검찰소는 도(직할시)재판소와, 시·군·구역 검찰소는 지방의 인민재판소와 같은 층위로 배열되어 있다. 재판소도 그렇듯이 이와는 별도로 군사검찰소와 철도검찰소, 그리고 군수검찰소와 같은 특별검찰소도 존재한다. 북한 헌법은 사법기구에 대한 규정에서 재판소보다 검찰소에 관한 조항이 앞에 나온다.[178] 검찰의 위상이나 역할이 재판소보다 높다고 볼 수 있는데 이는 검찰이 법 집행 기능과 더불어 체제 수호 기능을 하고 있기 때문으로 보인다. 중앙검찰소장은 최고인민회의에서, 각급 검사는 중앙검찰소에 의해 임명 또는 해임된다.[179]

북한의 검사도 남한처럼 수사권과 공소제기 즉 기소권을 가지고 있다(형사소송법 제12조). 형사사건의 처리에 있어서는 수사기관 및 예심기관의 활동을 지휘 감독하고 경우에 따라 직접 수사나 예심 업무를 하기도 한다(형사

---

[177] 강혜석, "'사회주의법치국가'론과 김정은 시대의 통치전략: 북한식 법치의 내용과 특징" 국제지역연구 제26권 제1호, 2022, p. 289.

[178] 대한민국 헌법은 검찰 기능에 대한 구체적인 언급이 없이 행정 각 부의 관할과 임무에 포함시킨 것에 반해 법원은 제4장 정부에 이어 제5장을 '법원' 관련한 규정으로 구성되어 있다. 그러나 북한 헌법은 전체 172조 가운데 제6장 국가기구에서 제1절 최고인민회의 제2절 조선민주주의인민공화국 국무위원회 위원장, 제3절 국무위원회, 제4절 최고인민회의 상임위원회, 제5절 내각, 제6절 지방인민회의, 제7절 지방인민위원회, 제8절 검찰소와 재판소로 구성되어 있다. 제8절의 내용도 검찰에 관한 사무가 먼저 언급된 후 재판소 관련 내용이 뒤따라 나온다.

[179] 통일부, 『2022 북한이해』, p. 72.

소송법 제14조). 더구나 재판소와 달리 검찰소와 검사에 대해서는 별도의 법률이 없고 검사 임명의 자격에 대해서도 아무런 규정이 없다.[180] 다만 1985년에 제정된 검찰감시법이라고 하는 것이 있는데, 이 법은 검찰을 감시하는 법이 아니라 검찰의 감시활동을 규율한 법이다.[181] 사회 전반에 걸친 감시와 수사와 처벌권한을 가지고 있는 것으로 보아 당성이 강하고 충성심이 강한 사람이 검사로 임명될 것으로 보인다. 모든 검사는 노동당원이고 그 숫자는 1천 명을 상회하는 것으로 보이는데 이는 판사보다 숫자가 3배가량 많아 북한 체제에 있어서 검찰의 역할과 위상과 권한을 짐작하게 한다.[182]

북한의 중앙검찰소는 각급검찰소 검사의 임명과 해임의 권한이 있고 하급검찰소는 상급검찰소에 절대 복종하는 중앙집권제 원칙이 엄격히 적용되고 있다.[183] 헌법에 따르면 검사는 중앙검찰소가 임명 및 해임하는 것뿐 아니라(제155조) 모든 검찰사업을 통일적으로 지도하도록 규정하고 있다(제157조). 따라서 도, 시 검찰소에 대한 지휘권 및 인사권을 중앙검찰소가 가지고 있고 중앙검찰소장은 최고인민회의에서 선출하여 사실상 검찰 전체를 최고인민회의에서 통제하고 있는 구도이다.

2) 유일지배체제 유지의 사명과 검찰

북한의 검찰은 사회주의 국가에서 검찰기관이 갖는 보편적 기능을 수행하면서 동시에 북한의 체제유지를 위한 특수한 임무도 함께 수행하고 있다.[184] 북한의 검찰감시법은 "검찰감시는 국가의 권력적 활동"이자(제1조),

---

180   안정식, 『빗나간 기대』, 서울: 늘품플러스, 2020, p. 240.
181   권영태, 앞의 책, p. 74.
182   안정식, 위의 책, pp. 240~241.
183   통일부, 『2022 북한이해』, p. 72.
184   통일부, 위의 책, p. 72.

검찰 기관은 "감시활동을 통해 조선노동당의 정책관철을 법적으로 보장한다"(제2조)고 되어 있다. 북한에서 검사는 국가의 믿음직한 정치적보위자이며 인민대중의 자주적이며 창조적인 생활의 참다운 옹호자로 규정된다(검찰감시법 제7조).[185]

북한 검찰제도의 첫 번째 특징은 엄격한 중앙집권체 원칙이다. 민주집중제의 사회주의 정치 이념에 따라 검찰도 엄격한 법집행 기능과 더불어 체제유지의 임무도 함께 수행하고 있다. 따라서 검찰 지휘부는 물론, 검사의 임명을 최고주권기관인 최고인민회의에서 엄격히 통제하고 있다. 최고인민회의에서는 중앙검찰소장을 선출, 해임하고 중앙검찰소는 각 검사를 지휘함과 더불어 임명과 해임을 통해 인사권을 행사하도록 되어 있다.[186]

두 번째 특징은 검찰권이 법원의 사법권의 일부를 행사하고 있으므로 3권분립이 형해화(形骸化)되어 있다는 것이다. 북한에서 검찰은 체포 및 구금의 영장을 발부할 권한을 가지고 있다. 대한민국의 경우 헌법에 영장주의를 명시하여 검사의 신청에 의해 법관이 발부한 영장을 제시하여 경찰이나 검찰이 수사를 할 수 있도록 되어 있다. 그러나 북한은 형사소송법에 수사단계에서 피심자(피의자)에게 구인, 구금, 구류, 압수, 수색 등 강제처분을 할 경우에 재판소의 영장발부 절차가 없다. 필요시에 검사의 승인만으로 가능하도록 되어 있다.[187] 예비 심판에 해당하는 예심원을 지휘할 권한도 검찰이 갖고 있다. 이는 검찰의 사회통제 및 체제유지에 필요한 권한 행사를 위한 조치인 것으로 보이고 법으로 규정하여 이를 보장하고 있다. 이때 예심원과 수사원은 직접 피의자를 체포, 구금할 수도 있는데(형사소송법 제142

---

[185] 검찰감시법은 1985년에 제정되었고 1997년과 1998년에 개정되었고 현재 확인된 검찰감시법은 1998년의 개정된 것이다.

[186] 헌법 제91조 제11항, 제155조.

[187] 치안정책연구소, 『북한의 수사제도 운용에 관한 연구』 책임연구보고서, 2009, p. 131.

조) 이 경우 구금결정서를 통해 검사의 승인을 받고 체포한 날로부터 10일 안으로 조사하여 예심에 넘기도록 되어 있다(형사소송법 제143조). 구류나 구속의 처분권은 검사에게 있다(형사소송법 제177조~제185조).

세 번째 특징은 검사가 민사 사건에도 관여한다는 것이다. 민사소송법에 의하면 검사는 민사소송에 소송 담당자로 참여하도록 되어 있다.[188] 민사소송법에는 검사가 민사재판에 참여하는 소송 관계자임을 나타낸 여러 조항이 있다(제167조, 제168조, 제171조, 제172조, 제180조, 제210조, 제212조). 민사소송법 제222조 제1항에는 민사소송 판결문에 소송 참여 검사의 성명도 표시하도록 했다. 이를 종합하면 북한의 검찰은 형사소송뿐 아니라 민사소송에도 동일한 기준으로 참여하고 있고 민사에서도 예심 관련 절차를 보장하고 있어 사회 및 주민 통제를 통한 체제유지 기관으로서의 검찰 역할이 확고한 것으로 보인다. 이는 사회주의체제국가의 법체계상 민법의 영역이 미미하고 대부분이 공법의 영역인 것에 대한 반영으로 보인다.

3) 예심제도를 통한 검찰의 사회통제

북한은 대한민국에는 없는 제도이나 프랑스 등에서는 지금도 시행되고 있는 예심제도를 채택하고 있다.[189] 예심제도는 수사와 재판을 같은 사람이 담당했던 규문주의의 폐해에서 벗어나 수사와 재판을 분리하여 각각 다른 사람에게 담당하게 하는 탄핵주의를 채택하면서 생겨난 제도이다.[190] 예심의 임무는 피심자를 확정하고 범죄사건의 전모를 완전하고 정확하게 밝히는 것이다.[191] 예심은 수사, 기소와 함께 재판의 제도와 질서를 엄격히

---

188 조선민주주의인민공화국 민사소송법(1976년 제정, 2017년 개정), 제38조.
189 치안정책연구소, 앞의 책, p. 85.
190 김성천, "북한의 예심제도", 『중앙법학』 제23집 제3호, 2021, pp. 12~13.
191 조선민주주의인민공화국 형사소송법(1992 제정, 2016 개정) 제147조.

세워 형사 사건을 정확히 취급처리하는 데 이바지할 수단의 하나로 소개되고 있다(형사소송법 제1조).

　형사소송법 제9조에는 형사소송의 관여자로 수사원, 검사, 판사, 인민참심원과 함께 예심원을 포함시키고 있다. 예심은 해당 법 기관의 예심원이 하되(11조), 예심에 대한 감시는 검사가 하도록 명시되어 있고, 예심은 자기의 관할 지역에서 일어난 범죄에 대하여 실시하는 것으로 규정되어 있다(형사소송법 제48조). 프랑스의 예심이 수사 → 기소 → 예심 → 재판의 순서로 진행된다면 북한의 예심은 수사 → 예심 → 기소 → 재판의 순으로 진행된다.[192] 예심의 기간은 2개월이지만 복잡한 사건의 경우 5개월까지 연장할 수 있다(형사소송법 제150조, 제151조). 북한에서 예심원은 사회안전성(구 인민보안성)이나 국가보위성(구 국가안전보위부)에 속해있는 예심 담당 조직 혹은 예심을 담당하는 개별 공무원을 지칭한다. 사회안전성이나 국가보위성에는 수사과와 함께 예심과를 두고 있다. 예심에 관한 사항은 검사의 엄격한 통제와 지휘를 받도록 되어 있다.[193] 예심원은 수사원과 함께 피의자에 대한 체포 및 구류 구속 처분을 할 수 있는데 그럴 필요가 있을 시에 검사에게 체포 및 구속영장을 청구하여 발급 받아 처분한다. 검사의 영장 발급에 의한 집행은 예심원, 수사원이 직접 한다. 예심원이 피의자에 대한 예심이 끝나면 이를 피의자에게 알려주고 이의가 없을 경우 검사의 참가 밑에 종결한다. 예심원이 사건의 예심을 종결하게 되면 검사에게 이를 넘기는 결정을 한 후 사건기록과 증거물을 검사에게 넘김으로 예심을 종결하게 된다(형사소송법 제253조~제257조). 검사는 예심이 충분하고 옳게 진행되었을 경우 범죄 사건을 재판소에 기소하며 기소장 작성은 검사가 한다(형사소송법 제264조, 제

---

[192]　김성천, 앞의 글, p. 16.
[193]　김성천, 위의 글, p. 21.

265조). 검사는 검사의 고유 권한인 기소를 하기 이전 단계에서부터 예심을 하도록 되어 있는 수사기관의 담당자들은 물론 사회안전성이나 국가보위성의 예심원을 통해 포괄적으로 사회통제가 가능하도록 되어 있다.

4) 검찰제도를 통한 유일지배체제의 강화

김일성은 1958년 전국 사법, 검찰일군회의에 "우리 사법기관이 프롤레타리아 독재의 기능을 수행하는 무기"임을 강조했다.[194] 북한의 법과 함께 법을 집행하는 사법기관의 역할을 규정한 것이다. 북한에서 검찰은 재판소, 변호사 제도와 함께 사법체계의 한 축이지만, 사실상 모든 사법체계와 프로세스를 감시하고 통제하는 기능도 동시에 가지고 있다. 단적인 예로 현행 헌법에서 중앙검찰소는 중앙재판소보다 앞에 나온다.[195] 제정헌법 제6장은 재판소와 검찰소를 차례로 규정했는데 재판소에 대해서는 제82조에서 제89조까지 총 9개조에 걸쳐 기술되어 있고, 검찰소에 대해서는 제90조에서 제95조까지 까지 총 5개조로 구성되어 있다. 1974년의 사회주의헌법에는 별도의 장인 제10장에 재판소와 검찰소가 나오는데 역시 순서는 재판소가 먼저이고 검찰소가 뒤에 나온다. 재판소는 제133조에서 제142조까지 총 10개조에 걸쳐 기술되어 있다. 검찰소에 대해서는 제143조에서 145조까지 3개 조항으로 오히려 줄었다. 그러다가 1992년의 헌법개정에서는 제6장 '국가기구'의 제8절에 '재판소와 검찰소'가 있고 재판소의 기능과 역할(제152조~제161조)에 대한 조항이 먼저 나온 후에 검찰소(제162조~제167조)가 그 다음에 나온다.

---

194   김일성, "우리당 사법정책을 관철하기 위하여", 『인민정권 건설에 대하여 제2권』, 평양: 조선 로동당출판사, 1978, p. 166.
195   박영자 외, 앞의 책, p. 56.

표 5-15. 헌법개정에 따른 검찰과 재판소의 위상 변화[196]

구분	재판소와 검찰소 조항	관련 조항 수		순서
		재판소	검찰소	
제정헌법	제6장 제82조~제94조	8개	5개	재판소-검찰소
1972년 헌법	제10장 제133조~제145조	10개	3개	재판소-검찰소
1992년 헌법	제6장 제8절 제152조~제167조	10개	6개	재판소-검찰소
1998년 헌법	제6장 제7절 제147조~제162조	10개	6개	검찰소-재판소
2010년 헌법	제6장 제8절 제153조~제168조	10개	6개	검찰소-재판소
2013년 헌법	제6장 제8절 제153조~제168조	10개	6개	검찰소-재판소
2019년 헌법	제6장 제8절 제153조~제167조	10개	6개	검찰소-재판소

출처: 저자가 작성.

대한민국의 경우 헌법에 검찰은 독립된 장이나 절로 언급되지 않지만 법원은 제5장에 나오고 헌법재판소가 뒤이어 제6장에 나온다. 그러나 북한 헌법은 1998년 개정부터 '제6장 국가기구' 안에 제7절 '검찰소와 재판소'를 두면서 이전 헌법과 달리 검찰소를 재판소보다 앞에 두기 시작했다. 현행 헌법은 제6장 '국가기구'의 제8절에 '검찰소와 재판소'가 있다. 즉 검찰소와 검찰의 기능에 대한 조항이 먼저 나오고(제153조~제158조), 뒤이어 재판소와 재판 관련 조항이 이어진다(제159조~제168조). 이어서 중앙검찰소장과 중앙재판소장이 각각 검찰과 법원의 업무를 총괄하고 산하 검찰에 대한 지도와 인사도 하도록 되어 있다.

이는 자유민주주의국가의 삼권분립체제에서 사법부를 의미하는 법원이 국가권력의 상호견제와 균형을 위해 행정부의 하나인 법무부에 소속된 검찰보다 상대적으로 독립적인 것과는 대조를 이룬다. 중앙검찰소장과 중앙

---

[196] 헌법개정 과정을 보면 점차 검찰소의 비중을 높혀가고 있는 것으로 보이는데 1992년의 헌법부터는 그 이전에는 재판소와 검찰소를 독립적인 기구로 규정한 것과 달리 이 두 사법기구를 국가기구의 하나로 위상이 정립이 되었고 1998년의 김일성헌법부터는 두 기관의 순서도 재판소보다 검찰소가 먼저 위치하게 됨으로 검찰의 비중을 더 높이는 것으로 분석된다. 1992년 부터는 검찰소와 함께 재판소도 국가기구의 하나로 규정하여 사법제도를 통한 당과 국가의 통제가 헌법에 반영되었다.

재판소장은 모두 최고인민회의에서 선출하도록 되어 있고 해임도 가능하도록 되어 있다.[197] 그리고 검찰감시법에 의하면 "검찰감시는 모든 기관, 기업소, 단체와 공민이 조선민주주의인민공화국의 법을 정확히 지키고 집행하는가를 감시하는 국가의 권력적 활동"(제1조)이라고 규정하고 있고 검찰감시는 각급 검찰이 하도록 되어 있다. 인민과 단체에 대한 감시뿐 아니라 인민보안기관(제9조), 재판 및 중재(제11조), 판결, 판정 및 재결, 결정적 집행(제12조) 등에 대한 감시도 검찰의 권력적 활동의 하나로 적시하고 있다. 형사소송법에 의하면 수사, 예심, 재판에 대한 감시도 검사가 하도록 규정되어 있다(형사소송법 제14조).

북한에서의 검찰은 검찰이 가진 권력적 감시 활동을 통해 거의 모든 분야에 대한 감시와 통제와 수사와 기소를 통해 유일지배체제를 유지하는 역할을 하고 있다. 이에 대해서는 검찰감시법 제2조에 명확히 규정하고 있는데 이를 보면 "검찰기관은 감시활동을 통하여 혁명의 전취물과 인민의 생명재산을 온갖 범죄적 위법적 침해로부터 튼튼히 보위하며 … 혁명적제도와 질서를 세워 조선노동당의 정책관철을 법적으로 보장한다"로 되어 있다. 북한에서 검사의 자격에 대한 규정이 없는 점은 당성이 강하고 당명에 충실한 자를 검사로 임명하고, 당명에 배치되는 행위를 할 경우 언제든지 해임하기 위한 것으로 보인다. 다시 말해서 법과 사법제도를 통해 유일적 영도를 확고히 하고자 하는 것이 최고의 목적임으로 이에 배치되는 검찰활동을 통제하기 위한 장치를 유지하고 있는 셈이다. 때문에 검사의 신분 및 직무상 중립성은 보장되지 않는 것으로 보인다.[198] 반국가 및 반민족범죄 사건의 예심은 검찰이 하지 않고 국가보위성의 예심원이 담당하도록 함으

---

197 조선민주주의인민공화국 헌법, 제91조.
198 이백규, "북한의 사법제도와 형사법 개관", 『통일과 법률』 제23호, 법무부, 2015, p. 43.

로써 국가안보나 정치적 사안 혹은 유일지배체제에 직접적 위협이 되는 사건의 경우 검찰이 아닌 국가보위성이 수사와 예심을 진행하게 하여 수사와 재판과정에서 유일적 영도체제에 대한 위협요소를 엄히 차단하도록 되어 있다.[199]

북한의 검찰은 국가의 기능으로 법 준수와 집행을 감시 처벌하는 것보다는 '혁명의 전취물', '혁명적 제도와 질서'를 지키는 것이 더 중요한 사명으로 되어 있다. 더 나아가 조선노동당의 정책관철을 법적으로 보장하도록 되어 있는데 이는 당의 유일적 영도체제를 보장하고 유지하는 기능이 최우선임을 보여주는 부분으로 해석된다.

2. 재판제도와 유일지배체제

1) 재판소의 구성

(1) 중앙재판소

북한은 재판소구성법(1976년 채택)에 명시된 대로 '제도와 질서를 엄격히 세워 민사, 형사 사건을 정확히 심리하는 데 이바지하기 위해 재판소 구성을 한다'[200]고 되어 있다. 이 법에 따르면 재판소는 우리의 대법원격인 중앙재판소[201], 고등법원격인 도(직할시)재판소, 지방법원격인 시(구역) 군(郡)인민재판소를 두도록 하고 있고,[202] 특별재판소로는 군사재판소와 철도재판소

---

199 치안정책연구소, 『북한의 수사제도 운용에 관한 연구』, 책임연구보고서, 2009, p. 86.

200 재판소구성법 제1조.

201 기존의 최고재판소를 2016년 헌법개정과 함께 중앙재판소로 명칭을 변경하였다.

202 북한의 재판은 우리와 달리 2심제이기 때문에 3심제하에서의 지방법원–고등법원–대법원처럼 정확한 심급을 나눌 수 없다. 그럼에도 불구하고 북한의 재판소는 3등급으로 분류되어 사건에 따라 1심 재판소가 달라지기도 한다. 정치 재판의 경우에는 단심제로 빠르게 진행되는 특징도 있다.

가 있었는데 2011년에 개정된 재판소구성법에 따라 군수재판소가 신설되었다(재판소구성법 제3조). 헌법 제167조는 중앙재판소를 조선민주주의인민공화국의 최고재판기관으로 명시하고 있고, 제93조 제12항에 의하면 중앙재판소 판사는 최고인민회의 상임위원회에서 선거하거나 소환할 수 있다(헌법 제116조 제12항). 대한민국은 법원조직법에 근거하여 대법원부터 각급법원을 두고 있고 특별법원으로 특허법원, 가정법원, 행정법원을 두고 있다.[203] 군사법원법에 의한 보통군사법원은 북한의 군사재판소와 같다고 볼 수 있다. 북한이 철도법원을 특별법원의 하나로 두고 있는 것은 북한 헌법 제21조에 철도를 국가 소유로 명시한 것에서도 알 수 있는 바와 같이 기간산업인 철도를 통한 여객의 운송과 화물의 이동에 대한 국가의 통제권을 행사하는 데 있다고 보여 진다. 또한 안정적인 철도망의 운영, 보안, 전시(戰時)의 활용 등에 있어서 관리의 사각을 허용하지 않겠다는 의지가 반영된 것으로 여겨진다.

중앙재판소는 2심 판결이자 최종심의 역할을 하고 있고 판사 3명으로 구성된다(재판소구성법 제14조, 제15조). 형사소송법에 따르면 중앙재판소는 도(직할시)재판소, 특별재판소의 제1심 재판에 대한 상소, 항의사건을 제2심으로 재판한다.[204] 따라서 북한의 통상적인 재판은 3급 2심제라 할 수 있는데 재판소의 급은 인민재판소와 도(직할시)재판소, 그리고 중앙재판소 등 3급으로 나눌 수 있지만, 재판은 1심과 2심으로 진행되어 2심제를 채택하고 있다.[205] 도(직할시)재판소는 군, 구 인민재판소의 상소 혹은 항의 사건을 제2심으로 재판한다(형사소송법 제51조). 뿐만 아니라 비상상소나 재심사건의 경우에도 중앙재판소 판사 3명으로 재판부를 구성하도록 되어 있다(재판소구

203 권영태, 앞의 책, p. 72.
204 조선민주주의인민공화국 형사소송법(1992 제정, 2016 개정), 제53조.
205 박영자 외, 앞의 책, p. 60.

성법 제15조). 중앙재판소의 판결, 판정에 대한 비상상소사건의 심리는 중앙재판소 판사회의에서 하게 되는데 이때 판사회의는 중앙재판소 소장과 부소장, 판사들로 구성된다. 중앙재판소 판사회의는 그 성원 전원의 2/3가 참가하여야 개회가 된다(재판소구성법 제16조). 재판소구성법에 따르면 비상상소나 재심사건의 경우 두 종류가 있는데 하나는 중앙재판소 외의 재판소의 확정된 판결, 판정에 대한 것과 중앙재판소, 즉 최종심에서 판결, 판정한 것에 대한 것이 있고 그 두 종류의 재판의 구성과 판결 방식도 앞에서 언급한 대로 각각 다르다. 이에 덧붙어 전국의 재판소 사업에 대한 감독통제권한도 중앙재판소가 가지도록 되어 있다(재판소구성법 제18조). 그리고 중앙재판소는 자기 사업에 대하여 최고인민회의, 그 휴회 중에는 최고인민회의 상임위원회 앞에 책임을 진다(재판소구성법 제19조).

한편, 남한의 경우 대법원의 판사인 대법관을 대통령과 국회, 그리고 대법원장이 추천하여 대통령이 임명하는 것과 달리 북한의 중앙재판소의 판사는 최고인민회의 상임위원회에서 선거로 결정하는 것이 우리와 상이하다고 할 수 있겠다.[206] 판사는 남한이 사법고시(변호사 시험)와도 같은 별도의 자격시험을 통해 선발한 후 소정의 교육 혹은 경력을 마친 후 대법관 회의의 동의를 얻어 대법원장이 임명하도록 되어 있지만 북한은 인민회의에서 선거를 통해 선발하도록 되어 있다.[207] 단, 군사재판소와 철도재판소, 군수재판소의 경우는 중앙재판소에서 임명하여 배치한다.[208]

---

[206] 권영태, 앞의 책, p. 72.
[207] 권영태, 위의 책, p. 73.
[208] 권영태, 위의 책, pp. 72~73.

표 5-16. 남북한의 법원·검찰의 층위 비교

구분	남한		북한
법원	대법원		**중앙재판소**
	고등법원		도(직할시)재판소
	지방법원		인민재판소
검찰	대검찰청		**중앙검찰소**
	고등검찰청		도(직할시) 검찰소
	지방검찰청		시·군·구역 검찰소
※ 준사법기관인 사회주의법무생활지도위원회도 재판소와 검찰소와 동일한 층위로 구성 운영되고 있음			

출처: 본문의 내용을 근거로 저자가 작성.

특이한 것은 판사를 임용하는 절차인데 우리와 같이 사법시험이나 변호사 시험과 같은 자격시험을 거쳐 선발하는 것이 아니고 법률교육을 이수한 사람 중에서 노동당의 추천을 받아 일정한 강습을 받은 뒤 자격을 취득한다. 보통은 김일성종합대학 법학부를 졸업하고 재판소 서기나 집행원 등의 업무를 수행하던 사람 중에서 판사로 선출되는 것이 일반적이다. 그 외에도 법학을 전공하지 않았다 할지라도 출신성분이 좋은 사람 중에서 임명하는 경우도 있는데 이럴 경우 판사직을 수행하면서 법학을 공부하기도 한다.[209] 현재 북한에서 실무에 임하는 판사는 약 300명 정도로 알려져 있는데 이는 남한의 약 10분의 1 규모이다.

(2) 1심 재판소

북한은 대한민국의 재판이 3심제인 것과는 달리 2심제이다. 중앙재판소가 2심 및 최종심의 역할을 하고, 도(직할시)재판소와 군, 구 인민재판소가 각각 1심의 역할을 한다(재판소구성법 제9조, 제14조). 1심을 둘로 나누면 도(직할

---

[209] 안정식, 앞의 책, pp. 239~240.

시)재판소와 군, 구 인민재판소가 있는데 도(직할시)재판소의 경우에는 반국가 및 반민족범죄사건, 사형, 무기로동교화형을 규제하는 법조항으로 기소된 일반범죄사건을 다루게 되며 군, 구 인민재판소의 경우에는 도(직할시)재판소와 특별재판소 및 중앙재판소의 관할에 속하지 않는 일반범죄사건을 재판한다(형사소송법 제50조, 제51조). 1심과 2심의 재판부 구성에는 차이가 있다. 1심의 경우 재판장인 판사 외에 2명의 인민참심원으로 재판부를 구성한다. 그러나 특별한 경우 3명의 재판부 구성원 전부를 판사로 할 때도 있다. 두 경우 다 재판장은 판사가 맡는다(헌법 제163조, 재판소구성법 제9조).

도(직할시)재판소는 도와 직할시에 설치된 재판소로서 해당 지역의 사건을 담당하는 일종의 관할 재판소로 여겨진다. 북한의 중앙재판소 외에는 모두 1심재판소의 기능을 하기에 도(직할시)재판소가 군, 구 인민재판소에 비해 심급을 달리한다고 볼 수 없기 때문이다. 따라서 중앙재판소가 자기 사업에 대하여 해당 인민회의, 그 휴회 중에는 해당 인민위원회 앞에 책임을 지는 반면 도(직할시)재판소와 시(구역) 군인민재판소는 자기 사업에 대하여 해당 인민회의, 그 휴회 중에는 해당 인민위원회 앞에 책임을 지도록 규정되어 있다(재판소구성법 제19조).

(3) 2심제 재판

북한의 재판은 일반적으로 채택되고 있는 3심제가 아닌 2심제이다. 지방법원과 고등법원의 성격을 합한 것과 같은 도(직할시) 및 시(구역), 군 인민재판소는 1심의 기능을, 대법원격인 중앙재판소가 최종심의 기능을 한다. 따라서 피고의 경우 재판을 통해 쟁송(爭訟)에 있어서의 충분한 소명, 공방의 기회를 갖는 것이 제한되고 있다. 다만, 특별한 경우, 즉 비상상소나 재심의 경우 최고재판소 판결과 판정이 내려졌다고 할지라도 가능하도록 되어 있어 사안에 따라 3심제의 기능도 가능하도록 되어 있다.

표 5-17. 북한의 심급별 재판 내용

구분	재판내용	심급
최고재판소	도(직할시)재판소 재판 및 특별재판소 제1심 재판에 대한 상소, 항의 사건	2심
도(직할시)재판소	반국가 및 반민족범죄사건, 사형, 무기로동교화형을 규제하고 있는 법조항으로 기소된 일반범죄사건을 제1심으로 재판	1심, 관할 안의 군, 구 인민재판소의 재판에 대한 2심
군, 구 인민재판소	도(직할시)재판소와 특별재판소 및 중앙재판소의 관할에 속하지 않는 일반범죄 사건을 재판한다.	1심

출처: 조선민주주의인민공화국 형사소송법 및 재판소구성법에 근거하여 저자가 작성.

2) 민주집중제에 의한 사법부 통제

북한의 사법부 구성과 재판의 과정에서 나타나는 특징 중 하나는 사법부가 행정부나 입법부로부터 독립되어 있지 않다는 것이다. 일반국가들의 대법원 역할을 하고 북한의 헌법 및 법률상에도 전국의 재판소 사업 전반을 책임지고 통제하는 곳인 중앙재판소의 소장을 최고인민회의에서 선거로 선출을 하기도 하고 소환하기도 한다(헌법 제92조 12항). 중앙재판소의 판사는 최고인민회의 상임위원회에서 선거로 선출을 하기도 하고 소환을 하기도 한다(헌법 제116조 12항). 이는 사법부를 입법부이자 헌법상 최고주권기관인 최고인민회의[210]에서 장악하고 인사를 통해 통제하는 것이 법제화되어 있음을 알 수 있다. 즉 법을 만드는 입법부에서 법으로 판결하고 심판하는 사법부를 통제하여 삼권분립이 아닌 민주집중제형의 사법 시스템이 적용되고 있다.

헌법이나 재판소구성법에도 검찰 관련 법조항이 재판소보다 앞에 등장

---

[210] 북한 헌법 제87조는 "최고인민회의가 조선민주주의인민공화국의 최고주권기관"임을 분명히 하고 있고 동시에 헌법 제88조는 "최고인민회의가 입법권을 행사한다"고 되어 있는데 이 입법권을 최고인민회의가 휴회 중일 때에는 최고인민회의 상임위원회도 입법권을 행사할 수 있다고 되어 있다. 따라서 북한 헌법상 최고인민회의는 입법부와 주권기관 역할을 동시에 하고 있고 사법부인 최고재판소와 판사들은 모두 이 입법부의 통제하에 놓여 있게 된 것이다.

하고 있는 것도 특이하다. 형사소송법에서는 검사가 수사, 예심, 재판을 모두 감시하도록 되어 있기도 하다(형사소송법 제14조). 따라서 사법부, 즉 재판소가 입법이나 행정권력으로부터 독립되어 있지 않고 독자적인 판결이나 판정을 할 수 없을 뿐 아니라 검찰의 감시와 통제를 받고 있다. 북한은 재판소의 판결문은 민사와 형사를 불문하고 각각의 재판부 판사나 재판소의 명의가 아닌 조선민주주의인민공화국의 이름으로 하도록 되어 있다(헌법 제159조, 민사소송법 제224조). 이는 법원, 즉 재판소가 행정부 혹은 국가 권력과 분리된 독립적인 운영을 할 수 없음을 상징적으로 보여주는 사례이다.

(1) 중앙재판소장의 임면권을 통한 사법부 통제

북한의 판사는 물론 중앙재판소의 소장도 선거로 선출된다. 중앙재판소장은 최고인민회의에서 선출되고 해임된다(헌법 제91조). 특별재판소의 소장과 판사는 중앙재판소가 임명 또는 해임한다(헌법 제161조). 그리고 도(직할시) 재판소와 인민재판소 판사, 그리고 판사와 함께 재판부 구성원인 인민참심원을 해당 인민회의에서 선거하도록 재판소구성법과 지방주권기관법에 명시되어 있다(재판소구성법 제4조, 지방주권기관법 제10조). 북한 헌법 제167조에 중앙재판소는 모든 재판소의 재판 사업을 감독한다고 되어 있다. 최고인민회의에서 모든 재판소 사업을 감독하는 중앙재판소장을 선출하고 그 이하 법원의 판사와 인민참심원도 지방 최고주권기관이자 인민대표 기관인 지방 인민회의에서 선출하고 해임할 수 있도록 규정하고 있다. 사실상 북한에서는 각 지방 인민회의가 각 지방 인민재판소를 통제하고 최고인민회의가 중앙재판소장을 통해 모든 재판소의 재판 사업을 감독하도록 되어 있는 것이다. 노동당이 명목상 최고주권기관인 최고인민회의의 입법권을 실질적으로 통제하고 있기에 사실상 이 입법권을 통해 사법부를 당이 통제하고 있다. 헌법상에도 중앙재판소는 자기 사업에 대하여 최고인민회의 혹은 최고인민회의가 휴회 시에는 최고인민회의 상임위원회 앞에 책임지도록 되어 있으므로 결국 재판소와 중앙재판소와 재판소 사업 전체를 당이 최고인민회의를 통해서 통제하고 있는 구조이다.[211]

(2) 재판소 구성을 통한 재판의 통제

북한의 재판소 구성원인 판사와 인민참심원은 전원 최고인민회의와 각 지방 인민회의에서 선거에 의해 선출되고 해임된다. 특이한 것은 재판소 구성에 있어서 판사가 아닌 인민참심원이라고 하는 비법조인, 즉 법적 전문가가 아닌 인사가 참여하게 되어 있다는 것이다. 2심판결부터는 판사만이 재판소 구성원인 반면에 1심판결의 경우 재판부 구성에 있어서 판사 1명과 인민참심원 2명이 나서서 도합 3명이 재판소를 구성하도록 되어 있다(재판소구성법 제9조). 인민참심원은 선거권을 가진 공화국 공민이면 누구나 될 수 있다(재판소구성법 제6조). 전문법조인이 아닌 인민참심원의 임기는 판사와 같지만 재판에 참여하는 일수는 1년에 14일로 제한되어 있다. 그러나 필요에 따라 그 일수를 초과할 수 있도록 해 놓았다(재판소구성법 제12조). 인민참심원이 재판의 심리에 참여한 일수만큼의 생활비와 노력보수를 그가 속한 기관, 기업소, 단체에서 받도록 되어 있는 것으로 보아 알 수 있듯이(재판소구성법 제13조) 인민참심원은 일반 직장에서 자기의 직업에 종사하는 자들이다.

북한의 재판소 구성으로 보아서 법조문과 판례와 증거와 증인 등에 의해 판결을 내리는 경우가 많이 있겠지만, 유일적 영도력이 언제든 판결에 영향을 미칠 수 있다고 보아야 한다. 왜냐하면 북한의 사법권과 재판소의 독립이라는 것은 북한 재판제도의 본질과 임무와 큰 상관이 없다. 북한의

이규창·정광진, 『북한형사재판제도연구: 특징과 실태』, 서울: 통일연구원, 2011, pp. 49~50.

북한은 어떻게 1인 지배체제가 되었는가?

모든 재판소는 당의 노선과 정책을 통일적으로 집행하기 위해 중앙의 통제를 받을 의무를 지기 때문이다. 당이 국가와 정부의 원동력이고 모든 영역의 중추이기 때문에 사법기관과 재판행위에도 당의 정책과 지시가 관철되어야 한다.[212] 따라서 검찰 감시법이나 형사소송법에 검사가 판사의 재판을 감시하도록 되어 있는 것이고 만일 당의 지시나 정책과 방침과 배치되는 판결을 내릴 경우에는 검사에 의해 제지되거나 최고인민회의 혹은 각 인민회의에서 판사를 소환하여 해임할 수 있다. 북한의 재판소 구성 자체로 보아서도 당과 입법부를 통해 재판이 통제되고 조정되고 있음을 알 수 있다.

(3) 유사 재판제도를 통한 사법부의 형해화(形骸化)

북한의 유사재판 제도는 6·25 전후의 인민재판을 제도화시킨 동지심판회가 있다. 북한은 국가보위성과 사회안전성, 사회주의법무생활지도위원회, 호위사령부를 두어 치안과 국가안보 기능을 담당시키고 있다. 이 중 사회주의법무생활지도위원회는 주로 경범죄에 대한 처벌을 맡고 있다. 국가보위성과 사회안전성은 2016에 있었던 헌법개정과 함께 그 역할도 막강해졌다고 평가된다.[213] 형사소송법 제46조에 "반국가 및 반민족범죄사건의 수사는 안전보위기관의 수사원이 한다"고 되어 있고, 동법 제48조에 의하면 "반국가 및 반민족범죄사건의 예심도 안전보위기관이 한다"라고 되어 있다. 그리고 검찰감시법에는 반국가사범일 경우 해당 예심기관에 그 사건을 넘기도록 했다(제35조).[214] 따라서 반국가 사범 등의 정치범에 대해서는

---

212 이규창·정광진, 『북한형사재판제도연구: 특징과 실태』, 서울: 통일연구원, 2011, pp. 50~51.
213 통일부 북한정보포털, https://nkinfo.unikorea.go.kr/nkp/term/viewNkKnwldgDicary.do?pageIndex=1&dicaryId=309&menuId=NK_KNWLDG_DICARY(검색일: 2023.1.23).
214 조선민주주의인민공화국 검찰감시법(1985제정, 2012 개정), 제35조.

보편적인 사법체계가 아닌 특별한 과정을 통해 처벌을 받도록 장치를 두었는데, 그 해당 기관이 국가보위성과 사회안전성이다. 특별히 국가보위성에서 진행하는 정치범에 관한 수사와 재판은 일반의 수사, 재판과 달리 단심제로 신속하게 진행된다. 따라서 동지심판회와 정치범에 관한 수사기관의 수사 독점 그리고 신속한 재판과 처벌 과정을 보편적인 사법체계를 형해화하고 있다. 뿐만 아니라 북한은 수사 단계에서부터 재판 준비 절차, 그리고 재판의 과정 과정마다 비법률가들이 광범위하게 참여하고 있다. 우선, 앞에서 언급된 바와 같이 인민참심원의 경우도 근로 인민대중 중에서 선출된 자가 재판소 구성에 포함되도록 했다는 것이 대표적인 예중 하나이다. 인민참심원뿐 아니라 판사 또한 법률 공부를 하고 일정한 시험을 거친 법률전문가가 아니라 선거로 선출하여 재판소 업무를 담당시키고 있다. 사상과 당성, 그리고 유일지배체제에 충성하는 자라야 판사나 인민참심원이 되어 재판소의 구성원이 될 수 있다. 주체사상과 당성을 가진 비법률전문가의 재판 참여는 소송 당사자의 인권과 권익보다는 최고지도자의 교시와 당의 정책과 방침을 관철시키는 것을 우선하게 되어 있다. 따라서 이들이 참여한 재판은 재판의 과정이 정치사업의 일환으로 변질되어 현지료해(了解), 현장검증 등 현지 재판을 통해 인민대중에게 소송과정을 노출시킴으로 사건의 심리절차에 노동자, 농민대표를 직접 참여하게 하는 등 군중심리를 이용한 정치적 목적을 달성하는 쪽으로 이용하고 있다.[215]

3) 입법부의 법 해석 권한 강화

일반국가의 경우 법의 해석을 행정부처가 하는 경우도 있으나 최종 판단의 권한은 사법부가 가진다. 그러나 북한은 법의 제정권한을 가진 최고

---

215 치안정책연구소, 앞의 책, p. 140.

인민회의 혹은 내각이 법의 해석에 대한 권한도 가진다. 북한의 법제정법 제24조에 따르면 "헌법과 부문법, 최고인민회의 상임위원회에서 채택된 규정에 대한 해석은 최고인민회의 상임위원회가 한다"고 되어 있다. 더구나 최고인민회의 상임위원회가 부문법과 규정에 대하여 한 해석은 해당 부문법이나 규정과 동등한 효력을 가지도록 되어 있다. 내각에서 채택된 규정에 대한 해석은 내각이 한다(법제정법 제32조). 내각 위원회나 성이 제정한 세칙에 대한 해석도 내각 위원회나 성이 가진다(법제정법 제39조).

대한민국의 경우, 법률제정은 각 법률 혹은 법령의 위계별로 국회나 지방의회에서 한다. 법에 대한 해석은 각 행정부서 혹은 법무부와 법제처가 한다. 그리고 사법부는 국회나 지방의회에서 그 법을 제정할 때의 입법취지를 참고하나 법정 쟁송이 시작되면 판단을 위한 법의 해석과 적용에 대한 권한은 오직 사법부만 가진다. 물론 사법부가 심리 중간 중간에 전문가의 의견을 수렴하는 경우도 있고 피고나 원고쪽 관련 기관이나 단체에 석명(釋明)을 요구하는 경우는 있지만 판단은 사법부가 독자적으로 한다. 그런데 북한은 최고인민회의(상임위원회), 내각, 도(직할시) 인민회의 등 법제정 기관들이 법을 해석하는 권한도 있고 그 해석이 곧 그 규범들과 동일한 효력을 가지게 된다. 최고인민회의 상임위원회에서 채택된 법해석은 최고인민회의 상임위원회 지시로 낸다(법제정법 제25조). 이로써 법과 규정의 규범력과 그 제정기관이 내는 해석의 규범력이 동등해 짐으로 사법부의 독자적인 판단 범위가 축소되고 자율권도 제약되고 있음을 알 수 있다.

4) 참심제를 통한 재판 개입

김일성은 1947년 6월 14일, 북조선민전 산하 사회단체열성자대회에서

"재판기관사업에 인민참심원[216]들을 참가시켜야 할 것과 재판장들을 선거하여야 할 것"을 주장했다.[217] 북한은 재판제도에 대한 논의 단계에서 이미 인민참심원제와 함께 재판장을 선거로 선출하여 재판제도와 재판과정에 대한 통제를 기정사실화하였다. 북한은 일반 사회성원이지만 재판소의 정식 구성원이 되는 인민참심원이 판사와 함께 재판소를 구성하는 참심제를 채택, 운영하고 있다.[218] 인민참심원은 판사가 아닌 일반인으로서 재판에 참석하는 일종의 배심원과 유사한 역할을 하는 직책이다. 원래의 배심원 혹은 참심원은 시민 혹은 전문가의 지식과 경험을 재판에 활용하고자 하는 취지로 도입이 되었는데 북한은 재판을 통해 정치교육적 효과를 달성하기 위한 목적으로 쓰이고 있다. 인민참심원은 인민회의에서 선출되면 1년에 14일간 재판에 참여할 수 있다(재판소구성법 제12조).[219] 인민참심원에 대한 언급은 헌법 제160조~제163조에 나와 있다. 인민참심원의 임기는 해당 인민회의 임기와 동일하게 되어 있고 인민참심원은 해당 근무자회의 혹은 종업원회의에서 선거하도록 되어 있다. 그리고 재판부 구성에 있어서 판사와 더불어 인민참심원이 참여하도록 명시하고 있다.[220]

재판소구성법은 판사와 인민참심원의 선거는 민주주의적 원칙에서 선

---

216 인민참심원은 법률전문가인 판사와 달리 선거할 권리를 가진 모든 공민이라면 누구나 다 인민참심원으로 선출될 수 있도록 법적으로 규제하고 있다. 인민참심원의 자격에는 어떤 제한과 보류 조건을 두지 않고 있다.

217 김일성, 『인민정권 건설에 대하여 제1권』, 평양: 조선로동당출판사, 1978, p. 297.

218 김혁철, "공화국형사재판소 구성의 특징", 『김일성종합대학 학보: 법률학 제67권』, 평양: 김일성종합대학출판사, 2021, p. 13. 북한 재판소 구성의 특징 중의 하나가 합의제만을 운영한다는 것이다. 이는 보통의 국가에서 채택하고 있는 단독제, 즉 판사 1인이 단독으로 재판하고 결심하는 제도는 채택하고 있지 않다. 이는 판결의 객관성과 공정성을 저해하기 위함이라는 주장도 있지만, 단독제의 경우 실질적으로는 민주집중제에 의한 사법부의 통제가 불가능 할 수 있기 때문으로 보이고 합의제라고 하는 틀 속에서 참심제를 통한 사법통제를 목적으로 하기 있기 때문이다. 형사소송에 있어서 자본주의 체제에서의 재판부 구성은 착취계급, 통치계급의 의사와 이익을 대변하는 심복들이 구성하고 재판을 실행한다고 주장한다.

219 안정식, 앞의 책, p. 239.

220 조선민주주의인민공화국 재판소구성법, 2011, 제4조, 제5조, 제9조.

거한다고 되어 있고 중앙재판소의 판사와 인민참심원은 최고인민회의 상임위원회에서, 도(직할시)재판소, 시(구역), 군 인민재판소의 판사와 인민참심원은 해당 인민회의에서 선거한다고 규정하고 있다(재판소구성법 제4조, 제5조). 이 법에 의하면 재판소 구성원인 인민참심원과 판사를 거의 같은 수준의 인사로 여기고 있음을 알 수 있다. 판사와 인민참심원의 자격도 동일하다. 선거권을 가진 공화국공민만이 판사와 인민참심원이 되어 재판부 구성원으로 참여할 수 있다(재판소구성법 제6조). 그리고 판사와 동일하게 인민참심원도 선거 또는 임명한 기관의 소환에 의해서만 해임된다(재판소구성법 제8조, 형사소송법 제9조). 2심재판부와 비상상소사건, 재심사건 등에는 인민참심원이 참여하지 않는다(재판소구성법 제11조, 제14조, 제15조). 그러나 인민참심원이 참여하는 판결에는 인민참심원이 판사와 동일한 자격으로 참여하여 판결 및 판정이 다수가결로 채택된다(재판소구성법 제17조).

참심원 제도는 원래 독일에서 시작하여 소련을 거쳐 중국과 북한에 정착한 제도인데 북한은 1945년 11월 23일, 사법국이 내린 포고령 제4호 '재판소조직에 관한 건'에 따라서 인민참심원제도를 도입, 운영하기 시작했다.[221] 조선대백과사전에 따르면 인민참심원이 재판소 구성원으로 되어 재판에 참가하는 것은 로동계급을 비롯한 근로인민대중의 의사와 리익, 그들의 생활의 구체적 실정을 정확하게 반영하여 사건의 진상을 옳게 밝히고 정당하고도 공정한 판결을 내릴 수 있게 하기 위함이라고 밝히고 있다.[222]

북한의 인민참심원제도는 미국의 배심원 제도와 달리 인민참심원이 재판부구성의 일원이 되며 판사와 동일한 자격으로 재판의 전 과정에 참여한다는 것이다. 즉 의견을 내면 판사가 그것을 참고하여 최종판결하는 형태

---

221 『NK.CHOSUN』, http://nk.chosun.com/bbs/list.html?table=bbs _ 23&idxno=3750&page=9&total=247&sc _ area=&sc _ word(검색일: 2023.1.21).

222 『조선대백과사전』 제28권, p. 669.

가 아니라 판사와 동수 혹은 1심재판부의 경우 판사보다 더 많은 수의 인민참심원이 판결과 판정에 참여하는 형태를 가지고 있다. 이는 인민민주주의 혹은 민주집중제, 프롤레타리아 독재라고 하는 사회주의 국가의 이념적 형태를 그대로 반영한 것이며 법이나 사법행위보다 정치가 우위에 있는 사회주의 법이념이 제도화된 것이다.

5) 동지심판회와 주민통제

북한에는 남한의 사법 당국 혹은 법조인에 해당되는 재판소와 검찰, 변호사, 사회주의법무생활지도위원회 외에도 동지심판회와 인민참심원 같은 조직이 있어 준사법부의 역할을 하면서 사법체계를 뒷받침하고 있다. 그중 동지심판회는 정규 재판 조직이 아님에도 불구하고 비정규적인 재판이나 사법재판에 준하는 판단을 하고 있고 헌법상 근거는 없지만 검찰 감시법 제40조 제3호에 근거를 두고 있다.[223] 동지심판회에 대한 규정을 보면 범죄자를 예심에 넘기거나 법을 어긴 자를 사회주의법무생활지도위원회 또는 동지심판회에 넘기거나 로동교양 또는 구금처벌을 하려 할 경우 검사가 결정을 할 수 있다고 되어 있다. 따라서 이 규정으로 유추해 볼 때 동지심판회는 정식 재판소의 역할을 하기보다는 예심 단계의 조사나 심의를 한 후 사법절차에 준하는 처벌을 시행하는 과정으로 보인다.[224]

동지심판회는 해방 이후 6·25 이후까지 북한에서 시행되었던 인민재판을 보완하여 1951년 2월 10일, 내각 결정 제203호로 「군중심판에 관한 규정」을 둠으로 시작되었다.[225] 이 규정을 통해 반동분자들에 대해 인민자체

---

223 김태석, "북한의 유사형사법제에 관한 고찰", 『형사법연구』 제26호, 한국형사법학회, 2006, p. 459.
224 이해정, "북한사회에서 법의 역할에 관한 연구: 사회주의법무생활'을 중심으로", 이화여자대학교 석사학위논문, 2007, p. 59.
225 이규창·정광진, 『북한형사재판제도 연구: 특징과 실태』(KINU연구총서 11-05), 서울: 통일연구원, 2011, p. 103.

로 심판하는 사업을 군중심판으로 규정하고 인민총회에서 선정한 심판장과 참심원으로 구성된 심판부에 의해 시행되었다. 이렇게 시작된 군중심판제도는 사법 당사자로서의 전문성은 현저히 떨어지지만 체제의 유지나 정치적 효과를 우선하여 설치된 기구이고 실질적인 역할을 통해 목적을 달성했던 것으로 보인다.

그러나 1960년대부터 이 군중심판제도가 서서히 폐지되다가 1970년대 들어서 동지심판제도로 대체되고 정비되었다.[226] 탈북자들의 증언과 여러 연구를 종합해 보면 현재 북한에서는 '동지재판', '군중심판', '현지공개재판', '동지심판회' 등의 용어가 혼재되어 사용되고 있는 것으로 보인다. 정확한 법률 규정에 의해서 사법전문가들의 판단에 의하기보다는 주로 공장이나 기업소등에서 사회적으로 물의를 일으킨 경우에 동료들 앞에서 심판을 받는 형태인데 사안이 중할 경우는 검찰로 이송하는 것도 가능한 것으로 보인다.[227] 동지심판 과정에서 심판에 참여한 군중이 감정적이기 쉬워 소박한 응보감정에만 치우쳐 사안을 적절하게 처리할 수 없는 경우가 많고 당위원회에서 일방적으로 심판원을 선출하는 만큼 결국 당의 방침에 따를 수밖에 없는 한계가 분명하다.[228]

북한의 동지심판제도는 구소련의 동지법원과 달리 주민들 사이에서 유일사상에 저해되는 행위 혹은 경미한 범죄나 도덕적 비리 등을 주민 자율적으로 처리하여 주민을 정치적으로 선동하고 유일지배체제를 공고히 하기 위한 방편으로 활용되고 있다.[229] 따라서 동지심판제도의 출범이 헌법과 법률에 근거하거나 헌법과 법률에 반영되었다기보다는 당시 김정일 국

---

226 법원행정처, 『북한사법제도 개관』, 서울: 법원행정처, 1996, p. 97.
227 이규창·정광진, 위의 글, pp. 108-19.
228 법원행정처, 『북한사법제도 개관』, p. 635.
229 이규창·정광진, 위의 글, p. 111.

방위원장의 지시 아래 정치사상교양 사업을 강화하고 인민을 정치적으로 선동하고 교양하기 위해 활용되고 있는 것으로 평가되고 있다.[230]

6) 정치범 재판과정과 유일지배체제

북한의 치안 및 국가안보를 위한 기관으로는 국가보위성과 사회안전성, 사회주의법무생활지도위원회, 호위사령부 등이 있다. 이 중 호위사령부는 인민군에 소속되어 있으나 김정은의 경호 및 안전에 관한 사항을 총괄하고 있고 사회주의법무생활지도위원회는 경범죄자에 대한 처벌을 주로 하고 있다. 핵심적인 체제안보와 주민통제기구인 국가보위성과 사회안전성은 2016년의 헌법개정과 함께 국가안전보위부와 인민보안성에서 현재의 명칭으로 변경되었고 역할도 강화되었다.[231] 사회안전성은 체제와 정권수호를 위해 반혁명, 반국가 행위를 감시하는 것을 최우선의 임무로 삼고 있으며 당과 국가의 보안사업을 총괄하고 있다. 국가기관의 기밀문서 보관 관리 및 운송 업무도 사회안정성이 담당하고 있다. 치안 질서 유지를 포함하여 비사회주의적 요소의 적발 및 처벌에도 주력하고 있고 주민에 대한 사상감시와 이동 통제, 공민증 발급 업무도 관장하고 있다.

사회안전성이 주민을 상대로 한 임무를 주로 수행한다면 국가보위성은 국가의 정보기구로서의 역할을 하고 있다. 주로 반체제 사범 및 지도층에 대한 비방사건 수사와 정치범 관리를 비롯한 정권 위협요소를 색출, 제거하는 활동이 핵심 임무라 할 수 있다.[232] 국가보위성과 사회안전성의 주 임무중 하나인 정치범 및 체제도전 세력에 대한 수사와 처벌은 형사소송법

---

230 이규창·정광진, 앞의 글, p. 105.

231 통일부 북한정보포털, https://nkinfo.unikorea.go.kr/nkp/term/viewNkKnwldgDicary.do?pageIndex=1&dicaryId=309&menuId=NK _ KNWLDG _ DICARY(검색일: 2023.1.25).

232 통일부, 북한정보포털, https://nkinfo.unikorea.go.kr/nkp/term/viewNkKnwldgDicary.do?pageIndex=1&dicaryId=242&menuId=NK _ KNWLDG _ DICARY(검색일: 2023.1.23).

제46조에 근거하고 있는데 "반국가 및 반민족범죄사건의 수사는 안전보위기관의 수사원이 한다"는 조항에 근거한 것으로 보인다. 형사소송법에 의하면 "반국가 및 반민족범죄사건의 예심도 안전보위기관이 한다"라고 되어 있다(제48조). 검찰감시법에는 반국가사범일 경우에는 해당 예심기관에 그 사건을 넘기도록 했다.[233] 여기서 해당 예심기관이란 국가보위성이나 사회안전성을 의미한다고 보아야 한다.

특별히 정치범에 관한 수사와 재판은 일반의 수사, 재판과 차이를 두고 있는데 국가보위성의 판단에 따라 진행되는 정치범 등에 대한 특별재판은 단심제로 신속하게 진행된다. 장성택의 경우, 노동당 정치국 확대회의에서 숙청이 결정된 지 나흘만인 2013년 12월 12일, 국가안전보위부(현 국가보위성)의 특별 군사재판에서 형법 제60조 '국가전복 음모행위'로 사형이 선고된 후 즉시 집행된 바 있다.[234] 따라서 사실상 정치범이나 반 체제사범에 대한 재판은 기존의 재판 절차와 달리 특별한 절차를 거쳐 진행되고 있음을 알 수 있다.

7) 재판제도의 특징과 유일지배체제

북한은 사법부의 법 해석과 판결에 있어서 독립성이 보장되지 않고 있고 그 단적인 예가 검사가 판사의 재판과정을 감시한다는 것과 함께 판결을 재판소나 법원의 이름이 아닌 조선민주주의인민공화국의 이름으로 내린다는 것이다. 북한 헌법 제159조에 의하면 "판결은 조선민주주의인민공화국의 이름으로 선고한다"고 명시되어 있다. 자유민주주의 국가에서는 민정헌법(民政憲法)의 체계를 가지고 있고 국민이 국가 권력을 제한하기 위

---

233 조선민주주의인민공화국 검찰감시법(1985 제정, 2012 개정), 제35조.
234 통일부, 『2020 북한이해』, 서울: 통일부 통일교육원. 2019, p. 74.

해 국민주권주의와 권력분립주의, 성문헌법(成文憲法)과 경성헌법(硬性憲法)의 원칙을 채택하고 있다.[235] 이 원칙에 따라서 국가 역시 피고와 원고 등 재판 당사자가 될 수 있고 법원은 국가를 상대로 판결을 할 수 있는 구조이지만, 북한은 국가와 수령, 그리고 당과 수령의 정책과 방침은 재판의 대상이 될 수 없음을 명시한 것이다.

김일성의 교시를 보면 다음과 같다.

> "법이란 정치의 외부적 표현에 불과합니다. 법이란 정치를 알지 못하고서는 결코 이해되거나 집행될 수 있는 것이 아닙니다. 우리나라 법은 국가정책을 수행하기 위한 수단에 불과합니다. 우리나라 국가정책은 곧 당의 정책이기 때문에 우리 당의 정책을 이해하지 못하는 자들은 우리나라 사법일군이 될 자격이 없습니다. 여러분이 법을 해석 적용할 때 우리 당이 요구하고 있는 계급적인 관점 다시 말해서 프롤레타리아 독재의 관점에 의하여 정확히 해석하라는 말입니다. 우리의 법 자체가 우리 당의 정책을 옹호 실현시키기 위하여 존재하는 것인 한 법을 정확히 정확히 집행한다는 것은 곧 당의 정책을 확실히 집행한다는 것으로서 당의 정책에 복종한다는 말이 되겠습니다."[236]

이를 통해 볼 때 북한은 법체계뿐 아니라 사법시스템의 구성과 행사에 있어서 1인 지배체제를 유지하고 당의 유일적 영도를 정확히 이행하도록 되어 있다. 일반국가에서는 헌법에 위반되는 법률이나 명령, 규칙이나 처분은 효력을 가질 수 없다. 헌법의 최고규범성을 보장하기 위해 위헌입법 심사를 하도록 되어 있고 몇몇 국가에서는 사후적으로 헌법재판소를 통해 위헌심판청구도 할 수 있도록 되어 있다.[237] 그러나 북한은 헌법 조항상

---

235 서울대학교 법학연구소 편, 『법학통론』, 서울: 서울대학교, 2005, p. 165.
236 김일성, 『김일성선집 5』, 평양: 조선로동당출판사, 1963, pp. 451~452.
237 서울대학교 법학연구소 편, 앞의 책, p. 166.

으로는 헌법의 최고 규범성을 직접적으로 언급하고 있지는 않지만, 헌법의 제정과 개정, 그리고 다른 법들과의 위계를 명시한 법제정법 등을 종합하면 북한 사회에서 법체계로는 최고의 규범성을 가지고 있다고 보아야 한다. 부문법과 규정들이 그 입법 절차와 내용에 있어서 헌법에 위반될 때 그 효력을 인정받지 못하고 있다.[238] 그럼에도 불구하고 헌법 서문에 김일성–김정일주의라는 표현과 제11조에 국가가 당의 지도를 받는다는 표현, 제59조에 "조선민주주의인민공화국 무장력의 사명은 위대한 김정은 동지를 수반으로 하는 당중앙위원회를 결사옹위하고…" 등은 헌법 역시 법체계의 위계와 상관없이 당의 유일적 영도하에 있음을 알 수 있다.

북한 재판제도의 가장 큰 특징은 국가가 재판소 구성과 판결을 좌우할 수 있다는 것이다. 재판소 운영의 총 책임자인 중앙재판소장을 최고인민회의가 임면할 수 있고 헌법과 법의 제정과 개정 그리고 해석이 최고인민회의 혹은 최고인민회의 상임위원회에서 가능하며(헌법 제116조 제4항) 검찰권을 통해 재판과정을 감시할 수 있도록 되어 있다. 최고인민회의와 상임위원회의 구성은 당의 결정에 의하도록 되어 있다. 즉 당과 최고지도자의 지침에 반하는 재판소 운영은 불가능하다.

북한은 재판소의 판사들을 근로인민 출신들로 구성하여 인민대중의 요구와 이익을 위하여 견결히 투쟁할 수 있는 사람들로 꾸린다고 주장한다.[239] 이러한 법개념속에서 재판소 구성원인 판사는 최고인민회의와 각 지방인민회의에서 임면할 수 있고 1심 재판소 구성원인 인민참심원도 각 지방인민회의에서 선출하고 해임할 수 있다. 법의 최종 해석권한은 사실

---

238 심형일, 『주체의 사회주의 헌법리론』, pp. 14~15.

239 북한에서 실제로 판사가 근로인민 중에서 선임되는 것은 아니다. 북한 정권 초기에는 판사 중에서 근로인민, 노동자 출신의 비율이 64%까지 상승한 적도 있지만 오늘날에는 어느 정도의 법교육을 통한 법이론과 실무를 경험한 자들로 판사를 임명하여 전문성을 유지하도록 하고 있는 것으로 알려져 있다.

상 최고인민회의 혹은 내각에 있고 재판의 과정은 검찰에 의해 감시당하고 당의 결정에 반하는 판결을 하게 되면 최고인민회의나 각 인민회의에 소환되어 해임되는 구조가 북한의 재판제도의 핵심이다. 재판소의 구성과 재판의 과정은 철저히 유일적 영도체제 안에서만 가능하며 오히려 유일적 영도체제를 세우는 역할을 재판을 통해 한다고 보아야 한다.

북한의 재판 관련 규범이나 국가기구편성에 있어서 사법부 혹은 재판부라는 용어 대신에 재판소라는 용어를 사용하고 있다. 자유민주주의 국가에서는 재판소라는 표현보다는 사법부라는 독립된 부로 정착이 되어 있다. 대부분의 유럽국가에서도 판사들과 법원 소속 공무원들은 전문직이며 관료제 전통 속에서 정치적 압력으로부터 자율성을 보호 받고 있다. 미국도 상원의 동의를 얻어 임명한 대법관은 종신직이어서 사회적 평판이나 정치적 진영으로부터 독립하여 재판할 수 있도록 법으로 보장하고 있다. 미국의 경우 주법원과 지방법원의 판사가 선거를 통해 선출되고 있지만 장기간의 임기를 보장하여 독립적인 재판에 지장이 없도록 했을 뿐 아니라 판사 후보자의 정당 추천을 금하고 있다.[240] 물론 '유럽사법재판소(European Court of Justice)', '유럽인권재판소(European Court of Human right)', '국제형사재판소(International Criminal Court, ICC)' 등 재판소라는 용어를 사용하는 경우가 있지만 재판소의 의미가 재판하는 장소로서의 의미 혹은 국가의 통제를 받는 하부기관으로서의 의미로 축소되어 쓰이는 경우는 없다. 오히려 유럽사법재판소의 경우 강제관할(compulsory jurisdiction)을 더 강하게 행사하면서 선결적 판결(prelimilnary ruling)의 권한까지 갖고 있어 유럽의 정치경제 전반에 큰 영향력을 행사하고 있다. 유럽인권재판소 역시 인권사안에 있어서 유럽 내에

---

[240] W. Phillips Shively, 앞의 책, p. 412.

서 실질적인 최고법원의 기능을 수행하고 있다.[241]

그러나 북한은 1998년에 헌법개정을 통해 검찰소의 기능과 권한에 비해 재판소 기능을 약화시키거나 판사의 판결을 검사가 감시 통제하도록 하는 등의 제도적 장치를 마련했다. 따라서 현재 북한의 사법체계와 재판소 운영은 인민 사이의 법질서 유지라고 하는 기본적 책무도 있지만, 궁극적으로는 유일적 영도체제 유지의 일부로서 기능하고 있다.

3. 기타 사법 관련 조직과 사회통제

1) 옹호관철자로서의 변호사

북한은 1945년 11월 28일, 사법국 포고 제6호로 「변호사의 자격감독 및 등록에 관한 건」을 공포하고 일제강점기에 판사, 검사, 변호사로 활동했던 자나 고등문관시험 사법과 혹은 조선변호사시험 합격자들을 사법국에서 실시한 판검사자격시험 합격자와 동일한 자격을 부여하여 변호사 업무를 할 수 있도록 했다.[242] 해방 직후인 1947년 2월 7일 북조선임시인민위원회가 정한 「변호사에 관한 규정」, 1948년 11월 1일에 내각 결정으로 마련한 「변호사에 관한 규정」이 있었고 1988년에는 이 「변호사에 관한 규정」이 개정된 것으로 알려졌다.[243] 이후 1993년에 변호사법을 제정했고 1994년에 개정하여 현재에 이르고 있다.

북한은 민사소송법에 법정대리인을 정할 수 있고 선임할 수 있다고 규정하고 있다(제50조, 제51조 제6항, 제62조). 뿐만 아니라 공민은 이 소송대리인을

---

[241] 서울대학교 정치외교학부 정치학 전공 교수진, 『정치학의 이해』, 서울: 박영사, 2019, pp. 343~344.
[242] 서정미, "북한의 변호사제도에 대한 소고", 『인문사회 21』 제10권 제5호, 2019, p. 1405.
[243] 권재렬 외, 앞의 책, p. 291.

통해 소송행위를 할 수 있도록 했다(제63조). 형사소송법에도 피심자, 피소자의 변호권을 보장하여 변호인을 선임하여 방조 받을 권리 즉 법적인 도움을 받을 권리를 보장하고 있다(제58조, 제60조). 그러나 법은 주체사상 원리의 실현을 위한 한 수단이며 특히 주체사상의 실현을 전반적으로 수행할 수령과 당의 정책을 관철하는 데 기여해야 하는 것을 목적으로 한다고 보았을 때 변호사의 역할 또한 제한됨을 알 수 있다.[244] 변호사법이 1993년 12월 23일에 최고인민회의 상설회의 결정으로 채택된 이후 30년간 어떤 수정이나 보완이 없었고 관련된 규정이나 세칙도 만들어진 바가 없다는 것은 변호사 제도, 변호사 활동에 대한 변화가 크지 않았음을 의미한다.

북한의 변호사 활동은 변호사법에 근거한다. 이 법이 규정하고 있는 변호사의 자격은 "법률전문가의 자격을 가진 자, 법 부문에서 5년 이상 일하던 자, 해당 분야의 전문가 자격을 가진 자로서 단기 법률교육을 받고 변호사 시험에 합격한 자"로 되어 있다.[245] 다만 변호사의 자격심사를 조선변호사회 중앙위원회가 맡고 있고 자격심사는 따로 정한 절차에 따른다는 조항(제22조)이 있는 것으로 보아 별도로 더 상세한 자격에 대한 기준과 선발 절차가 있는 것으로 판단된다. 우리의 변호사와는 달리 북한은 변호사의 독점적인 지위를 보장하지 않고 있다. 따라서 변호사가 아니어도 누구든지 민사재판의 대리인이나 형사재판의 대리인이 될 수 있다.[246]

북한의 변호사는 피고인의 권익을 보호하는 남한의 변호사와는 역할이 다르다. 북한의 변호사법에 따르면 변호사는 기관, 공민 등의 법적권리와 이익 보호, 법의 정확한 집행 보장을 목적으로 한다고 되어 있다(제1조). 그

---

244 김도균, "북한 법체계에서의 법개념론과 법치론에 관한 고찰", 『서울대학교 법학』 Vol. 46 No. 1 통권 134호, 2005, p. 465.
245 권영태, 앞의 책, p. 76; 조선민주주의인민공화국 변호사법(1993년 제정, 1994년 개정) 제20조.
246 서정미, 앞의 글, p. 1406.

러나 변호사는 당 정책의 선전자로서 당 사법정책의 정당성을 인민들에게 옳게 인식시키기 위해 노력하는 기능도 수행하고 있다. 변호사는 피고인의 대리자도 아니고 피고를 변호하는 입장에 서는 것도 아니다. 다시 말하면 쟁송과정에서 피소자 혹은 신청인의 법적 권리를 보장해 주고 지원하기 위한 역할이기보다는 오히려 법체계를 지키고 교양하기 위한 목적도 함께 갖고 있다. 심지어 북한의 형사소송법에는 피고인이 변호인의 조력을 받을 수 있는 권리를 포기할 수 있다고 규정함으로써 변호인 없는 재판도 가능하도록 되어 있다.[247]

북한의 변호사는 그 직무에 있어서 독립성을 보장받지 못하고 있다. 조선변호사회를 비롯한 각급 변호사회의 일상적인 지도와 통제를 받고(변호사법 제30조), 보수도 조선변호사회 중앙위원회가 정한 기준에 따라 받게 되며(변호사법 제26조), 나아가 변호사 자격심사도 국가가 하도록 규정하여 국가의 통제하에 두고 있다. 결국 북한의 변호사 제도는 변호사 자격심사로부터 업무수행, 보수에 이르기까지 국가와 당의 통제하에 두고 있다는 것을 의미한다.[248] 변호사가 해당 변호사회의 지도 밑에 활동하도록 되어 있다는 것은 소속뿐 아니라 지휘관계도 존재한다는 것을 의미한다. 자유민주주의 국가에서 변호사는 법률과 소송을 전문으로 하는 법률전문가로서 소송 당사자를 대리하여 법적 분쟁 사건을 맡아 해결하는 역할을 하는 사람으로 정의된다.[249] 그러나 북한의 변호사는 피고에 대한 변호뿐 아니라 정확한 법의 집행을 보장하는 것을 사명으로 적시하고 있다(변호사법 제1조). 즉 피고인의 변호와 함께 범법 행위에 대한 지적과 이의 집행 역시 변호사의 조력과 방조의 범위 안에 포함된 것이다. 북한의 변호사는 사회주의헌법

---

[247] 안정식, 앞의 책, p. 242.
[248] 치안정책연구소, 앞의 책, p. 142.
[249] 서정미, 앞의 글, p. 1404.

과 변호사법에 근거하여 활동해야 하기 때문에 변호사 조직과 활동이 사회주의 방식에 따르지 않을 수 없도록 되어 있다.[250]

실제로 북한의 변호사는 재판소의 형사재판을 돕고 협력하며 당의 사법정책을 옹호 관철하는 활동을 하고 있다. 더 나아가 모든 변호활동은 피소자의 의사에 따라 피소자의 권리와 이익을 실현하기 위한 것이기보다는 국가의 의사라고 할 수 있는 법을 기준으로 재판소가 사건의 사실관계를 정확히 확증하고 당의 정책과 법의 요구에 맞는 판결을 할 수 있도록 재판소에 협력하는 것을 목적으로 하고 있다.[251] 북한 변호사법 제10조에 "변호사는 국가의 법과 규정을 잘 알고 그것을 존중하며 정확히 집행하여야 한다"고 규정하고 있고 제11조에도 "변호사는 인민들 속에서 국가의 법과 규정을 해설하며 그것을 잘 지키도록 도와주어야 한다"고 되어 있어 이 조항들만 보면 변호사가 인민보안원 혹은 검사의 역할과 무엇이 다른지가 명확하지 않은 측면이 있다. 무엇보다도 북한의 변호사는 중앙의 통제를 받도록 되어 있다는 것이 큰 특징 중 하나이다. 조선변호사회의 모든 자격 심사도 당과 유일지배체제의 권력 구조하에서 시행됨으로 사실상의 반관반민(半官半民) 형태라고 보아야 한다.[252]

2) 당 정책의 수호자로서의 사회주의법무생활지도위원회

북한에서는 판사, 검사, 변호사 외에 준사법기구에 해당하는 사회주의법무생활지도위원회라는 협의체가 일반 주민들의 생활을 규제하고 있다.[253]

---

250 서정미, 위의 글, p. 1406.

251 이백규, "북한의 사법제도와 형사법 개관", 『통일과 법률』 제23호, 법무부, 2015, p. 145.

252 서정미, "앞의 글, p. 1408.

253 김태석, "북한의 유사형사법제에 관한 고찰", 『형사법연구』 제26호, 한국형사법학회, 2006, p. 467.

김일성은 1977년 12월 15일, 최고인민회의 제6기 제1차 회의에서 "인민정권을 더욱 강화하자"라는 연설을 했는데 이 연설에서 사회주의적 민주주의의 골격과 실시 방법에 대해 강조하고 관료주의와의 투쟁을 독려하였다. 이후 사회주의법무생활론이 대두되어 발전하였고 김일성이 이론화하고 김정일이 체계화하면서 혁명적 준법기풍의 확립으로 확대되었다.[254]

이후 김정일의 지시에 따라 사회주의법무생활을 "모든 사회성원이 사회주의국가가 제정한 법규범과 규정의 요구대로 일하며 생활하는 것"이라고 정의하고 인민생활 속에 준법교양의 근거로 활용하게 되었다.[255] 사회주의법무생활 관련 조직으로서 사회주의법무생활지도위원회가 생겨난 것은 1980년 1월 18일, 중앙인민위원회 정령으로 「사회주의법무생활지도위원회에 관한 규정」이 마련되면서부터이다. 일반 주민들에게 법을 해설하고 선전하며 준법교양을 담당하는 법무해설원과는 달리[256] 사회주의법무생활지도위원회는 북한주민들이 김일성, 김정일 교시와 당 정책, 국가 규범을 제대로 지키도록 강조하는 비상설 협의체인데 검열기관이나 감찰기관, 인민보안기관의 제기에 따라 위법 사실에 대해 심의하고 제재를 하는 등 준사법기관으로서 막강한 권한을 행사한다. 재판소가 사회적 교양 처분을 내리면 이를 실행하여 조치를 취하는 역할을 하기도 한다.[257]

사회주의법무생활지도위원회가 활성화되기 시작한 것은 1982년 12월 15일, 사회주의헌법 공포 10주년을 맞이하면서부터이다. 10년 뒤인 1992년에는 헌법 제18조에 "국가는 사회주의법률제도를 완비하고 사회주의법무

---

254 박정원, "북한의 '사회주의 법치국가 건설론'과 법제정비 동향", p. 3.

255 김정일, "사회주의법무생활을 강화할데 대하여", 『김정일 선집 제7권』, 조선노동당출판사, 1996, p. 330; 김정일 선집의 위 내용은 1982년 2월 15일, 헌법 공포 10주년 기념에 맞추어 김정일이 발표한 논문에 근거하고 있다.

256 권영태, 앞의 책, pp. 103~104.

257 권영태, 위의 책, pp. 242~243.

생활을 강화한다"라는 조항을 신설했는데 그 후 현재까지 이 조항이 유지되고 있다.[258] 이 같이 관련 근거를 헌법에 명문화하여 헌법상의 기구로 정착되었다. 이로써 법에 대한 단순한 도구주의적 관점에서 사회기능주의적 관점을 거쳐서 법이 가지는 적극적인 도덕적 가치를 구현하는 관점으로 사회주의법무생활이 강조된 것으로 보인다.[259]

노동신문 2023년 2월 19일자는 '근로자들 속에서도 준법교양을 강화하여 그들이 법규범과 규정을 자각적으로 성실히 집행하도록 하여야 합니다'라는 제목의 김정일의 교시를 게재하면서 다시 한번 사회주의법무생활의 중요성을 강조하였다. 이 교시에서 김정일은 "우리 국가의 법은 인민대중을 위한 법이다. 나라의 주인으로서 국가의 법을 존엄 있게 대하고 자각적으로, 의무적으로 집행해 나가는 인민대중의 법무생활에 의하여 우리의 사회주의법은 국가사회제도와 인민의 자주적 삶을 지키고 혁명과 건설에 이바지하는 위력한 무기로서의 사명을 다하고 있다"고 피력하면서 준법생활을 강조하고 있다.[260]

표 5-18. 사회주의법무생활지도위원회 구성 단위

구분	중앙	도(직할시)	시·군
명칭	중앙 사회주의법무생활지도위원회	도(직할시) 사회주의법무생활지도위원회	시·군 사회주의법무생활지도위원회
구성	당조직지도부장, 사회안전성장, 최고검찰소장 등 5~6명	각급 인민위원회 위원장, 부위원장, 서기장, 검찰소장, 사회안전책임자, 검열위원회 위원장, 당책임비서	
근거	최고인민위원회 법무생활지도위원회 규정	도(직할시) 인민위원회 법무생활지도위원회 규정	시·군 인민위원회 법무생활지도위원회 규정
비고		각급 인민위원회 위원장이 법무생활지도위원회 위원장을 겸함. 인민위원회 서기장이 법무생활위원회 서기장 겸직. 각 인민위원회별로 법무과가 있어 실제적인 업무 처리 담당	

출처: 이규창·정광진 『북한형사재판제도연구』, p. 117 참조하여 저자가 작성.

---

258 박정원, "북한의 '사회주의 법치국가 건설론'과 법제정비 동향", p. 4.

259 이해정, 앞의 글, pp. 37~38.

260 『노동신문』, 2023년 2월 19일자.

사회주의법무생활지도위원회는 각 급 단계의 인민위원회가 법무생활의 기본 단위로 되어 있는 것과 연계하여 그 위상과 기능에 맞추어 기존의 재판소와 검찰조직과 동일한 층위로 구성되어 있다.[261] 즉, 각 도, 시, 군, 구역의 지방인민위원회 산하에 협의체 형식으로 구성되어 있다. 북한사회에서 사회주의법무생활에 대한 이론과 그 활동은 북한사회 전체성원들의 생활 전 분야를 포괄하는 권력적 성격을 띤 규범적 통제 형태로 발전하게 되었다.[262]

북한의 행정처벌법[263]에 의하면 내각과 검찰·재판·중재·보안기관, 검열감독기관과 함께 사회주의법무생활지도위원회를 행정처벌 기관으로 규정하고 있다(행정처벌법 제175조). 동 위원회가 내릴 수 있는 처분으로는 경고, 엄중경고, 무보수노동, 강직, 해임, 철직이 있고(제176조) 신소를 처리할 권한도 주어져 있다(제198조). 이때 사회주의법무생활지도위원회가 행정 처벌을 결정할 경우 특별한 수속 절차 없이 행정적인 명령과 지시의 방법으로 직접 적용한다.[264] 북한의 행정처벌법에 의하면 행정처벌 기관이 나열되어 있는데 사회주의법무생활지도위원회와 내각, 검찰, 재판, 중재, 인민보안, 검열감독기관, 자격수여기관으로 되어 있고, 기관, 기업소, 단체도 법이 정한 범위 안에서 해당되는 행정처벌을 줄 수 있다(행정처벌법 제229조). 행정처벌법 제230조는 사회주의법무생활지도위원회의 행정처벌 권한에 대해 "사회주의법무생활지도위원회는 국가기관, 기업소, 단체의 일군이 위법행위를 한 경우 경고, 엄중경고, 무보수노동, 노동교양, 강직, 해임, 철직, 벌금, 중지, 변상, 몰수, 자격정지, 강급, 자격박탈처벌을 줄 수 있다"고 명시하고 있

261 권영태, 앞의 책, p. 85.
262 김태석, 앞의 글, p. 467.
263 조선민주주의인민공화국 행정처벌법(2004년 제정, 2011년 개정).
264 김민배, "북한의 행정위법행위와 행정처벌법", 『통일과 법률』 통권 41호, 법무부, 2020, p. 126.

다. 사회주의법무생활은 본래 국가기관이나 기업소, 사회협동단체들의 자의적인 권력행사를 막고 관료주의의 폐단을 없애기 위한 목적을 가지고 시작되었다. 하지만, 오늘날에 사회주의법무생활지도위원회와 그 활동은 주민들을 법적으로 통제하고 감시하는 이념적 기구로 바뀌었다.[265] 아울러 김일성, 김정일, 김정은으로 이어지는 세습체제를 견고하게 지키기 위한 주민통제수단으로 변질되었다.[266]

3) 준법교양의 담당자, 법무해설원

북한의 공장과 기업소에는 법무해설원이라는 직역(職域)이 존재한다. 법무해설원이라는 직업이 있기보다는 법무해설원이라는 역할이 있고 자신의 임무를 수행하면서 그 역할을 겸해서 맡고 있는 사람을 법무해설원이라고 한다.[267] 북한에서 법무해설원은 당이 세워준 '준법교양체계'를 확립할 준법교양사업을 책임지는 자들이다. 이들은 '공화국법의 적극옹호자이며 선전자이고 준법교양의 직접적 담당자'로 위상을 확보했다.[268] 북한의 조선대백과사전에 의하면 법무해설원은 기관이나 기업소의 종업원들 중에서 혁명에 충실하고 책임성이 강한 일군들로 인정된 자들이 선정되는데 주로 해당 기관, 기업소, 사회협동단체의 단위 책임자들이 법무해설원 역할을 수행한다고 되어 있다.[269] 법무해설원의 교육사업은 헌법이나 법령 등 법규범에만 한정되지 않고, 협동농장의 「농장준칙」, 「산림보호규정」, 「교통질서규정」 등도 포함된다.

---

265 이규창·정광진, 앞의 글, p. 124.
266 이해정, 앞의 글, p 64.
267 권영태, "법무해설원을 통한 북한의 법교육", 『법교육 연구』 제4권 제1호, 2009, p. 30.
268 권영태, 『북한의 법교육』, 서울: 한국학술정보, 2009, pp. 48~49.
269 『조선대백과사전』 제28권, pp. 30, 41.

법무해설원들은 준법교양계획을 수립하여 작업반 단위로 시행하고 그들이 속한 해당 단위의 사업소에서 위법현상이 나타날 수 있는 요소들을 미리 찾아내어 법해설선전자료에 반영하여 준법 감시활동을 전개한다.[270] 법무해설원에 대한 북한 언론의 기사를 보면 법무해설원의 교양사업, 준법감시사업을 통해 생산성이 향상된 사례를 소개하는 기사가 자주 등장한다.[271] 국가계획을 달성하기 위한 생산성 향상이 법무해설원의 주요 역할이 되고 있는 것은 국가계획 자체를 법으로 보는 북한의 태도와 관련이 있다. 국가계획을 어기면 심각한 의무 위반이기에 북한의 각 기관, 기업소의 법무해설원은 국가계획 달성을 위한 교양사업에 주력하게 된다. 또한 각 단위의 책임자들이 법무해설원을 겸하여 맡고 있기에 법해설 선전은 곧바로 해당 조직의 지휘명령체계가 작동하는 것과 같이 보아야 한다.[272]

---

[270] 권영태, 앞의 책, pp. 66~69.
[271] 『민주조선』, 2006년 1월 31일, 2면; 3월 25일, 2면.
[272] 권영태, 앞의 책, p. 73.

제6장

유일지배체제의 법제도화의 특성과 평가

제1절 특징

1. 완결성

1) 유일적 영도의 불가변성

북한에서 최고의 가치는 유일적 지배체제와 그 영도성이다. 즉 체제의 유지와 공고함을 최우선의 가치로 둔다. 북한은 그 속성상 사회주의 국가이며 1당 지배를 헌법에 명시한 프롤레타리아 계급 독재국가, 주체사상을 유일한 국가 지도이념으로 삼고 김일성-김정일-김정은을 신격화한 신정국가이자 군이 국가 기구를 지배하며 한때 국방위원회가 정부를 통제하는 군사국가이고 당은 누구에게도 책임을 지지 않는 전제주의, 개인보다 집단이 앞서는 전체주의 국가이다.[1] 1당과 1인이 지배하는 유일적 영도체제는 불가변성이자 불가역성을 가지고 있다. 조금이라도 약화되거나 후퇴하면 체제, 즉 국가 시스템이 붕괴되고 북한 주민들은 정신적 공황에 빠지게 된다. 김일성의 사후 북한 주민들은 심각한 정체성의 혼란을 겪었다.[2] 북한은 정치가 법 위에 있다고 주장하지만 결코 법을 소홀히 하지 않는다. 오히려 미흡한 부분들은 속히 법제화를 통해 보완하여 유일영도적 지배체제를 법으로 완결하고 있다. 북한의 법학계의 이론에 의하면 법은 당 정책을 표

---

[1] 이상우, 앞의 책, pp. 83~85.
[2] 와다 하루끼, 앞의 책, p. 241.

현한 것이고 그것을 실현하기 위한 무기이다. 왜냐하면 당의 정책은 곧 국가의 정책이기 때문이다.[3]

북한의 법은 유일영도체제의 공고함의 필요성에 의해 생긴 정책이나 정치행위를 법으로 반영하는 행태로 유일적 영도의 불가변성을 확고히 해 나갔다. 즉 정치, 경제, 사회, 문화의 모든 분야에서의 정복된 영역(conquered territory)의 총체를 헌법 속에 규범화하여 법적 정당성(legal legitmacy)을 다져 나갔다. 이를 테면 사회주의 혁명에 관한 주장이 1955년부터 나왔는데 이를 1972년 헌법에 반영하였다는 것이나 1998년의 헌법에도 김일성 사후 계속되어온 유훈통치의 과정과 내용을 서문을 신설하여 담은 것 등이 여기에 해당된다고 볼 수 있다.[4]

북한은 법적 정당성을 통해 유일적 영도체제를 뒷받침했다. 이는 법으로 성문화하였기에 정당성이 확보되었다는 측면이 아니라 이미 정치적으로 혹은 지도자의 뜻에 의해 확고히 선 방침을 법이 후행적으로 반영하여 법적 정당성을 덧 입혀 주는 형태이다. 전체주의적 국가의 면모는 헌법 제10조, "온 사회를 동지적으로 결합된 하나의 집단으로 만든다"와 "조선민주주의인민공화국은 노동계급이 영도하는 로동동맹에 기초한 전체 인민의 정치사상적 통일에 의거한다", 그리고 제63조 "공민의 권리와 의무는 「하나는 전체를 위하여, 전체는 하나를 위하여」라는 집단주의 원칙에 기초한다"는 조항으로 뒷받침 되었다. 1당 지배의 전제주의 국가의 체제는 "국가는 조선로동당의 영도 밑에서 모든 활동을 할 것"(제11조)과 당의 이념인 주체사상을 "국가의 지도적 지침으로 삼는다"고 규정하여 완성하였다. 헌법과 당규약상 당은 누구에게도 책임을 지지 않는 1당 전제주의가 법으로 확고

---

3   정연수, "법질서를 확립하는 것은 국가사회재산보호관리를 잘 하기 위한 필수적 요구", 『사회과학』 제1호, 1983, p. 60.

4   조재현, 앞의 글. pp. 281~282.

해진 것이다.[5]

북한 헌법은 외형상 민주주의적 가치로 구성된 것으로 보이나 실제로는 권력구조의 함수관계에 의해 철저히 1인 지배체제를 지원하고 있다. 최고인민회의는 중앙재판소장과 중앙검찰소장의 임면권을 가지고 있고 그들은 모두 최고인민회의 앞에서 자기 사업에 책임을 지도록 되어 있다(제158조, 제168조). 국가원수격인 국무위원장도 최고인민회의에서 선거 혹은 소환할 수 있다(제91조 제5항). 그리고 국무위원장도 최고인민회의 앞에서 자기 사업에 책임을 진다고 되어 있어(제106조) 민주주의와 주민소환제의 의미를 함께 반영한 것으로 보인다. 그러나 헌법 제11조와 헌법 서문의 내용을 보면 북한은 당의 영도 밑에 모든 활동을 하게 되어 있다. 즉, 국가가 당의 지배하에 있기에 헌법상의 권력구조와 임면 관계는 실질적으로 작동되기보다는 장식적, 형식적 의미로 제한되어 있으며 당규약과 '10대 원칙'과의 함수관계를 따져서 권력구조를 이해해야 함을 알 수 있다.

당규약 서문에서 이미 조선노동당을 "위대한 김일성-김정일주의당"으로 선언하고 있고, "김일성-김정일주의를 유일한 지도사상으로 하는 주체형의 혁명적 당"으로 규정하고 있다. 이어서 조선노동당은 모든 정치 조직들 가운데 가장 높은 정치조직이며 모든 분야를 통일적으로 이끌어 나가는 영도적 정치조직, 혁명의 참모부, 조선인민의 모든 승리의 조직자, 향도자로 되어 있다. 헌법 제11조와 상관관계를 이루어 당규약 제53조는 "인민정권은 당의 영도 밑에 활동한다"로 되어 있어 당의 유일적 지배구조를 확고히 했다. 본문 제4조에 당원은 "당중앙의 령도에 끝없이 충실하여야 한다"고 규정하고 "당원은 김일성-김정일주의로 튼튼히 무장하여야 함"을 강조하고 있다. 유일적 영도를 어기면 책벌도 주어진다(제7조). 무엇보다도 총비

5   이상우, 앞의 책, pp. 84~85.

서가 노동당의 수반이다. 총비서는 당을 대표하고 전당을 조직영도하도록 되어 있다(당규약 제24조). 도, 시, 군 당위원회의 가장 핵심 과제는 당의 유일적영도체계를 세우는 사업이라고 명시하고 있다(당규약 제35조).

이에 덧붙여, '10대 원칙'에서는 김일성과 김정일을 영원한 수령이자 주체의 태양이라고 명시하고(서문) 온 사회의 김일성-김정일주의화가 당의 유일적영도체계를 세우는 사업의 총적 목표(제1조)라고 선언하고 있다. 위대한 수령님과 장군님을 영원한 주체의 태양으로 높이 받들어 모시고 당의 유일적 영도에 끝없이 충성해야 함(제10조 제4항)을 강조하고 있다.

북한의 규범들과 법원으로 여겨지고 있는 '10대 원칙' 등을 통해 유일적 영도체제는 법적 체계로도 완결되었고 법을 통해 1인 지배체제, 유일적 지도체제, 유일적 영도체계가 더욱 확고해졌고 불가변성과 불가역적 상태로 굳어지게 되었다.

2) 유일적 영도의 최고성

북한의 법체계상 유일적 영토 체제를 능가하는 권력구조나 법적조항은 없다. 이전 헌법은 최고인민회의 상임위원장이 국가를 대표한다고 되어 있어 혼란의 여지가 있었다.

북한은 헌법개정을 통해 아예 이런 혼란스러운 부분까지를 명확히 하여 당 서열 국가 서열, 군 서열 등에서 김정은이 최고의 지위에 있음이 명시되었다. 예를 들어서 2016년의 헌법개정을 통해 국방위원회 제1위원장이 폐지되고 국무위원장직이 신설되어 그 자리를 대신하게 되었고, 2019년 4월 11일에 개정된 헌법 제100조는 "조선민주주의인민공화국 국방위원회 제1위원장은 조선민주주의인민공화국의 최고령도자이다"에서 "조선민주주의인민공화국 국무위원회 위원장은 '국가를 대표하는' 조선민주주의인민공화국의 최고령도자이다"로 수정되었다. 그리고 헌법 제117조 또한 "최고인민회의 상임위원회 위원장은 국가를 대표하며 다른 나라 사신의 신임장, 소환장을 접수한다"에서 "최고인민회의 상임위원회 위원장은 '국가를 대표하여' 다른 나라 사신의 신임장, 소환장을 접수한다"로 수정되어 권력 서열 1위의 지위가 더 선명해졌다.

현행 북한 헌법상 최고정책적 지도기관은 국무위원회이다. 그리고 국무위원회 위원장은 최고 영도인 김정은이다. 공화국 무력의 총 사령관도 김정은 위원장이다(제103조). 그리고 당규약상에서는 조선노동당의 수반이자 당을 대표하며 당을 조직 영도하는 직책인 총비서이자(당규약 제24조) 당중앙위원회의 수반인 위원장이다(헌법 제59조). 뿐만 아니라 당의 국방무력 사업을 총괄하는 당중앙군사위원회 위원장이다(당규약 제30조). 현재 북한의 최고지도자 김정은은 국가에서는 국무위원회 위원장(헌법 제100조), 조선민주주의인민공화국무력 총사령관(헌법 제103조)이다. 따라서 김정은의 유일적 지배구조는 불가변적일 뿐 아니라 경쟁이나 비교 대상이 전혀 존재할 수 없는 최고성을 갖고 이 모든 권력 사항은 법으로 체계화되어 있다.

3) 유일적 영도의 절대성

북한의 법체계에서 유일적 영도는 불가변성이자 불가역성의 성격을 명확히 하고 있다. 동시에 유일적 영도의 절대성 또한 확고하게 표현하고 있다. 우선 당규약 서문에 "전당을 김일성-김정일주의로 일색화하며"라고 표현하고 있다. 이는 다른 색은 허용하지 않겠다는 수령과 영도의 유일성을 내포하고 있다. 당규약 제11조는 "모든 당조직은 당중앙위원회에 절대복종한다"고 되어 있다. 헌법 제59조는 "조선민주주의인민공화국의 무장력의 사명은 위대한 김정은 동지를 수반으로 하는 당중앙위원회를 결사 옹위하고…"라고 되어 있다. 여기서 당중앙위원회라는 표현은 당중앙위원회의 수반인 김정은을 상징화하는 표현으로 봐도 무방하다. 다시 말해서 당 규약 제11조에 표현된 절대복종의 대상은 헌법 제59조에 나오는 당중앙위원회로 상징된 김정은인 것이다. 다시 말해서 북한에서 법체계상 당의 유일적 영도는 절대적 존재로서 규정되어 있다.

법규범은 아니지만 사실상의 법원(法源)이자 법의 전거(典據)가 되는 '10대 원칙'을 보면 김일성과 김정일을 "당과 인민의 영원한 수령으로 주체의 태양으로 받들어 모셔야 한다"며 절대화하고 있다(10대 원칙 제2조). 그리고 인민들은 '수령님의 후손', '장군님의 전사이자 제자'로 묘사된다. 이어서 "김일성 동지는 영원한 수령, 영원한 주석으로, 김정일 동지는 영원한 총비서이자 영원한 국방위원장"이라고 명시하고 있다. 이어서 3조에도 위대한 김일성 동지, 김정일 동지와 우리 당밖에는 그 누구도 모른다는 확고한 관점과 입장을 가져야 한다고 강조하며 제5조에서도 무조건성의 원칙을 가지고 무조건 철저히 위대한 수령님과 장군님의 유훈, 당의 로선과 방침, 지시를 곧 법으로 지상의 명령으로 여기고 관철해야 한다고 명시하여 유일적 지도체제를 절대화하고 있다. 여기서 절대화의 의미는 김일성, 김정일의 사진, 상징물, 기념물 등 김일성·김정일과 관련된 일체의 물건에도 일종의 신적 지위를 부여하고 경배의 대상이 된다는 의미와 함께 학문의 영역과 논변, 논설의 영역에도 그 사상과 이론의 배경이자 원천으로 김일성, 김정일의 교시와 지침, 어록 등을 근거 구절 혹은 논거로 사용해야 한다는 것을 의미한다.[6] 특히 백두혈통의 순결성과 승계 부분은 2013년 개정에서 새롭게 추가된 것인데 이는 김정은으로의 세습을 정당시 하는 대표적인 조항이다. 제10조에 "김일성 동지와 김정일 동지께서 이끌어 오신 주체혁명위업,

[6] 송인호, 앞의 글, p. 155.

선군혁명위업을 대를 이어 끝까지 계승 완성하여야 한다"라고 되어 있고
이어서 제10조 제2항에는 "우리 당과 혁명의 명맥을 백두의 혈통으로 영원
히 이어 나가며 주체의 혁명전통을 끊임없이 계승 발전시키고 그 순결성을
철저히 고수하여야 한다"고 명시하였다.

　이는 오직 김일성–김정일–김정은으로의 유일적 지배체제를 이어오는
것밖에는 다른 길이 없고 앞으로도 혈통적 순결성과 유일성이 영원히 지속
되어야 함을 천명한 것이다.[7] 유일지배체제의 기반이 되는 주체사상이 유
일한 이념인 북한에서 유일지배체제의 절대성은 법률뿐만 아니라 전 분야
에서 전당적으로 공고하게 자리를 잡고 있다. 문학이나 예술 분야에서도
당–국가적인 것보다는 개인 숭배적 기획과 실행이 훨씬 중시되고 있다.[8]
이러한 전 사회적인 유일지배체제의 심화는 법적 제도화, 법적 체계화가
있기에 가능했다.

2. 법률적 폐쇄성

　유일적 영도에 대한 규정들은 인민들의 자발성에 기인한 것이 아니라
이미 강행규정화되어 있어 이를 어기면 엄한 처벌이 뒤따르게 되는 강제성
이 있다. 북한은 헌법 제3조에 "위대한 김일성–김정일주의를 국가건설과
활동의 유일한 지도적 지침"으로 삼도록 명문화했다. 이것을 지키지 않거
나 위배되는 어떠한 행동이나 사상도 통제의 대상이 된다. 헌법 제10조에
는 "인민의 정치사상적 통일을 기본 전제로 사상혁명을 강화함으로써 모
든 성원을 혁명화, 노동계급화하며 온 사회를 정치적으로 결합된 하나의

7　　송인호, 위의 글, pp. 160~161.
8　　김성수, 『북한문학』, 서울: 역락, 2020, p. 275.

집단으로 만든다"고 되어 있다. 형법 제74조, '명령, 결정, 지시집행 태만죄'의 경우 "조선민주주의인민공화국 주석, 국방위원회 위원장, 국방위원회 제1위원장 명령, 최고사령관 명령, 당중앙군사위원회 명령, 결정, 지시, 국방위원회 결정, 지시를 제때에 정확히 집행하지 않은 자는 1년 이하의 노동단련형에", "정상이 무거운 경우에는 최고 5년 이상 10년 이상의 노동교화형에 처하도록" 되어 있어 사소한 지시라 할지라도 법률적인 제재 장치를 두고 있다. 법률을 개정하기 위해서는 최고인민회의 혹은 상임위원회를 통해서만 가능한데 인민의 의사가 이 기구들을 통해 반영되어 법률 개정에 이르게 된다는 것은 불가능하다. 법률의 수정과 제정, 폐기 등의 프로세스는 개방되어 있지 않다.

실제로 검찰감시법에 의하면 검찰감시의 목적이 "국가사회생활의 모든 분야에서 혁명적제도와 질서를 세워 조선로동당의 정책관철을 법적으로 보장하는 데 있다"고 되어 있다(제3조). 검찰의 임무가 엄정한 법집행을 통한 국가의 보위나 국민의 안위가 아닌 혁명적제도와 질서를 통해 당의 정책관철을 보장하는 것이 활동의 목적이고 이를 위해 법을 이용하는 것이다. 또한 검찰감시활동에 있어서 계급원칙을 철저히 지키도록 되어 있고(제4조), 정치범으로 분류가 되면 더 신속하게 철저히 처벌하도록 되어 있다.

3. 정치적 강제성

헌법이나 법률 등의 규범을 통한 강제성이 있는 한편 정치적 강제수단도 가지고 있다. 즉 당규약과 '10대 원칙'에 규정된 유일적 영도에 대한 강제성이다. 당규약에도 처벌 규정이 있다. 당규약 제7조는 당의 규율을 어긴 당원에게는 당책벌을 주도록 되어 있다. 가장 먼저 나오는 책벌의 대상이 "당의 유일적영도체계에 어긋나는 행동을 하거나 당의 로선과 정책을 반대하고 종파행위를 하거나 적들과 타협하는 것을 비롯하여 당과 혁명에 엄중한 손실을 끼친 당원"에 대한 책벌이다. 이와 같은 행위를 한 자들에 대한 책벌은 출당이다(당규약 제7조 제1항). 출당은 단순히 당에서 방출되는 의미가 아니라 북한 사회에서 사회정치적 생명이 끊긴다는 것을 의미한다. 개인뿐만 아니라 조직에 대한 처벌 규정도 있다. 제20조는 "어떤 당조직이든지 당의 노선과 정책, 당규약을 엄중하게 어기거나 집행하지 않을 때"에는 당중앙위원회가 해산하도록 되어 있다. 당규약 제31조는 당중앙검사위원회가 당중앙의 유일적 영도실현에 저해를 주는 당규율 위반행위들을 감독조사하고 당규율 문제를 심의하며 신소청원을 처리하도록 하고 있다. 제40조는 도, 시, 군당검사위원회도 같은 검사 업무를 하도록 되어 있다.

북한에서 집단은 항상 개인에 우선하는데 이는 '10대 원칙'에 명시된 "전체 인민은 사회정치적생명체인 유기적 공동체로서 존재함"('10대 원칙' 제8조)을 강조하는 것과 연관되어 있다. 그 외에도 '10대 원칙' 제6조 제3항, "유일적 영도체계와 어긋나게 행동하는 사람에 대해서는 직위와 공로에 관계없이 날카롭게 투쟁을 벌려야 한다"고 되어 있는데 이는 여러 사법체계와 유사 사법제도를 통해 처벌할 수 있음을 정당시 하는 조항이다. 그러나 인민들의 당과 지도자에 대한 충성을 결집하고 유도하는 데 실패한 측면이 있고 새로운 사회통제 도구들을 마련해야만 하는 상황에 직면한 것을 반증하는 것이 바로 사회통제를 강화하는 조치들이다. 북한의 지도자들은 자신들의 구상한 요구대로 인민들이 복종하는 사회를 만들어 왔다. 적어도 표면적으로는 그것이 성공했다고 보인다 할지라도 실질적인 통제가 더 필요한 상황이 도래한 것이다.[9] 이것이 법적 강제성에 이어 정치적 강제성을 통해 유일지배체제의 유지를 강행하고 있는 이유이다.

---

9   Kongdan Oh & Ralph C. Hassig, *North Korea Through the looking glass*, Washington D.C.: Brookings Institution Press, 2000, pp. 127~130.

북한의 모든 당조직은 당원들과 근로자들 속에 당의 유일적영도체계를 튼튼히 세우는 것이 최고의 가치이다. 이를 이행하지 않거나 이에 반하는 일이 발생하게 되면 사법체계와 법을 적용하여 엄밀히 통제하게 되는 강행 규정이 있으므로 유일적 영도체제가 이러한 법적 정치적 강제력으로 유지 된다고 볼 수 있다.

제2절 법체계의 정합성과 내구성

1. 정합성

1) 당규약과 헌법과의 정합성

정합성이란 법과 법 상호 간에 혹은 상위법과 하위법 상호 간에 일치된 법원리와 조문을 유지하고 있음을 의미한다. 북한은 법제정비를 통해 그간 체제정합성이 미비하다는 평가에 대한 개선의지를 보여왔다.[10] 특히 다른 조항과는 달리 유일지배체체제의 정당성과 합법성을 위한 부분에 있어서는 높은 정합성을 유지하고 있다. 북한의 형법에는 위조지폐 및 위조유가증권의 발행과 유통은 엄격히 처벌하도록 규정되어 있다(제101조, 제102조). 그러나 북한은 국가에서 조직적으로 위조지폐를 발행하고 유통하고 있다. 국제 시장에서 비트코인 등 가상화폐를 해킹하여 상당한 부를 획득하고 있다. 국가가 제정 공포한 법과 실제 법의 집행에 괴리가 있고 모순이 있다. 헌법과 노동 관련 법제에서 노동시간도 일치하지 않고 있다. 헌법에는 일 노동시간이 8시간(헌법 제8조)으로 되어 있는데 장애자 보호법 제36조에는 장애인 노동시간이 9시간으로 되어 있다. 장애인에게 한 시간 더 노동을 하도록 한다는 것은 법의 취지에도 부합하지 않다. 기본법인 헌법과 부문

---

[10] 박정원, "북한의 법제정(입법) 체계의 분석 및 전망", p. 11.

법인 노동법, 장애자보호법에서 서로 다른 내용이 충돌되고 있다. 그러나 유일지배체제에 관한 법조항에는 정합성이 완성되어 있다. 북한의 당규약과 헌법은 유일적 영도체제를 확고히 하는 데 있어서 상호 보완된 명문 규정을 두고 있다. 상위법과 하위법, 신법과 구법이 상호 모순이 있거나 괴리가 없다.

헌법은 서문에 이미 여러 부분에서 김일성–김정일주의와 사상과 유훈이 유일하고 영원한 가치이며 지도적 지침이라고 강조한다. 뿐만 아니라 김일성과 김정일 자체도 위대한 수령이자 위대한 총비서, 영원한 국방위원장으로 자리하고 있다. 북한에서 김일성, 김정일은 지금도 살아서 북한을 실질적으로 통치하는 것과 같은 '위대한 영도자'로서 법적 지위를 가진다. 따라서 헌법은 제11조에 국가가 조선노동당의 영도 밑에 모든 활동을 진행하도록 되어 있다. 당규약에도 조선노동당은 근로인민대중의 모든 정치조직 가운데 가장 높은 형태의 정치조직으로 명시했고, 더 나아가 당은 인민정권을 강화하고 공화국 무력을 정치사상과 군사기술적으로 강화하며 통일전선과 조국의 통일발전 및 융성번영을 위해서도 적극 나서도록 되어 있다.[11]

더 명료한 예는 당규약 제53조인데 "인민정권은 당의 노선과 정책의 집행자이며 당의 영도 밑에 활동한다"는 내용으로서 헌법 제11조와 일치한다. 또한 조선인민군은 모든 군사정치활동을 당의 영도 밑에 진행한다고 되어 있고 당 중앙의 유일적 영도체계를 철저히 세우고 당의 군사노선과 정책에 입각하여 조직 진행하도록 하고 있는데(당규약 제47조, 제49조), 이는 헌법 제103조의 국무위원회 위원장이 공화국 무력의 총사령관으로 되며 국가의 일체 무력을 지휘 통솔한다는 조항과 연결되어 있다. 헌법 제59조에는 공화국의 무장력의 사명은 위대한 김정은 동지를 수반으로 하는 당중앙

---

[11] 당규약 서문.

위원회를 결사옹위하는 것으로 명시하고 있다. 북한체제에서 수령제, 즉 유일적 지배체제는 세습이 진행되는 시기에 당규약과 헌법을 통해 법적으로 체계화되고 제도적으로 정착되었다. 이러한 법적 체계화에 근거한 최고지도자의 직위를 법적으로 명문화하여 세습의 정통성과 정당성을 제도화하여 수령제를 유지하는 전략을 관철하였다.[12] 유일적 영도체제에 대한 헌법과 당규약의 유사 내용들을 정리하면 다음과 같다.

표 6-1. 당규약과 헌법에 나타난 유일적 영도체제와 관련한 내용

구분	당규약	헌법
김일성·김정일	- 조선노동당은 위대한 김일성–김정일주의당이다.(서문)	- 김일성은 위대한 수령, 김정일은 위대한 영도자이다.(서문)
유일영도체제	- 조선노동당은 위대한 김일성–김정일주의를 유일한 지도사상으로 하는 주체형의 혁명정당이다(서문)	- 조선민주주의인민공화국은 위대한 김일성–김정일주의를 국가건설과 활동의 유일한 지도적 지침으로 삼는다(서문)
당–국관계	- 인민정권은 당의 영도밑에 활동한다(제53조)	- 조선민주주의인민공화국은 조선노동당의 영도 밑에 모든 활동을 진행한다(제11조)
군지휘권	- 노동당 총비서는 당중앙군사위원회 위원장으로 된다. 당중앙군사위원회는 공화국 무력을 지휘하고 국방사업 전반을 당적으로 지도한다.(제30조) - 조선인민군은 모든 군사정치활동을 당의 영도 밑에 진행한다(제47조).	- 국무위원장은 공화국무력 총사령관이 되며 국가의 일체 무력을 지휘통솔한다.(제103조) - 공화국의 무장력의 위대한 사명은 김정은 동지를 수반으로 하는 당중앙위원회를 결사옹위하는 것이다(제59조)
개인 인물 거명	- 김일성, 김정일은 유지하고 김정은은 2021년 1월의 개정에서 삭제하고 대신에 '당중앙'으로 표시	- 김일성, 김정일, 김정은(제59조) 표시

출처: 저자가 작성.

2) 부문법 간의 정합성

북한은 사회주의법치국가가 되어야 강성대국건설도 성과적으로 수행해 나갈 수 있다고 보았다. 강성대국건설은 치밀하게 짜여진 법률제도와 질

---

12   이흥석, 『북한 수령 3대 게임의 법칙』, 경기: 양서각, 2022, p. 199.

서를 전제로 하며 그에 의하여 담보된다. 법을 중시하고 법치를 하여야 온갖 적대분자들과 불순분자들의 침해로부터 당과 국가, 사회주의제도의 안전을 지킬 수 있고 일꾼들의 세도와 관료주의, 월권행위와 직권남용을 방지하고 사회의 일심단결을 이룩할 수 있으며, 정치강국으로서 위용을 떨칠 수 있다고 한다.[13] 여기서 치밀하게 짜여진 법률제도의 확립은 유일적 영도 체제에 대한 법적 정치성(定置性) 정합성을 의미한다. 어느 법, 어느 조항도 유일적 영도체제의 이완이나 빈틈을 허용하지 않겠다는 의지의 표현이고 체제의 결속도 법적으로 확고히 뒷받침해야 한다는 것을 반영한 것이라고 본다.

북한 형법은 "조선민주주의인민공화국 주석, 국방위원회 위원장, 국방위원회 제1위원장 명령, 최고사령관 명령, 당중앙군사위원회 명령, 결정, 지시, 국방위원회 결정, 지시를 제때에 정확히 집행하지 않은 자는 1년 이하의 로동단련형에 처한다"고 명시하고 있다(제74조).[14] 이 조항은 최고지도자(주석, 국방위원장, 최고사령관)나 혹은 그가 수반으로 있는 기구의 결정과 지시를 제때에 정확하게 이행하지 않을 시에는 형벌을 법으로 정하여 유일적 영도가 훼손되지 않도록 장치를 마련해 두었음을 의미한다. 유일적 영도는 도덕이나 윤리, 자유로운 추종의 차원이 아니라 법적 체계로 짜여진 권력관계임을 알 수 있다. 형법 제209조는 "국가기관의 지시에 응하지 않고 집단적으로 소동을 일으킨 자는 1년 이하의 로동단련형에 처한다. 앞항의 행위를 무기 또는 흉기를 리용하여 하였거나 사람에게 중상해를 입혔거나

---

13   진유현, 앞의 글, pp. 44~49.
14   현재 북한에는 주석, 국방위원회 제1위원장은 존재하지 않는다. 그러나 김일성이 '주석'으로서 김정일이 '국방위원장'으로서 국가를 통치했고, 김정은이 김정일의 사후에 '국방위원회 제1위원장'의 직위에서 국가를 통치했었으므로 이 각각의 지위는 공석으로 비워둔 채 김일성-김정일-김정은으로의 유일지배체제가 계승되고 있음을 나타내는 목적으로 조문화하여 활용하고 있다.

사람을 죽게 하였거나 대량의 재산을 파괴한 것 같은 경우에는 5년 이하의 로동교화형에 처한다"라고 규정하고 있어 국가권력의 결정이나 지시에 불응할 때에 대한 처벌 규정을 두어 권력구조의 누수가 없도록 하였다.

헌법에 이어 형사소송법에도 "판결의 선고는 조선민주주의인민공화국의 이름으로 한다"(제346조)라고 명시하여 독자적인 기구로서의 사법부가 아니고 재판소의 구성과 판결과정이 국가 권력행사의 일부임을 상징화했다. 심지어 법원 혹은 재판소의 주석단 뒤에도 법원 혹은 재판소의 표시가 아니라 조선민주주의인민공화국의 국장을 걸도록 했고 그 아래에는 조선민주주의인민공화국 국기를 드리우도록 했다(형사소송법 제279조). 이는 사법부가 독립된 것이 아니고 국가권력의 일부임을 나타내는 것으로 볼 수 있다.

한편, 검찰감시법 제2조에 의하면 "검찰기관은 감시활동을 통하여 혁명의 전취물과 인민의 생명재산을 온갖 범죄적 및 위법적 침해로부터 튼튼히 보위하며 국가사회생활의 모든 분야에서 혁명적제도와 질서를 세워 조선로동당의 정책관철을 법적으로 보장한다"고 명시하고 있다. 결국에는 검찰의 가장 중요한 사명이 혁명적 제도와 질서를 세워 당의 정책관철을 법적으로 보장하여 유일적 영도를 유지하는 것에 있음을 나타내고 있다. 더나아가 검찰감시법 제7조는 검사를 '정치적 보위자'로 정의하고 있다. 인민보안단속법 제9조 역시 "인민보안기관은 국가의 정치적 안전에 위험을 주는 행위를 단속한다"라고 하여 검찰과 인민보안기관의 주 임무 중의 하나가 정치적 안정, 즉 유일적영도의 안정적 유지에 있음을 계속해서 표시하고 있다.

금수산태양궁전의 경우 헌법 서문에 이미 "수령영생의 대기념비이며 전체 조선민족의 존엄의 상징이고 영원한 성지"로 규정되어 있다. 게다가 금수산태양궁전법의 경우 권력구조나 권력관계와 관련한 법령은 아니지만 북한의 1인 지배체제, 유일적 영도체제에 대한 확고한 선언과 정신을 담고 있다. 제1조에 의하면 금수산태양궁전은 주체의 최고성지이자 조선민족의 태양의 성지이고 이 법의 목적은 이 성지를 영원히 보존하고 길이 빛내는 데 있다. 이 법에 의하면 금수산태양궁전은 수령영생의 대기념비이다(제2조). 그리고 위대한 김일성 동지와 김정일 동지를 생전의 모습으로 영원히 높이 모신 곳이다(제2조). 그러므로 국가는 금수산태양궁전을 조선민족의 영원한 성지로 대대손손 빛내여야 한다(제5조). 더 나아가 금수산태양궁전은 그 누구도 다칠 수 없는 신성불가침이다. 따라서 국가는 금수산태양궁전을 백방으로 결사보위해야 한다(제6조). 금수산태양궁전중에서도 영생홀은 영구보존 대상이고 국가는 영생홀의 영구 보존 사업에 최선을 다해야하는데(제6조) 그 이유는 영생홀이 곧 금수산태양궁전이기 때문이다(제9조). 이어서 제16조와 제17조에서는 국가적 명절과 기념일, 국가경의식을 이곳에서 진행하도록 했다. 금수산태양궁전법에 의하면 북한에서 가장 성스럽고 영원하며 최고의 가치를 지닌 공간은 금수산태양궁전의 영생홀이다. 금수산태양궁전법을 포함한 여러 법령에서 북한의 유일적 영도체제는 서로 정합성을 유지하고 있고 권력구조나 권력관계, 그리고 그 유일성과 영원성에 있어서 절대적 지위를 차지하고 있다.

3) '10대 원칙'과 부문법과의 정합성

'10대 원칙'은 북한의 어떤 규범보다 강력한 유일적 영도체제를 확고히 선언하고 있다. 서문에 "김일성과 김정일에 대해 영원한 수령, 주체의 태양"으로 표현하고 있고, "핵무력을 중추로 하는 무적의 군사력과 튼튼한 자립경제를 가진 사회주의 강국의 위력을 떨치게 되었다"고 나와 있다. 또한 "치열한 반미대결전에서 연전연승하시었다"고도 되어 있다. 이는 유일적 영도의 기능과 성격을 내포한 것으로 보이는데 핵무력 보유에 대한 유일적 영도체제적 명분과 반미대결이라는 대적 구도의 유지가 얼마나 중요한지를 인식시켜 주기에 충분하다. 더구나 북한은 2013년에 '핵보유국법'을 제정한 지 약 10년 만인 2022년 9월 8일, 최고인민회의에서 '핵무력정책법'을 제정공포하였다. 이 법에서 북한은 종래의 핵사용 원칙으로 내 세운 전쟁억제와 응징보복에서 상상 가능한 거의 모든 정치군사적 상황에서 핵무기의 선제적, 적극적, 임의적 사용을 규정하여 핵무력 보유를 찬양한 '10대 원칙'을 뒷받침하고 있다.[15] 계속해서 김일성과 김정일은 주체의 태양으로 높이 받들어 모셔야 하며 동시에 인민들은 그들의 후손이자 전사이고 제자들이라고 규정한다(제2조). 아울러 위대한 김일성 동지와 김정일 동지께서 영생의 모습으로 계시는 금수산태양궁전을 영원한 태양의 성지로 훌륭히 꾸리고 결사보위하여야 한다고 명시하여 금수산 태양궁전법과의 일치를 보인다(제2조 제3항). 한편, 개인의 생명과는 달리 정치적 생명은 당과 수령이 안겨준 것인데 이것은 제1 생명이고 가장 고귀한 생명이다(제8조 제1항, 제5항). 당과 혁명의 명맥을 오직 백두의 혈통으로 영원히 이어 나가야 한다고 규정하고 있는데(제10조 제2항) 이렇게 하여 주체의 혁명전통을 끊임없이 계승 발전시키고 순결성을 철저히 고수하여야 함을 강조한다. 여기서 '끊임없이'는 지속성 혹은 후계체제의 완성을 통한 세습을 의미한다고 볼 수 있고, 순결성은 백두혈통이 아닌 잡종과도 같은 인물은 결코 주체의 혁명전통을 이을 수 없는 순혈주의를 의미한다. 따라서 '10대 원칙'은 백두혈통의 정통을 잇는 오직 절대적이며 유일적인 영도만이 혁명의 과업을 이어갈 수 있음을 강조하고 있다. 왜냐하면 주체사상에서 수령이란 노동계급의 당과 인민대중의 최고영도자이며 당의 혁명전통과 지도사상을 창조하며, 프롤

---

[15] 외교안보연구소, 주요 국제문제 분석, https://www.ifans.go.kr/knda/ifans/kor/pblct/Pblct View.do?csrfPreventionSalt=null&sn=&bbsSn=&mvpSn=&searchMvpSe=&koreanEngSe=KOR&c tgrySe=&menuCl=P01&pblctDtaSn=14070&clCode=P01&boardSe(검색일: 2023.2.18).

레타리아독재체제를 영도하는 최고 뇌수로서 당과 전체 인민을 하나로 조직화시키는 유일한 중심이기 때문이다.[16]

2. 법체계의 내구성

권력이 정당성을 갖기 위해서는 무엇보다도 정통성의 확보가 중요하다. 정통성이 확보되면 권위를 인정받게 되는 것이며 대중으로부터 신뢰를 얻게 되어 보다 적은 비용으로 통치가 가능하다. 정치체제의 안정성과 효율성뿐만 아니고 질서유지에도 큰 비용의 지불이 필요하지 않다. 즉 정권의 내구성이 높아지는 것이다.[17] 북한은 유일적 영도제의 내구성을 법체계 내에서 완성해 나갔다. 헌법과 법률과 규정과 세칙에서 권력의 누수 지점을 발견하기 어렵다. 김정은이 지금까지 권력을 안정적으로 유지할 수 있었던 비결 중의 하나가 바로 법적 기반을 다져 놓았다는 데에 있다.[18]

북한은 정치적 변혁기를 지나는 과정 혹은 그 이후에 헌법이나 법률의 개정 혹은 제정을 통해 권력 구조에 대한 법적 체계를 신속히 정비했다. 북한에서 법은 당 정책을 실현하는 가장 직접적이고 강력한 수단으로 활용되는 예리한 무기로 인식되고 있다.[19] 북한은 당의 정책에 따라 법규를 해석하고 적용한다. 따라서 법의 당성(黨性)이 법의 규범성보다 중요하다. 그러므로 당의 결정이 법체계의 위계질서보다 우선적으로 효력을 가진다. 북한은 사회주의체제의 원리, 그리고 유일적 영도의 가치가 법보다 상위에서

16　『철학사전』, 사회과학출판사, 1985, p. 379.

17　김수민, "김정은 정권의 내구성 연구", 『The Journal of Peace Studies』, 서울: 한국평화연구학회, 한국평화연구학회, 2015, p. 109.

18　박용한·곽은경, "북한 제8차 당대회 규약 개정과 김정은 정권 안정성 평가", 『전략연구』통권 제86호, 2022, pp. 2~3.

19　방계문, "공화국법은 우리 당 정책 실현을 위한 강력한 수단", 『공화국은 사회주의 건설의 강력한 무기』, 평양: 과학원출판사, 1964, p. 1.

작용하고 있다. 따라서 법치의 구현을 위한 도구로서의 법률의 의미는 희박하고 유일적 영도체제를 유지하고 이의 영속적 계승을 위한 도구로서는 확실히 작용하고 있다.[20]

따라서 북한에서 가장 최고 수준의 규범은 헌법이나 법률 혹은 당규약이 아닌 '10대 원칙'이다. 국가의 기본법이자 최고의 권위를 가진 헌법 11조에 "조선민주주의인민공화국은 조선노동당의 영도 밑에 모든 활동을 진행한다"고 되어 있다. 따라서 북한에서 국가는 조선노동당의 지도를 받아야 하므로 당의 지배하에 있다. 당의 헌법인 당헌에 해당되는 당규약 서문에는 "조선노동당은 위대한 김일성-김정일주의를 유일한 지도사상으로 하는 주체형의 정당이다"라고 규정하고 있다. 더 나아가 "당중앙의 유일적 령도체계 확립을 중핵으로 하여 … 당중앙의 령도 밑에 조직규률에 따라 하나와 같이 움직이는 엄격한 혁명적제도와 질서를 세운다"고 되어 있다. 그 밖에도 당을 지칭하는 당규약의 핵심 키워드는 령도적 혁명조직, 혁명의 참모부, 조선인민의 모든 승리의 조직자, 향도자, 가장 높은 형태의 정치조직 등이 있고 당중앙과 당중앙위원회가 최고의 위치에 있음도 여러 곳에서 강조하고 있다. 북한에서 당은 최고의 권력기관이고 당의 중심인 '당중앙', '수령'은 모든 권력자보다 훨씬 상위에 있는 절대적이며 유일적 영도자이다.

게다가 제10조 제2항에서는 "우리 당의 혁명과 명맥을 백두의 혈통으로 영원히 이어 나가며 주체의 혁명 전통을 끊임없이 계승 발전시키고 그 순결성을 철저히 고수하여야 한다"고 되어 있는데 여기서 눈여겨 보아야 할 부분은 "백두혈통을 영원히 이어 나가야 한다"는 것과 "그 순결성을 철저히 고수하여야 한다"는 부분이다. 즉 북한의 유일지배체제와 유일적 영도

---

20   권재열 외, 『북한의 법 체계』, 서울: 집문당, 2004, p, 19.

는 '영원히' 그리고 '순수 백두혈통'만이 해당됨을 강조한 것이다. 북한의 법체계 내에서는 김일성-김정일-김정은으로 이어지는 유일적 영도의 내구성은 완벽하고도 영속적으로 확보되어 있다. 주체의 혁명전통을 순결하게 이어나가야 함을 강조한 내용은 당규약 제60조에도 명문화되어 있다.

물론 북한의 헌법에는 국무위원장을 선거 또는 소환한다고 되어 있다(제91조 6항). 여기서 소환한다는 문구는 문책 혹은 탄핵도 할 수 있다는 것으로 해석된다. 게다가 제10조는 "국무위원장은 자기 사업에 대하여 최고인민회의 앞에 책임진다"고 되어 있다. 위 헌법의 문구들로만 보면 최고인민회의가 최고 지도자인 국무위원장을 견제할 수 있고 심지어 책임을 물을 수도 있는 것으로 보여진다. 헌법 제102조는 "국무위원장의 임기는 최고인민회의 임기와 같다"고 되어 있다. 최고인민회의 임기는 5년이다(헌법 제90조). 그러므로 국무위원장을 5년에 한 번씩 선거를 통해 선출하게 되는데 이론적으로는 이때 새로운 국무위원장을 선출할 수도 있다. 그러나 최고인민회의 대의원 선거 과정부터 당의 유일적 영도체제가 작동되고 있으므로 그것은 현실적으로 불가능하다. 조선 노동당은 당규약 서문에 의하면 가장 높은 수준의 정치조직이다. 당의 작동에 의해 진행되는 선거로 구성되는 최고인민회의가 현재의 국무위원장이 아닌 새로운 국무위원장을 선거로 선출하는 것은 불가능하다.

당규약상 당을 대표하며 전당을 조직영도하는 총비서의 임기가 5년으로 규정되어 있다. 당규약 제22조는 당대회가 5년에 한 번씩 열리도록 되어 있고 제23조에는 조선로동당 총비서를 당대회에서 선출하도록 되어 있다. 최고인민회의 대의원 수가 약 600여 명으로 알려져 있고 당대회 대표자는 약 3천 명이 넘는 것으로 알려져 있는데 최고인민회의 대의원 선출뿐만 아니라 당대표자 선출 과정도 중앙당의 방침과 지시에 따라 도, 시, 군 당에서 이행하여 당의 방침에 어긋나는 대표자가 선출될 가능성은 없다고 보아야 한다. 이는 현재까지 북한이 시행한 모든 투표에서 반대표가 거의 없었다는 점을 감안할 때 현 체제에서 법에 보장된 방식의 이변이 일어날 가능성은 없다 할 것이다.

민주적 선거 절차에서 이변이 일어날 가능성이 없다고 치면 군을 통한 쿠데타나 정변의 가능성을 점쳐 볼 수 있을 것이다. 그러나 북한은 헌법 제59조에 "조선민주주의인민공화국 무장력의 사명은 위대한 김정은 동지를 수반으로 하는 당중앙위원회를 결사옹위하고…"로 되어 있어 조선인민군의 존재의 제1목적이 사실상 최고지도자인 김정은과 그 체제를 수호하는 것임을 명확히 했다. 게다가 북한군에는 당조직인 당중앙군사위원회와 총정치국이 사실상 군의 군정과 군령을 장악하고 있으므로 군이 독자적인 정치 행동을 할 가능성도 거의 없다. 당규약상에도 "조선인민군은 모든 군사정치활동을 당의 령도 밑에 진행한다"(제47조)고 되어 있고, "당중앙의 유일적 령군체계를 철저히 세우고 당의 명령 지시하에 하나와 같이 움직이는 혁명적 군풍을 확립한다"(제49조)고 명시하고 있다.

결론적으로 북한의 헌법, 법률, 당규약 등의 모든 법체계뿐 아니라 '10대 원칙'을 분석해 보았을 때 당의 유일적 영도에 누수가 생길 가능성은 거의 없다. 정치뿐 아니라 군사적인 변수가 생길 가능성도 없어 보인다. 현재 북한의 유일적 영도체제의 법적 내구성은 매우 견고할 뿐 아니라 법자체의 목적과도 같다고 볼 수 있을 정도로 견고하다고 볼 수 있다.

3. 사법제도의 내구성

5장에서 기술한 검찰소와 재판소 등 북한의 사법체계는 당의 유일적 영도제 혹은 1인 지배체제를 확고히 하는 직간접적 수단으로 활용되고 있다. 유일적 영도제는 법체계를 통해 그 내구성이 보장되어 있을 뿐 아니라 사법체계를 통해서 더 한층 견고한 내구성의 틀을 갖추게 되었다. 우선 법률적으로 혹은 정치적으로 유일적 영도제는 와해될 가능성이 거의 없는 완벽하고 체계적인 구조를 가지고 있으므로 이를 집행하는 사법체계에서는 사실상 보조적 역할로서도 정권의 내구성을 유지할 수 있을 것으로 보인다.

북한의 재판소는 전적으로 당에 예속되어 있기 때문에 자율적이며 중립적인 재판이 불가능하다. 특히 정치적 사안에 있어서는 당의 방침과 유일적 영도제의 관철 외에는 다른 기준이 존재할 수 없다. 국가보위성이 맡게 되는 특별 재판, 즉 정치재판은 단심제로 신속히 진행되고 재판 결과도 곧바로 집행되는 경우도 많이 있다. 장성택에 대한 재판과 처형이 그 예이다. 장성택은 2013년 12월 12일, 국가안전보위부(현 국가보위성)의 특별군사재판에서 형법 제60조에 의해 국가전복 음모행위로 재판을 받고 사형이 확정되었고 즉시 집행된 것으로 알려져 있다.[21] 5장에서 살펴본 대로 북한의 재판소 구성은 자유 민주주의 국가와 달리 당과 정치의 개입이 가능하도록 되어 있다. 1심 재판소의 경우 판사 1명과 인민참심원 2명으로 재판소가 구성되도록 되어 있는데 인민참심원의 선정을 사실상 당에서 할 수 있는 구조이다.

재판소구성법에 따르면 재판소의 구성을 위한 판사와 인민참심원을 최고인민회의 상임위원회 혹은 각급 재판소에 따라 도(직할시), 시, 구역 인민회의에서 각각 선출하도록 되어 있다.[22] 그리고 인민참심원은 본래 자신의 직업을 가진 비 법조인 들이며 월급도 해당 기업소에서 수령하도록 되어 있다.[23] 인민참심원과 판사는 동일한 1표를 행사하여 재판의 결과에 영향을 미치는데 판사보다 인민참심원의 결정에 따라 재판의 향배가 달라지

---

21 통일부, 『북한 이해 2022』, p. 74.

22 재판소구성법 제4조.

23 재판소구성법 제13조.

므로 사실상 인민참심원의 재판소라고 해도 과언이 아니다. 최고인민회의 상임위원회 혹은 각급 인민회의에서 선출한 인민참심원은 당과 수령의 결정에 반하는 판단을 내리는 것이 불가능하다고 보았을 때 재판소의 구성과 판결은 유일적 영도의 지배체제를 따르거나 종속되어 있다고 하겠다. 게다가 인민들 대부분이 1심 재판으로 사실상 재판을 마치는 것으로 볼 때에 당과 국가의 방침과 벗어난 법과 양심으로 판단하는 재판을 기대하기는 어려운 것이 사실이다.

검찰소의 구성과 기능은 재판소보다 훨씬 더 당과 유일지배체제에 대해 적극적인 역할이 있다. 검찰감시법은 검찰기관 감시활동의 목적을 "국가생활의 모든 분야에서 혁명적제도와 질서를 세워 조선로동당의 정책관철을 법적으로 보장한다"고 되어 있다.[24] 그리고 검찰감시활동을 중앙검찰소가 통일적으로 지도하도록 명시되어 있는데[25] 중앙검찰소의 구성은 최고인민회의에서 선거를 통해 하도록 되어 있다.[26] 검찰기관은 예심과 수사 그리고 재판의 집행 및 재판의 과정 전체를 감시하고[27] 조선로동당의 정책을 수사와 예심, 그리고 재판을 통해 관철되도록 하는 책임이 있다. 검찰소와 재판소는 법체계의 내구성에 이어 유일적 영도제를 지키는 사법체계의 내구성을 담보하고 있다.

---

24 검찰감시법 제2조.
25 검찰감시법 제6조.
26 조선민주주의인민공화국 헌법 제91조 제11항.
27 검찰감시법 제10조, 제12조.

제3절 평가

1. 반사회주의성

북한의 유일지배체제는 일반적인 사회주의체제의 국가와는 다른 양상을 보이고 있다. 전통적인 사회주의 국가는 당–국가 체제, 전체주의적 속성과 군사국가적 요소, 그리고 계급사회의 특성을 가지고 있다. 게다가 권력형태는 집단지도체제[28]이다. 사회주의 국가는 정치에서의 1당 지배 및 당국가 체제, 경제에서의 계획명령경제, 그리고 이데올로기에서의 마르크스–레닌주의라는 보편적 원칙을 가지고 있다. 그런데 북한은 계획명령경제라는 사회주의 경제 원칙에서 벗어난 궁정경제, 수령경제라고 하는 최고지도자를 위한 경제영역과 이를 다루는 부서가 별도로 존재한다.

사회주의체제는 인민, 특히 노동자들의 주권을 강조하고 모든 인민에게 자유와 복지를 보장하는 체제라고 선전되고 있다. 사회주의체제의 달성을 위해 그 안에 자본주의 시장경제적 요소가 반영되어 있다고 하는 주장도 있다.[29] 그러나 북한은 인민경제계획법 같은 법령을 통해 자본주의나 시장경제의 성립이 불가하도록 했다. 1992년부터는 헌법에서도 마르크스–레

---

[28] W. Phillips Shively, 앞의 책, p. 181.

[29] Marie Lavigne, *The Economics of Transition, From Socialist Economy to Market Economy*, London: Macmillan Press, 1995, p. 246.

닌주의를 삭제함으로써[30] 정통사회주의 이념에서 이탈하여 독자적인 주체사상을 유일한 지도이념으로 삼을 것을 확고히 했다.

북한은 다른 사회주의체제 국가와 달리 사회주의 혁명과정을 거치지 않고 소련의 지원하에 출범한 정권이 통치하게 되었다. 1956년의 8월종파사건과 1967년의 갑산파 정리, 1969년의 군 장악 등을 토대로 1972년에 사회주의헌법을 제정하고 이때부터 본격적인 사회주의체제를 구축하기 시작했다. 그러나 정통 사회주의 이론에 의하면 사회주의 사회는 자본주의체제에서 형성된 프롤레타리아가 권력을 잡고 프롤레타리아가 독재를 실행할 수 있기까지의 정치 투쟁의 결과로 탄생한 사회체제이다.[31] 북한이 사회주의이론에 충실한 국가라면 북한 내에서 주민들의 자발적 결의에 의한 계급투쟁이 허용되어야 하고 사회주의체제에 도달되지 못한 부분들에 대한 성취를 위한 역동적인 도전이 나타나야 한다. 그러나 지금 북한은 최고지도자의 유일적 영도만이 국가를 이끄는 최종 동력이다. 사회주의사회에서 허용되어야 하는 프롤레타리아의 창의적 활동과 주장의 표현은 불가능한 체제이다.

북한은 김일성에서 김정일로서의 승계를 가시화하면서 결정적으로 집단지도체제 및 정통 마르크스–레닌주의와도 거리를 두었다. 권력 세습의 과정에서 서방세계의 비판은 물론 소련과 중국의 경계와 우려가 전달되었다. 북한이 현실 사회주의 국가와 가장 큰 차이를 보이는 것이 권력의 세습이다. 가장 강력했던 스탈린이나, 브레즈네프, 동독과 베트남, 유고, 체코, 루마니아, 그리고 남미의 쿠바 등 여러 사회주의 국가 어느 나라도 시도하지 않았던 권력의 세습이라는 정치적 모험과 함께 북한의 1인 지배체제의

---

30   조재현, 앞의 글, p. 284.
31   조선노동당출판사, 『맑스주의와 수정주의』, 평양: 조선노동당출판사, 1964, pp. 39~40.

세습은 반사회주의적이라는 한계를 노출한 것으로 평가된다. 북한은 당규약에도 위대한 김일성-김정일주의를 유일한 지도사상으로 하는 주체형의 혁명적 당으로 명시하고 있다. 마르크스-레닌주의는 완전히 사라졌고 김일성-김정일의 유일영도를 앞세운 1당이 지배하는 수령제 국가이다.

2. 반민주성

1) 선거에서의 반민주성

북한의 국호 조선민주주의인민공화국과 달리 북한은 민주적인 절차가 존재하지 않는다. 북한의 선거관리는 남한처럼 상설 조직이자 헌법기관인 선거관리 위원회가 별도로 관리하는 것이 아니고 최고인민회의에서 선거위원회를 조직하고 지방인민회의 대의원선거를 위해서는 중앙에 선거지도위원회를 조직하도록 되어 있다(제18조). 중앙선거위원회는 최고인민회의 상임위원회가 조직하고 도(직할시)선거위원회는 해당 도(직할시) 인민위원회가, 시(구역), 군, 구, 분구선거위원회는 해당 시(구역), 군인민위원회가 조직하도록 되어 있다(제19조).

선거위원회는 상설, 독립된 기구가 아니라 선거일이 발표된 후 10일 안에 조직하여 활동한 후 선거결과 발표 후 3일 안에 해산하는 비상설조직이고 최고인민회의 상임위원회 산하의 예속 기구이다(제23조). 그리고 그들의 선거사무를 위해 종사한 날에 대한 급여도 원 소속 기관, 기업소, 단체에서 지불하도록 되어 있어 독립성을 차단했다(제24조). 북한의 선거법은 평등, 직접, 비밀투표의 원칙이 명시되어 있다(대의원선거법 제3조, 제4조, 제5조). 각급 인민회의 대의원선거는 비밀투표의 방법으로 하고 선거자는 찬성, 또는 반대투표한 사실의 공개를 요구할 수 없으며 투표와 관련하여 압력을 가하거나 보복할 수 없다고 되어 있다(제5조).

그러나 실제로 북한에서 민주주의 꽃이라고 하는 선거를 통한 권력의 선택은 불가능하다. 체제의 변화도 막혀 있다. 선거의 대상이 되는 피 선거권자들은 이미 당에서 내정을 한다. 내정된 후보에게 찬성표를 던지는 것만이 허용된다. 반대를 할 때에만 기표소로 입장하여 후보자의 이름에 가로 긋기를 하고 찬성할 경우에는 표식을 하지 않도록 되어 있다(제64조). 그러므로 실제로는 반대의 경우 기표소에 들어가야만 하기에 기표소로 입장한다는 것은 곧 반대표를 던진다는 것을 표명하는 것과 같다. 반대가 없는 경우 투표용지를 곧바로 투표함에 넣게 된다. 따라서 실제로는 비밀투표가 보장되지 않는다. 모든 법률은 국민의 손에서 제정되거나 개정되지 않는다. 헌법도 국민에게 입법권이 주어져 있지 않다. 선거와 주민들의 의사를 반영하고 결정하는 과정이 보장되어 있지 않는 반민주적 형태를 유지하고 있다.

2) 법치에서의 반민주성

북한의 자금세척 및 테로자금지원반대법에 따르면 비법적으로 얻은 재산을 합법적으로 마련한 것으로 위장하기 위하여 거래하는 것을 금하고 있다(제2조 각항). 특히 제2조 제3항 제10호는 화폐위조행위를 금하도록 되어 있고 제11, 16호는 상품위조 및 모조, 밀수 행위도 금하고 있다. 이는 북한의 형법에도 명시되어 있는데 형법 제101조는 화폐위조 및 위조화폐사용죄에 대한 규정이다. 공화국 화폐와 외국화폐가 위조되었다는 것을 알면서 사용한 자는 1년 이하의 노동단련형에 처하도록 되어 있고, 화폐를 위조하였을 경우에는 5년 이하의 로동교화형에 처하도록 되어 있다. 그러나 북한은 위조지폐와 상품위조, 비트코인 등 가상화폐 계좌의 해킹 등을 통해 막대한 수입을 올리고 있다. 테러 감행 혹은 테러지원국의 오명도 가지고 있다. 방코델타 아시아 은행 문제, 마약 제조 등의 문제로 이미 북한은 국가가 법을 스스로 어김으로 민주주의의 핵심인 법 앞에 평등, 법치가 와해되어 있다.

2005년에 제정되고 2016년의 3차 개정된 담배통제법은 담배의 생산과 수출입, 판매, 흡연에 대한 통제를 강화하여 인민들의 생명과 건강을 보호하며 문화 위생적인 생활환경을 마련하는 것을 이 법의 사명이라고 규정하고 있다(제1조). 제3조에는 담배에 대한 통제를 강화하는 것은 인민들의 생명과 건강, 환경을 보호하는 데 나서는 중요 요구라고 명시했다. 이어서 제4조에는 흡연율을 낮추도록 해야 한다고 강조하고 전 사회적인 금연운동이 국가의 일관한 정책이라고 강조했다. 구체적으로는 극장, 영화관, 회관, 회의실, 박물관, 전시장, 경기장, 체육관 같은 공중집합장소에서는 담배를 피울 수 없고, 여객기나 여객열차, 길거리 등에서도 금연이 원칙으로 규정되어 있다(제28조). 최근에는 금연법도 제정되어 더 강력한 흡연통제가 법제화되어 있다. 그러나 김정은은 금연 장소로 지정된 곳에서도 흡연을 즐길 뿐 아니라 애연가로 비춰질 정도로 거의 모든 장면에서 흡연을 하고 있는 것으로 나타나 있다.[32] 마약에 대해서도 2003년부터 마약관리법을 제정하여 엄격히 통제하는 것으로 법제화되어 있다. 마약을 의료용이나 치료용으로 재배 및 제조하는 것으로 되어 있지만, 실상은 국가가 나서서 마약을 제조하여 유통하여 외화벌이의 수단으로 삼고 있음은 널리 알려진 바와 같다.[33]

국가가 법의 통제를 받지 않고 법을 어기며 법 위에 군림하는 행태는 그

---

[32] 『연합뉴스』, 2020.12.1, https://www.youtube.com/watch?v=7BQ_OVt47V8(검색일: 2023.2.13).

[33] 『Daily NK』, 2012.7.29(검색일: 2023.6.1).

자체가 법치와 민주주의의 기본 원칙에 반하는 것이다. 게다가 최고지도자의 각종 사치품 수입이 화제가 되는 것도 일반 인민에 대한 도리가 아니고 민주적 가치에도 반한다. 그러나 북한은 어떤 모순도, 어떤 부당함도, 어떤 불법도 지도자의 유일지배를 관철하기 위해서는 합리화되고, 정당화되고 심지어 합법화된다는 것은 유일지배체제의 법제도가 반민주적임을 입증하는 것으로 볼 수 있다. 궁극적으로 북한 주민은 법 어디에도 주민의 정부 선택권, 체제에 대한 선택권, 국가의 인민의 장래를 그들 스스로가 선택할 권한이 주어져 있지 않다.

제7장
결론

북한의 유일지배체제는 정치적 구호와 권력의 역학관계 속에서만 작동되는 것이 아니라 법으로 규정되고 사법제도를 통해 뒷받침되었다. 1972년에는 사회주의헌법을 제정하고 주석제를 신설하여 1인 지배체제를 굳건히 하고 당이 지배하는 수령제 국가로의 기틀을 마련했다. 그 이후 여러 번의 헌법개정을 통해 헌법과 법률의 정합성을 높이고 최고지도자에 대한 호칭도 변경해 왔다. 1998년 헌법부터 김일성은 '영원한 주석'이자 '사회주의 조선의 시조'로 규정되었다. 이어서 2009년의 헌법개정을 통해서 김정일의 지위를 조선민주주의인민공화국의 최고영도자인 '국방위원장'으로 규정해 법적 정당성을 확보하였다. 게다가 사법제도에서 있어서 검찰의 역할은 재판소보다 막중하고 집행권력도 상당하여 유일지배체제의 유지를 위한 장치로서 기능하도록 했다. 재판소의 구성과 운용도 유일지배체제를 뒷받침하는 도구로서의 역할에 충실하도록 법제화하였다.

김정일 사후 김정은은 국무위원장으로서 국가 최고영도자의 지위를 갖게 되었는데 이 또한 헌법에 명시해 법적 정당성을 갖추었다. 북한은 김일성을 통한 1인 지배체제의 태동부터 김정일을 중심으로 한 수령제 당–국가체제의 확립, 주체사상에 기반한 사회정치적 생명체론, 수령론, 사회주의 대가정론, 혁명적 계승론에 터 잡아 현재까지 유일지배체제를 유지하고 있다. 여기서 강력한 사회통제 시스템과 당이 통제하는 군대는 유일지배체제를 유지하는 수단의 하나로 작동되고 있다. 그러나 북한은 사상, 정치력, 군사력뿐만 아니라 법체계와 사법제도의 정비를 통해 유일지배체제를 뒷받침하며 정통성과 정당성을 유지해 오고 있다. 북한에서의 법을 장식적, 형식적 의미로 볼 수 있는 여지가 있는 것이 사실이다. 그러나 유일지배체제를 강요하고 이행하는 무기이자 도구로서의 역할을 하는 실정법적인 의미도 분명히 존재한다. 법에 규정된 유일지배체제의 정합성, 최고성, 유일성, 불가변성은 매우 정교하고 강력하다.

북한의 법체계는 유일지배체제를 공고히 함에 있어서 완결성을 유지하고 있다. 유일지배체제를 흔들 가능성은 현재의 법체계와 사법제도상 완전히 차단되어 있다. 주민이 지도자와 체제를 선택할 수 있는 법적 장치가 전무하다. 오히려 지도자와 체제가 주민을 규정하고 개조하고 지배하도록 법제화되어 있다. 게다가 법체계상 유일지배체제는 절대적 권위를 갖고 있고 언제든 이를 지키기 위해서는 강제력이 동원될 수 있는 시스템을 갖추고 있다. 당규약, 헌법, 부문법 간의 정합성도 높였다. 법체계와 사법제도의 내구성 또한 견고하다. 그러나 현재 북한의 법체계와 사법제도는 반사회주의적이며 반민주적인 요소가 포함되어 있는 것도 사실이다. 선거를 통해 주민이 민주적이고 자유로운 선택을 할 수 있는 길은 없다. 최고지도자의 의사와 반하는 주민대표가 선출되어 현재의 권력구조에 변화를 가져올 길도 원천적으로 막혀 있고 이것이 법적으로 체계화되어 있다. 따라서 현재 북한의 법체계와 사법제도 내에서는 주민들의 의사가 자유롭게 표출되고 국가의 장래를 선택하는 것은 불가능하다.

북한의 법체계와 사법제도는 유일지배체제를 법제화한 것임으로 향후 북한의 권력구조의 변화 또한 법에 반영되고 법에 의해 뒷받침될 것이다. 따라서 북한의 법체계와 사법제도에 대한 관찰과 전망은 북한권력의 정체성의 이해와 권력관계, 그리고 통일을 준비함에 있어서 중요한 요소가 될 것이다.

참고문헌

1. 국내 문헌

1) 단행본

강혜석 외,『김정은 체제 10년, 새로운 국가 전략』, 서울: 선인, 2022.

김갑식,『김정일정권의 권력구조』, 서울: 한국학술정보, 2005.

김계동,『북한의 외교정책과 대외 관계』, 서울: 명인문화사, 2015.

김광수,『수령국가』, 서울: 선인, 2015.

김광운,『북한 정치사 연구Ⅰ』, 서울: 선인, 2003.

김병로,『북한, 조선으로 다시 읽다』, 서울: 서울대학교출판문화원, 2018.

김병로,『한반도발 평화학』, 서울: 박영사, 2021.

김선호,『조선인민군』, 서울: 한양대학교출판사, 2020.

김성보,『북한의 역사 1』, 서울: 역사비평사, 2019.

김성수,『북한문학』, 서울: 역락, 2020.

김성수,『새로운 패더다임의 비교정치』, 서울: 박영사, 2019.

김수행,『정치경제학』, 서울: 서울대학교출판부, 2008.

김영환·오경섭·유재길,『북한 급변사태와 통일전략』, 서울: 백년동안, 2015.

김용현 편집,『북한학 개론』, 서울: 동국대학교 출판부, 2022.

김창희,『김일성·김정일·김정은 백두혈통과 정치리더십』, 전주: 전북대학교 출판문화
　　원, 2020.

김철,『러시아 소비에트법』, 서울: 민음사, 1989.

김철수,『한국통일의 정치와 헌법』, 서울: 시와 생각, 2017.

고려대학교 민족문화연구원 북한아카이브센터,『한반도 분단 관계 자료집 1·2』, 서울:
　　소명, 2020.

권영성,『헌법학원론』, 서울: 법문사, 1981.

권영태,『북한의 법교육』, 서울: 한국학술정보, 2009.

권영태,『남도북도 모르는 북한법이야기』, 서울: 이매진, 2011.

권헌익·정병호,『극장국가 북한, 카리스마 권력은 어떻게 세습되는가』, 서울: 창비, 2021.

권재열 외,『북한의 법체계』, 아산재단연구총서. 서울: 집문당, 2004.

남성욱,『4차 산업혁명 시대 북한의 ICT 발전과 강성대국』, 서울: 한울엠플러스, 2021.

남성욱,『김정은의 핵과 경제』, 서울: 박영사, 2022.

남성욱,『현대 북한의 식량난과 협동농장 개혁』, 서울: 한울아카데미, 2016.

박균열 외,『북한의 정치와 사회』, 진주: 경상국립대학교, 2022.

박명수,『조만식과 해방 후 한국 정치』, 서울: 북코리아, 2022.

박병엽 구술, 유영구·정창현 엮음,『조선민주주의인민공화국의 탄생』, 서울: 선인, 2019.

박영자,『북한 여자』, 서울: 앨피, 2012.

박영자 외,『김정은 시대 북한의 국가기구와 국가성』, 서울: 통일연구원, 2018.

법원행정처,『북한사법제도개관』, 서울: 법원행정처, 1996.

빅터 차,『불가사의한 국가』, 서울: 아산정책연구원, 2016.

백학순,『북한의 권력의 역사: 사상·정체성·구조』, 서울: 한울, 2010.

백학순,『김정은 시대의 북한정치 2012~2014: 사상·정체성·구조』, 성남: 세종연구소, 2015.

서동만,『북조선사회주의 체제성립사』, 서울: 선인, 2017.

서울대학교 법학연구소 편,『법학통론』, 서울: 서울대학교 출판부, 2005.

서울대학교 정치외교학부 정치학 전공 교수진,『정치학의 이해』, 서울: 박영사, 2019.

서대숙 저, 서주석 역,『북한의 지도자 김일성』, 서울: 청계연구소, 1990.

손원태,『내가 만난 김성주—김일성』, 서울: 동연, 2020.

스즈키 마사유키, 유영구 역,『김정일과 수령제 사회주의』, 서울: 중앙일보사, 1994.

아세아문제연구소 편,『마르크스—레닌주의』, 서울: 고려대학교 아세아문제연구소, 1982.

안문석,『북한 민중사』, 서울: 일조각, 2020.

안정식,『빗나간 기대』, 서울: 늘품플러스, 2020.

안준호,『핵무기와 국제정치』, 서울: 열린책들, 2018.

안희창,『북한의 통치체제, 지배구조와 사회통제』, 서울: 명인문화사, 2016.

양호민, 『현대공산주의의 궤적』, 서울: 호형출판, 1995.

와다 하루끼, 『북한 현대사』, 서울: 창비, 2021.

와다 하루끼, 서동만·남기정 역, 『북조선』, 서울: 돌베개, 2002.

육군사관학교, 『북한학』, 서울: 박영사, 1999.

이경식, 『수령의 나라』, 서울: 한국학술정보, 2021.

이규창·정광진, 『북한형사재판제도 연구: 특징과 실태』, 서울: 통일연구원, 2011.

이상숙 엮음, 『북한의 선군정치』, 서울: 선인, 2019.

이상우, 『북한정치, 신정체제의 진화와 작동원리』, 서울: 나남, 2008.

이상윤, 『북한의 법제정법 연구』, 서울: 한국법제연구원, 2021.

이상헌, 『김일성 주체사상 비판』, 서울: 성화출판사, 2017.

이성구·연명모, 『21세기 북한 정치학』, 대전: 대경, 2011.

이성로, 『북한의 사회 불평등 구조』, 서울: 해남, 2008.

이영권, 『김정은 세습정권 10년』, 서울: 이지출판, 2021.

이영종, 『김정일가의 여인들: 평양 로열패밀리의 비하인드 스토리』, 서울: 늘품플러
        스, 2013.

이영종, 『선샤인 리포트: 북한전문기자 이영종의 햇볕정책 취재파일』, 파주: 서해문집,
        2012.

이영종, 『후계자 김정은』, 서울: 늘품플러스, 2010.

이종석, 『북한의 역사 2』, 서울: 역사비평사, 2018.

이종석, 『새로 쓴 현대북한의 이해』, 서울: 역사비평사, 2000.

이종석, 『조선노동당 연구: 지도사상과 구조변화를 중심으로』, 서울: 역사비평사, 1995.

이효원, 『판례로 보는 남북한 관계』, 서울: 서울대학교 출판문화원, 2013.

이흥석, 『북한 수령 3대 게임의 법칙』, 경기: 양서각, 2022.

이휘성, 『김일성 전기』, 서울: 한울, 2022.

임예준·박영자·민태은, 『북한인권 제도 및 실태변화 추이연구』, 서울: 통일연구원,
        2016.

조경근·이용승·이윤식, 『새로운 북한 정치의 이해』, 부산: 경성대학교출판부, 2007.

조정아·이지순·이희영, 『북한 여성의 일상생활과 젠더정치』, 서울: 통일연구원, 2019.

장명봉, 『분단국가의 통일헌법 연구』, 서울: 국민대출판부, 1998.

정성장, 『현대북한의 정치』, 서울: 한울, 2011.

정성장·백학순·임을출·전영선, 『김정은 리더십 연구』, 성남: 세종연구소, 2017.

정영철,『김정일 리더십 연구』, 서울: 선인, 2008.

정일영,『북한 사회통제 체제의 기원』, 서울: 선인, 2018.

제성호,『남북한 관계론』, 서울: 집문당, 2010.

조영남,『중국의 통치체제』, 서울: 21세기 북스, 2022.

진영재,『정치학 총론』, 서울: 연세대학교 대학출판문화원, 2021.

치안정책연구소,『북한의 수사제도 운용에 관한 연구』, 책임연구보고서, 2009.

최진욱,『현대 북한 행정론』, 서울: 명인문화사, 2007.

최진욱,『북한 조세법』, 서울: 삼일인포마인, 2022.

최진욱,『북한의 세금 관련 법제의 변화』, 서울: 선인, 2012.

체제통합연구회 편,『북한의 체제와 정책』, 서울: 명인출판사, 2018.

통일부,『2020 북한이해』, 서울: 통일부 통일교육원, 2019.

통일부,『2022 북한이해』, 서울: 통일부 통일교육원, 2021.

태영호,『3층 서기실의 암호』, 서울: 기파랑, 2018.

한기범,『북한의 경제개혁과 관료정치』, 서울: 북한연구소, 2020.

한명섭,『통일법제특강』, 서울: 한울, 2019.

한병진,『수령독재의 정석』, 서울: 곰출판, 2023.

한스 켈젠,『공산주의 법이론』, 서울: 명지사, 1983.

헌법재판연구원,『사회주의 이론을 통해 본 북한 헌법』, 통일헌법연구, 2017.

황장엽,『나는 역사의 진리를 보았다』, 서울: 한울, 1999.

히라이 히사시, 백계문·이용빈 역,『김정은 체제』, 서울: 한울 아카데미, 2012.

Ascher Abraham, 신하은·신상돈 역,『처음읽는 러시아 역사(*Russia: A short History by Abraham Ascher*)』, 서울: 아이비북스, 2013.

Dikötter, Frank, 고기탁 역,『해방의 비극』, 서울: 열린책들, 2019.

Fitzpatrick, Sheila, 고광열 역,『러시아 혁명, 1917~1938』, 서울: 사계절, 2017.

Frank, Rüdiger, 안인희 역,『북한, 전체주의 국가의 내부관점』, 서울: 한겨레출판, 2020.

Hallas, Duncan, 최일봉 역,『코민테른, 사회주의 전략전술의 보고에서 소련외교정책의 도구로』, 서울: 책갈피, 2022.

Marx·Engels, 서석연 역,『공산당 선언(the Communist Manifesto)』, 서울: 범우문고, 1989.

Marx·Engels, 진일상 역,『공산당 선언(the Communist Manifesto)』, 서울: 부북스, 2021.

Nove, Alec,『소련경제사』, 서울: 창작과 비평사, 1998.

Oleg V. Khlevniuk, 유나영 역,『스탈린, 독재자의 새로운 얼굴』, 서울: 삼인, 2017.

S. Lukes, 황경식·강대진 역, 『마르크스주의와 도덕』, 서울: 서광사, 1994.

Shively, W. Phillips, 김계동 외 역, 『정치학 개론, 권력과 선택』, 서울: 명인문화사, 2019.

V. Chrikin 등, 송주명 역, 『맑스주의 국가의 법이론』, 서울: 새날, 1990.

W. E. Butler, 이윤영 역, 『소비에트법』, 서울: 대륙연구소출판부, 1990.

Zubok M, Vladislav, 김남섭 역, 『실패한 제국 2(*A Failed Empire, The Soviet Union in the Cold War from Stalin to Gorbachev*)』, 서울: 아카넷, 2016.

2) 논문 및 정기 간행물

강채연, "김정은 집권 10년 통치담론의 동학: 계승성과 독자적 도전요인", 『국제정치연구』 제25집 3호, 2022.

강혜석, "'사회주의법치국가론과 김정은 시대의 통치전략: 북한식 법치의 내용과 특징", 『국제지역연구』 제26권 제1호, 2022.

김갑식, "김정은 정권의 수령제와 당·정·군 관계", 『한국과 국제정치』 제30권 제1호, 2014.

김근식, "김정일 시대 북한의 당·정·군 관계 변화, 수령제 변화의 함의를 중심으로", 『한국정치학회보』 제36집 2호, 2002.

김도균, "북한법체계에서의 법개념론과 법치론에 관한 고찰", 『서울대학교법학』, 통권 134호, 2005.

김민배, "북한의 행정위법행위와 행정처벌법", 『통일과 법률』, 통권 41호, 2020.

김병기, "북한 '법제정법'을 중심으로 살펴 본 북한의 입법체계", 『행정법연구』 제60호, 2020.

김성천, "북한의 예심제도", 『중앙법학』 제23집 제3호, 2021.

김수민, "김정은 정권의 내구성 연구", 『한국평화연구학회』 제16권 6호, 2015.

김수연·김지은, "「비상방역법」 제정을 통해 본 북한의 코로나19 대응과 향후 협력 방안", 『통일과 법률』 제48호, 2021.

김일기·이수석, "김정은 시대 북한정치의 특징과 전망", 『북한학보』 제38집 2호, 2013.

김정호, "북한 김정은의 '국가개발 전략' 구상과 딜레마", 중앙대학교 박사학위논문, 2020.

김창희, "북한의 정치권력 변천과 의미: 로동당과 국가기구와의 관계를 중심으로", 『지역과 세계』 제42집 제1호, 2018.

김태석, "북한의 유사형사법제에 관한 고찰", 『형사법 연구』 제26호, 2006.

김호홍·박보라, "코로나19 위기를 활용한 북한의 체제 강화 동향", 『INSS 전략보고』, No. 192, 2022.

김학성, "남북한 헌법 비교", 『남북한 법제비교』, 춘천: 강원대학교 출판부, 2003.

김한균, "북한인권법 제정 및 북한인권조사위원회 보고서에 따른 형사정책적과제", 『형사법의 신동향』 제51호, 2016.

권영태, "법무해설원을 통한 북한의 법교육", 『법교육연구』 제4권 세1호, 2009.

임예준·박영자·민태은, "3. 정치적 권리: 선거제도를 중심으로", 『북한인권 제도 및 실태 변화추이 연구』, 2016.

문선혜, "남북한 주민 간 상속에 관한 법적 쟁점 연구", 북한대학원대학교 박사학위논문, 2018.

박용한·곽은경, "북한 제8차 당대회 규약 개정과 김정은 정권 안정성 평가", 『전략연구』, 통권 제86호, 2022.

문장순, "북한 대가정론의 변용과 정치적 함의", 『대한정치학회보』 제25집 3호, 2017.

민경배 저, 윤대규 역, "북한 인권법제 개혁을 위한 글로벌 거버넌스의 역할", 『글로벌 거버넌스와 북한의 법 체제전환 전망』, 서울: 한울, 2016.

박정원, "북한의 법제정(입법) 체계의 분석 및 전망", 『법제연구』, 53호, 2017.

박정원, "북한의 입법이론과 체계 분석", 『법학논총』 제26권 제2호, 2013.

박정원, "북한정권 수립 70년과 북한 헌법의 변화와 전망", 『북한법연구』 제20호, 2018.

박정원, "북한의 '법치' 강조와 최근 법제동향", 『북한법 연구』 제14호, 2012.

박정원, "북한의 '사회주의 법치국가 건설론'과 법제정비 동향", 『동북아법연구』 제5권 제1호, 2011.

박정원, "북한의 법제정(입법) 체계의 분석 및 전망", 『법제연구』, 53호, 2017.

박정원, "북한정권 수립 70년과 북한 헌법의 변화와 전망", 『북한법연구』 제20호, 2018.

박현선, "경제난 이후 북한 가족의 사회연결망 강화전략", 『한국문화연구 2』, 2002.

박현선, "북한의 가족정책", 북한연구학회 편, 『북한의 여성과 가족』, 서울: 경인문화사, 2006.

박형중, "권력세습과 통치연합 재편", 오경섭 외, 『김정은 정권 핵심집단 구성과 권력 동학』, 서울: 통일연구원, 2019.

서정미, "북한의 변호사제도에 대한 소고", 『인문사회 21』 제10권 제5호, 2019.

성기중·윤여상, "북한의 선거제도와 투표 행태 분석", 『한국동북아논총』 제26집, 2003.

신광휴, "사회주의 국가의 헌법이론에 관한 연구", 단국대학교 박사학위 논문, 1988.

송강직, "북한 사회주의노동법의 특징", 『강원법학』, 춘천: 강원대학교, 2015.

송인호, "북한의 당의 유일적 영도체계확립의 10대원칙에 대한 고찰", 『법학논총』 제43권 제1호, 2019.

송인호, "북한의 장애인 관련 법제와 실태: 북한의 '유엔장애인권리협약 이행 최초보고서'를 중심으로", 『법학연구』, 연세대학교 법학연구원, 제29권 제1호, 2019.

송인호·임진실, "북한의 유아보육법제에 대한 고찰", 『법학논총』, 숭실대학교 법학연구소, 2020.

안석호, "남북경협 활성화에 따른 북한 법제의 변화 연구", 국민대학교 박사학위논문, 2019.

연정은, "북한의 사법 치안 체제와 한국전쟁", 성균관대학교 박사학위논문, 2013.

윤덕룡, "북한의 금융개혁과제", 한국수출입은행 북한·동북아연구센터 편, 『북한의 금융』, 서울: 오름, 2016.

이백규, "북한의 사법제도와 형사법 개관", 『통일과 법률』 제23호, 법무부, 2015.

이승열, "조선노동당 규약 개정의 주요 내영과 시사점", 국회입법조사처 연구보고서, 제1852호, 2021.

이승현, "북한 핵무력 법제화의 함의와 대응 방향", 『이슈와 논점』, 국회입법조사처 제2007호, 2022.

이성훈, 『이슈 브리프』 제389호, 국가안보전략연구원, 2022.

이은영, "북한의 법이론 및 법체계 고찰", 『통일법제』, 한국법제연구원, 2018.

이정남, "'좋은' 민주주의 관점에서 본 중국의 집단지도체계", 『중소연구』 제38권 제3호, 2014.

이해정, "북한사회에서 법의 역할에 관한 연구: 사회주의법무생활'을 중심으로", 이화여자대학교 석사학위논문, 2007.

이홍석, "북한체제 내구성에 관한 연구: 수령제의 제도화를 중심으로", 『통일연구』 제24권 제1호, 2020.

이효원, "북한의 입법조직과 작용에 관한 법체계", 『통일과 법률』, 2021.

이효원, "북한의 법률체계와 헌법의 특징", 현대사광장, 2015.

임을출, "코로나19 상황에서의 북한인권 실태 및 개선방안", 2022년 인권상황 실태조사 연구용역보고서, 서울: 국가인권위원회, 2022.

임재천·권지연, "북한 권력엘리트 관리에서 나타난 김정일 리더십: 거래적 리더십 특성을 중심으로", 『동서연구』 제26권 제1호, 2014.

유성재, "북한 사회주의노동법에 관한 연구", 『2009 남북법제연구보서2』, 2009.

유욱, "북한의 법체계와 북한법 이해방법", 『통일과 법률』, 2011.

장명봉, "북한의 '법치' 강조와 최근 법제동향", 『북한법연구』, 14호, 2012.

장소영, "북한의 경제개발구법에 관한 연구", 서울대학교 법학전문대학원 박사학위 논문, 2017.

정광진, "북한형법의 특징에 관한 연구", 한양대학교 박사학위 논문, 2010.

정교진, "북한 리더십 연구의 동향과 쟁점 및 과제", 『Journal of North Korea Studies』, 2016.

정성장, "김정은 시대 북한의 입법 및 국가대표 기구 연구: 최고인민회의 상임위원회 역할과 엘리트를 중심으로", 『동향과 분석』, 2014.

정순원, "북한의 후계구도와 북한법의 변화", 『북한연구학회보』 제13권 제1호, 북한연구학회, 2009.

정원희, "북한의 선전선동 연구", 고려대학교 박사학위 논문, 2023.

제성호, "북한 외자유치법령의 문제점", 민족통일연구원 연구보고서 제98-05, 1998.

조재현, "북한헌법 개정의 배경과 특징에 관한 헌법사 연구", 미국헌법연구, 제29권 제3호, 2018.

조한범, "북한의 공격적 핵교리 법제화와 북핵 대응의 질적 전환", 통일연구원 Oneline Series, 2022.

전영선, "김정은의 사회문화 리더십", 정성장·백학순·임을출·전영선, 『김정은 리더십 연구』, 성남: 세종연구소, 2017.

주연종, "남북한 통일정책에서의 과도체제 연구", 『통일전략』 Vol. 22 No. 3, 2022.

최경희, "북한 '수령권력'체제의 생성과 매커니즘", 『한국과 국제정치』 제32권 제4호, 2016.

최진호, "통일대비 남·북한 형법 통합방안에 대한 연구", 고려대학교 박사학위 논문, 2015.

통일연구원, "제8기 제6차 당 중앙위원회 전원회의 분석 및 향후 정세 전망", Online Series, 2023.

한동훈, "북한의 사법조직 및 작용에 대한 법체계", 『Dankook Law』 Vol. 45 No. 1, 2021.

한명섭, "북한 '반동사상문화배격법'에 관한 고찰", 『북한법 연구』 Vol. 27, 2022.

황의정, "북한의 비사회주의적 행위에 대한 법적 통제: 범죄규정화를 중심으로", 이화여자대학교 박사논문, 2016.

황의정, "김정은 시대 북한식 사회주의법치의 의미와 한계", 『동아법학 연구 제12권』 제
3호, 2019.

황의정, "북한의 주민 일상에 대한 법적 통제: 비사회주의적 행위와 범죄규정화를 중심
으로", 제232회 북한법연구회 발표 자료, 북한법연구회, 2016.

A.Y. Vysinsky, "Fundamental Tasks of Soviet Law", H.W. Babb (de.), *soviet Legal
Philosophy*, Cambridge/Mass, 1951.

3) 기타 자료

나무위키, https://namu.wiki/w/%EB%B0%98%EB%8F%99%EC%82%AC%EC%83%81%EB
%AC%B8%ED%99%94%EB%B0%B0%EA%B2%A9%EB%B2%95.

위키백과, https://ko.wikipedia.org/wiki/집단지도체제.

외교안보연구소, 주요 국제문제 분석, https://www.ifans.go.kr/knda/ifans/kor/pblct/Pblct
View.do?csrfPreventionSalt=null&sn=&bbsSn=&mvpSn=&searchMvpSe=&korean
EngSe=KOR&ctgrySe=&menuCl=P01&pblctDtaSn=14070&clCode=P01&boardSe.

자유아시아방송, https://www.rfa.org/korean/weekly_program/ae40c528c77cac00c758-
c228aca8c9c4-c9c4c2e4/co-su-08262020073100.html.

자유아시아방송, fa.org/korean/weekly_program/ae40c528c77cac00c758-c228aca8c9c4-
c9c4c2e4/co-su-08122020071705.html.

통일부 북한정보포털, https://nkinfo.unikorea.go.kr/nkp/term/viewNkKnwldgDicary.
do?pageIndex=1&dicaryId=309&menuId=NK_KNWLDG_DICARY. http://nk.
chosun.com/bbs/list.html?table=bbs_23&idxno=3750&page=9&total=247&sc_
area=&sc_word.

통일부 북한정보포털, https://nkinfo.unikorea.go.kr/nkp/term/viewNkKnwldgDicary.do?
pageIndex=1&dicaryId=309&menuId=NK_KNWLDG_DICARY.

통일부, https://nkinfo.unikorea.go.kr/nkp/term/viewNkKnwldgDicary.do?page
Index=1&dicaryId=268. https://nkinfo.unikorea.go.kr/nkp/term/
viewNkKnwldgDicary.do?pageIndex=1&dicaryId=51.

DAILY NK, https://www.dailynk.com/20220216-1/.

Daily NK, https://www.dailynk.com/20230214-4/.

KBS News, [클로즈업 북한] '참배 성지' 금수산태양궁전…김일성 부자 시신 관리는?
https://www.youtube.com/watch?v=lY9W5YXzDEU.

2. 국외 문헌

1) 단행본

B.K Gills, *Korea versus Korea, A case of contested legitimacy*, London: Routledge, 1996.

Lankov Andrei, *The Real North Korea*, London: Oxford University Press, 2013.

Lankov Andrei, *North of the DMZ*, Jefferson: MCF, 2007.

Napoleonai Loretta, *North Korea, The Country We love to hate*, Crawley: UWA Publishing, 2018.

Hakjoon Kim, *Dynasty, The Hereditary Succession Politics of North Korea*, Baltimore: The Brookings Institution, 2015.

Kornai Janos, *The Socialist System*, New Jersey: Princeton University Press, 1991.

Lavigne Marie, The Economics of Transition, From Socialist Economy to Market Economy, London: Macmillan Press, 1995.

McEachern Patrick, *North Korea, What Everyone needs to know*, Oxford: Oxford Press, 2019.

Oh Kongdan & Hassig Ralph C., *North Korea Through the looking glass*, Washington D.C.: Brookings Institution Press, 2000.

Beal Tim, North Korea, The Struggle Against American Power, London: Pluto Press, 2005.

Malice Michael, Dear Reader Kim Jong Il, Charleston: Michael Malice, 2016.

Martin Bradly K., *Under the Loving care of the Fatherly Leader*, NewYork: Thomas Dunne Books, 2004.

Harden Blaine, The Great Leader and The Fighter Pilot, London: Mantle, 2015.

Suh Dae Sook, *Kim Il Sung, The North Korea Leader*, NewYork: Columbia University Press, 1988.

Son Key-young, *South Korean Engagement Policies and North Korea*, London: Routledge, 2006.

Lim Jae Cheon, *Kim Jong Il's Leadership of North Korea*, Abingdon: Routledge, 2009.

Fifield Anna, The Great Successor, NewYork: PublicAffairs, 2019.

White Gordon, Riding Tiger, The Politics of Economic Reform in Post-Mao, Stanford: Stanford University Press, 1993.

Turley William S., and Womack Brantly, "Asian Socialiism's Open Doors: Guangzhou and
    Ho Chi Minh City", Transforming A sian Socialism, Maryland: Rowman & Littlefield
    Publishers, 1999.
Szalontal Balazs, Kim Il Sung in the Khrushchev Era, Washington, D.C: Woodrow Wilson
    Center Press, 2005.
Lenin Vladimir, State and Revolution, New York: International Publishers, 1974.

2) 논문

Jeon Jei Gun, North Korean leadership: Kim Jong Il's Balancing act in the ruling circle,
    Third World Quarterly, Vol 21, 2000.
Kim Suk Hi, "New Economic Sanctions Against a Nuclear North Korea and Policy
    Options", Economic Sanctions Against a Nuclear North Korea, Kim Suk Hi and
    Chang Semoon ed., London: McFarland & Company, 2003.
Lim Yejoon, "Legislation related to Violence against Women in North Korea", 『International
    Journal of Korean Unification Studies』Vol. 28 No. 1, 2019.
Zhebin Alexander, "The Army as a Main Pillar of Revolution", Park Han S., North Korea
    Demystified, Amherst: Cambria Press, 2012.

3. 북한 문헌

1) 단행본

강동식 편, 『위대한 령도자 김정일동지의 사상리론』, 평양: 사회과학출판사, 1998.
김봉호, 『위대한 선군시대』, 평양: 평양출판사, 2004.
김일성, 『김일성선집 4』, 평양: 조선노동당출판사, 1960.
김일성, 『김일성선집 5』, 평양: 조선로동당출판사, 1963.
김일성, 『인민정권 건설에 대하여 제2권』, 평양: 조선로동당출판사, 1978.
김일성, 『김일성저작집 13권』, 평양: 조선노동당출판사, 1981.
김일성, 『주체사상에 대하여』, 평양: 조선노동당출판사, 1977.
김일성, 『세기와 더불어 5권』, 평양: 조선노동당출판사, 1994.
김일성종합대학출판사, 『주체철학』, 평양: 김일성종합대학출판사, 2004.

김정일, 『김정일선집 제3권』, 평양: 조선노동당출판사, 1994.

김정일, 『주체사상에 대하여』, 평양: 조선노동당출판사, 1982.

김정일, 『주체철학에 대하여』, 평양: 조선노동당출판사, 2000.

김창원·손영규, 『주체사상의 지도적 원칙』, 평양: 사회과학출판사, 1984.

김창하, 『불멸의 주체사상』, 평양: 사회과학출판사, 1985.

김현환, 『김정일 장군 정치방식』, 평양: 평양출판사, 2002.

김희성·허성근 외, 『법개론』, 평양: 김일성종합대학 출판사, 2006.

리금송·강철남·리근세·최문필·리혜경·김현숙, 『사회주의도덕과 법』, 평양: 교육도서출
     판사, 2013.

박영근·김철제·리해원·김하광, 『주체의 경제관리 리론』, 평양: 사회과학출판사, 1992.

박영철 외, 『력사 고급중학교』, 평양: 교육도서출판사, 2015.

사회과학원 역사연구소, 『조선전사』, 평양: 과학, 백과사전출판사, 1981.

사회과학원 법학연구소, 『법학사전』, 평양: 사회과학출판사, 1971.

사회과학출판사 법학편집부, 『조선민주주의인민공화국 사회주의헌법 연구논문집』, 평
     양: 사회과학출판사, 1973.

심형일, 『주체의 법리론』, 평양: 사회과학출판사, 1987.

심형일, 『주체의 사회주의 헌법리론』, 사회과학출판사. 평양, 1991.

조선노동당출판사, 『맑스주의와 수정주의』, 평양: 조선노동당출판사, 1964.

조선노동당출판사, 『주체사상의 위대한 승리』, 평양: 조선노동당출판사, 1981.

조선민주주의인민공화국 사회과학원 법학연구소 편, 『법학사전』, 평양, 1971.

조성발, 『주체의 인간론』, 평양: 과학백과사전종합출판사, 1988.

2) 논문 및 정기 간행물

강남철, "우리 국가제일주의의 사상정신적기초", 『김일성종합대학학보 법률학』 제65권
     No. 2, 2019.

김경현, "우리 나라 사회주의헌법은 독창적인 구성체계를 가진 새형의 헌법", 『법률연
     구』, 과학백과사전출판사, 평양, 2019.

김일성, "우리당의 사법정책을 관철하기 위하여", 『김일성저작선집(제2권)』, 조선로동당
     출판사, 1968.

김일성, "우리당 사법정책을 관철하기 위하여", 『인민정권 건설에 대하여 제2권』, 평양:
     조선로동당출판사, 1978.

김일성, "인민군대내에서 정치사업을 강화할데 대하여", 『김일성저작집(제14권)』, 평양: 조선노동당출판사, 1992.

김정일, "사회주의법무생활을 강화할데 대하여", 『김정일선집(제7권)』, 평양: 조선노동당출판사, 1996.

김정일, "온 사회를 김일성주의화하기 위한 당사상 사업의 당면한 몇 가지 과업에 대하여(전국선전일군강습회에서 한 결론, 1974. 2. 19)", 『주체혁명위업의 완성을 위하여 3』, 평양: 조선로동당 출판사, 1987.

김정일, "사회주의건설의 역사적 교훈과 우리당의 총로선(1992. 1. 3)", 『김정일선집(제12권)』, 평양: 조선노동당 출판사, 1992.

김정일, "조선 2·8예술영화촬영소를잘 꾸릴데 대하여", 『김정일전집(제14권)』, 평양: 조선노동당출판사, 2016.

김혁철, "공화국형사재판소 구성의 특징", 『김일성종합대학 학보: 법률학 제67권』, 평양: 김일성종합대학출판사, 2021.

류제일, "경애하는 최고령도자 김정은동지께서 밝혀주신 사회주의국가건설의 근본원칙", 『법률연구』, 평양: 과학백과사전출판다, 2019.

리명일, "인민회의는 국회의 가장 훌륭한 형태", 김일성종합대학학보(법률학)』 제65권 제2호. 김일성종합대학교, 평양, 2019.

방계문, "공화국법은 우리 당 정책 실현을 위한 강력한 수단", 『공화국은 사회주의 건설의 강력한 무기』, 평양: 과학원출판사, 1964.

백성일, "우리 공화국 사회주의헌법의 특징", 김일성종합대학학보(법률학). 제67권 제1호, 평양: 김일성종합대학교, 2021.

손철남, "인민정권의 법적통제기능을 강화하는 것은 사회주의국가관리의 필수적요구", 『정치법률연구』 제1호, 2011.

장성철, "당의 유일적령도를 철저히 구현해나가는 것은 주체적 사법검찰활동의 최고원칙", 『법률연구』, 과학백과사전출판사, 평양, 2019.

정연수, "법질서를 확립하는 것은 국가사회재산보호관리를 잘 하기 위한 필수적 요구", 『사회과학』 제1호, 1983.

진유현, "사회주의 법제사업의 본질과 기본내용", 김일성종합대학 학보 제43권 제3호. 평양: 김일성종합대학교, 1997.

진유현, "사회주의법치국가 건설에 대한 주체의 리론", 『김일성종합대학학보: 력사 법학』 제1호, 평양: 김일성종합대학출판사, 2005.

조성발, 『주체의 인간론』, 평양: 과학백과사전종합출판사, 1988.

최일복, "주체의 사회주의법치국가의 본질과 특징", 김일성종합대학학보(력사, 법률).
　　　　제64권 제3호, 평양: 김일성종합대학교, 2018.

3) 기타 자료

노동신문
로동신문
당의 유일적 영도체계확립의 10대 원칙
민주조선
민사소송법
적십자회법
형법
인민보안단속법
기업소법
인민경제계획법
여성권리보장법
형사소송법
재판소구성법
법제정법
사회주의노동법
행정처벌법
금수산태양궁전법
청년교양보장법
평양문화어보호법
금연법
비상방역법
허풍방지법
반동사상문화배격법
조선민주주의공화국 사회주의헌법
조선민주주의인민공화국 민사소송법
조선민주주의인민공화국 적십자회법
조선민주주의인민공화국 형법

조선노동당규약

조선민주주의인민공화국 인민보안단속법

조선민주주의인민공화국 기업소법

조선민주주의인민공화국 인민경제계획법

조선민주주의인민공화국 여성권리보장법

조선민주주의인민공화국 아동권리보장법

조선민주주의인민공화국 장애자보호법

조선민주주의인민공화국 사회보장법

조선민주주의인민공화국 연로자보호법

조선민주주의인민공화국 형사소송법

조선민주주의인민공화국 재판소구성법

조선민주주의인민공화국 법제정법

조선민주주의인민공화국 사회주의 노동법

조선민주주의인민공화국 검찰감시법

조선민주주의인민공화국 행정처벌법

조선민주주의인민공화국 금수산태양궁전법

조선대백과사전

조선말대사전

철학사전

찾아보기

주연종

강원도 고성군 최북단 지역에서 태어나 어릴 적부터 북한간첩선의 침입, 고정간첩에 의한 대한항공 납치 미수 불시착 등을 목격하며 분단의 현실을 체험했다. 강릉고등학교, 총신대학교와 동 신학대학원을 졸업 후 1992년에 육군 군목으로 임관. 전후방 각지에서 근무하였으며 육군본부 군종실 교육장교를 역임하고 육군항공작전사령부 군종참모를 끝으로 전역(육군 소령)하였다. 20년간을 군종장교로 복무하는 동안 북한의 실체를 확인하고 통일의 절박성에 대한 생각을 키우게 되었다. 전역 후 2012년부터 사랑의교회의 법조인선교회를 거쳐 현재는 포에버평생교육원 담당 목사로 섬기고 있다.

1996년에 아세아연합신학대학교 대학원에서 석사과정(교회사: 존 칼빈의 국가관 연구)을 마쳤고 2004년에는 미국 풀러(Fuller) 신학대학원의 목회학 박사과정에서 수학 후 2009년에 총신대 대학원에서 영국 혁명과 올리버 크롬웰에 관한 연구로 박사학위(Ph. D)를 받았다.

앞으로 남북문제와 통일은 민족 최대의 화두가 될 것이며 교회는 이에 대해 정확히 이해하고 합당한 참여를 해야 한다는 생각에 다시 고려대학교 대학원에서 북한학을 전공하여 2023년에 "북한 유일지배체제의 법적 체계화 연구"로 박사학위(Ph. D)를 취득했다.

현재, 대한예수교장로회총회 통일목회개발원 전문위원, 통일준비국민포럼의 대외정책실장을 맡고 있으며, 총신대학교 평화통일연구소 객원연구위원으로 있다.

저서로는 박사학위 논문을 기반으로 한 『영국혁명과 올리버 크롬엘』, 사랑의교회의 격동기를 담은 『진실』, 장병들을 위한 기독교입문서 『우리는 무엇을 믿는가』 등 다수가 있고 학술 논문으로는 "남북한 통일정책에서의 과도체제 연구", "군 선교사역에 있어서 여성의 역할 연구", "교회사에 나타난 군종활동의 역할과 의미", "기독교 국가관에 근거한 전쟁에서의 애국심과 개인윤리" 등이 있다.